UMA BREVE HISTÓRIA DA FILOSOFIA

NIGEL WARBURTON

UMA BREVE HISTÓRIA DA FILOSOFIA

Tradução de ROGÉRIO BETTONI

www.lpm.com.br

L&PM POCKET

Coleção **L&PM** POCKET, vol. 1086

Texto de acordo com a nova ortografia.
Título original: *A Little History of Philosophy*

Este livro está disponível em formato 14x21cm (primeira edição pela L&PM Editores: junho de 2012)
Primeira edição na Coleção **L&PM** POCKET: novembro de 2012
Esta reimpressão: outubro de 2025

Tradução: Rogério Bettoni
Ilustrações da capa e miolo: Jeffrey Thompson
Preparação: Elisângela Rosa dos Santos
Revisão: Patrícia Yurgel

CIP-Brasil. Catalogação na Fonte
Sindicato Nacional dos Editores de Livros, RJ

W228b

Warburton, Nigel, 1962-
Uma breve história da filosofia / Nigel Warburton; [tradução de Rogério Bettoni]. – Porto Alegre, RS: L&PM, 2025.
288p. – 18 cm (Coleção L&PM POCKET, v. 1086)

Tradução de: *A Little History of Philosophy*
ISBN 978-85-254-2753-3

1. Filosofia - História. 2. Filósofos. I. Título. II. Série.

12-2042. CDD: 190
CDU: 1

Rua Comendador Coruja, 314, loja 9 – Floresta – 90.220-180
Porto Alegre – RS – Brasil / Fone: 51.3225.5777

PEDIDOS & DEPTO. COMERCIAL: vendas@lpm.com.br
FALE CONOSCO: info@lpm.com.br
www.lpm.com.br

Impresso no Brasil
Primavera de 2025

Sumário

CAPÍTULO 1

O homem que perguntava

Sócrates e Platão

Há cerca de 2.400 anos, em Atenas, um homem foi condenado à morte por perguntar demais. Houve filósofos antes dele, mas foi com Sócrates que o assunto realmente despontou. Se a filosofia tem um santo padroeiro, Sócrates é o seu nome.

De nariz achatado, rechonchudo, malvestido e um pouco estranho, Sócrates era um sujeito deslocado. Embora fosse feio e não tomasse banho com frequência, ele tinha um grande carisma e uma mente brilhante. Todos em Atenas concordavam que nunca existiu alguém como ele e provavelmente jamais existiria. Ele era único. Mas também era extremamente inoportuno. Ele se considerava um daqueles insetos de picada dolorosa, um moscardo. São irritantes, mas não causam danos tão sérios. No entanto, nem todos em Atenas concordavam com isso. Alguns o amavam; outros o consideravam uma influência perigosa.

Quando jovem, Sócrates foi um bravo soldado que lutou na Guerra do Peloponeso contra os espartanos e seus aliados. Quando atingiu a meia-idade, ele perambulava pela ágora, parava as pessoas de tempos em tempos e fazia perguntas embaraçosas. Isso era mais ou menos tudo o que fazia. Porém, suas perguntas eram afiadíssimas: pareciam simples, mas não eram.

Um exemplo seria a conversa dele com Eutidemo. Sócrates perguntou-lhe se ser enganador correspondia a ser imoral. "É claro que sim", respondeu Eutidemo, o que para ele era uma obviedade. "Mas e se um amigo estivesse muito triste e quisesse se matar, e você roubasse-lhe a faca? Não seria este um ato enganador?", perguntou Sócrates. "Sim, com toda certeza". "Mas fazer isso não seria *moral* em vez de *imoral*? Trata-se de uma coisa boa, não ruim – embora seja um ato enganador", disse Sócrates. "Sim", respondeu Eutidemo, que a essa altura já havia metido os pés pelas mãos. Sócrates, ao usar um contraexemplo, mostrou que o comentário geral de Eutidemo de que ser enganador é imoral não se aplica a todas as situações. Eutidemo não percebera isso antes.

Repetidas vezes Sócrates demonstrou que as pessoas que encontrava na ágora realmente não sabiam o que pensavam saber. Um comandante militar daria início a uma conversa estando totalmente certo de que sabia o que significava a "coragem", mas, depois de vinte minutos na companhia de Sócrates, iria embora totalmente confuso. A experiência deveria ser desconcertante. Sócrates adorava revelar os limites do que as pessoas entendiam genuinamente, bem como questionar as suposições que serviam de base para suas vidas. Para ele, era um sucesso quando uma conversa chegava ao fim e as pessoas percebiam o quão pouco sabiam. Algo muito melhor do que continuarmos acreditando que entendemos algo quando na verdade não entendemos.

Naquela época, em Atenas, os filhos dos nobres eram enviados para estudar com os sofistas, professores sagazes que treinavam os estudantes na arte da retórica e cobravam muito caro por isso. Sócrates, em contrapartida, não cobrava por seus serviços. De fato, ele dizia que não sabia de nada, então como poderia ensinar? Isso não impedia que os estudantes o procurassem e ouvissem suas conversas, mas tampouco o tornava benquisto entre os sofistas.

Um dia, seu amigo Querefonte consultou o Oráculo de Delfos. O oráculo era uma velha sábia, que respondia perguntas feitas pelos visitantes. Suas respostas geralmente tinham a forma de um enigma. "Existe alguém mais sábio que Sócrates?", perguntou Querefonte. "Não", foi a resposta. "Ninguém é mais sábio que Sócrates."

A princípio, Sócrates não acreditou quando Querefonte contou-lhe o ocorrido e ficou bastante confuso. "Como posso ser o homem mais sábio de Atenas quando sei tão pouco?", pensou ele. Sócrates passou anos questionando as pessoas para ver se alguém era mais sábio que ele. Por fim, entendeu o que o oráculo quis dizer e que a velha estava certa. Muitas pessoas eram boas em várias coisas que faziam – carpinteiros eram bons em carpintaria, soldados eram bons na arte da luta. Mas nenhuma dessas pessoas era verdadeiramente sábia. Elas realmente não sabiam do que estavam falando.

O termo "filósofo" origina-se das palavras gregas que significam "amor à sabedoria". A tradição filosófica ocidental, aquela que este livro segue, espalhou-se por diversas partes do mundo a partir da Grécia antiga, às vezes fertilizada por ideias do Oriente. O tipo de sabedoria que ela valoriza é baseado no argumento, no raciocínio e em perguntas, e não em acreditar nas coisas simplesmente porque alguém importante nos disse que são verdade. Para Sócrates, a sabedoria não era ter o conhecimento de diversos fatos ou saber como fazer algo. A sabedoria significava entender a verdadeira natureza da nossa existência, inclusive os limites do que podemos saber. Os filósofos de hoje agem mais ou menos da maneira como Sócrates agia: fazem perguntas rigorosas, buscam razões e evidências, lutam para responder algumas das questões mais importantes que podemos fazer sobre a natureza da realidade e sobre como devemos viver. Ao contrário de Sócrates, no entanto, os filósofos modernos têm o benefício de ter como base praticamente 2.500 anos de pensamento filosófico. Este livro examina ideias de alguns dos principais pensadores que escreveram nessa tradição do pensamento ocidental, uma tradição que teve início com Sócrates.

O que fazia de Sócrates tão sábio era o fato de continuar fazendo perguntas e de estar sempre disposto a debater suas ideias. A vida, declarava ele, só vale a pena ser vivida quando pensamos no que estamos fazendo. Uma existência sem análise é adequada para o gado, mas não para os seres humanos.

Sócrates recusou-se a escrever qualquer coisa, o que é incomum para um filósofo. Para ele, falar era melhor do que escrever. Palavras escritas não podem replicar; não podem nos explicar nada quando não as entendemos. A conversa frente a frente era muito melhor, dizia ele. Durante uma conversa, podemos levar em conta o tipo de pessoa com quem conversamos; podemos alterar o que dizemos para que a mensagem seja compreendida. Como ele se recusava a escrever, é sobretudo por meio da obra de Platão, seu principal pupilo, que temos uma boa ideia sobre o que esse homem notável falava e no que acreditava. Platão registrou uma série de conversas entre Sócrates e as pessoas que questionava. Esses escritos são conhecidos como diálogos platônicos e constituem grandes obras tanto de literatura quanto de filosofia – de certa forma, Platão foi o Shakespeare de sua época. Lendo esses diálogos, temos uma noção de como era Sócrates e do quanto ele era inteligente e exasperador.

Na verdade, não se trata de uma tarefa tão simples, pois nem sempre podemos distinguir se Platão estava escrevendo o que Sócrates realmente disse ou se estava colocando suas próprias ideias na boca de um personagem que ele chamou de "Sócrates".

Uma das ideias que a maioria das pessoas acredita ser de Platão e não de Sócrates é a de que o mundo não é o que realmente parece ser. Há uma diferença significativa entre aparência e realidade. A maioria de nós confunde aparências com realidade. Pensamos que entendemos, mas não entendemos. Platão acreditava que somente os filósofos entendem como o mundo verdadeiramente é. Em vez de confiar nos sentidos, eles descobrem a natureza da realidade pelo pensamento.

Para defender isso, Platão descreve uma caverna. Nessa caverna imaginária, há pessoas acorrentadas viradas para uma parede. Diante delas, as pessoas veem sombras trêmulas que acreditam corresponder às coisas reais. Mas não são. O que veem são sombras projetadas por objetos conduzidos na frente de uma fogueira que fica lá atrás. Essas pessoas passaram a vida inteira pensando que as sombras projetadas na parede são o mundo real. Até que um dos sujeitos se liberta das correntes e segue em direção ao fogo. Seus olhos ficam turvos a princípio, mas depois ele começa a ver onde está. Caminha aos tropeços para fora da caverna e, por fim, consegue olhar para o sol. Quando ele volta para a caverna, ninguém acredita no que ele diz sobre o mundo lá fora. O homem que se liberta é como o filósofo: ele vê além das aparências. As pessoas comuns não têm muita noção da realidade porque se contentam em olhar o que está diante delas em vez de refletir profundamente sobre as coisas. Contudo, as aparências são enganadoras. O que veem são sombras, não a realidade.

Essa história da caverna está ligada ao que ficaria conhecido como a teoria platônica das formas. A maneira mais fácil de compreendê-la é com um exemplo. Pense em todos os círculos que já viu na vida. Algum deles era um círculo perfeito? Não. Nenhum deles era um círculo absolutamente perfeito. Em um círculo perfeito, todos os pontos da circunferência são equidistantes do ponto central. Círculos reais nunca alcançam esse êxito. Contudo, você entende o que eu disse quanto usei as palavras "círculo perfeito". Então o que é esse círculo perfeito? Platão diria que a ideia de um círculo perfeito é a forma de um círculo. Para entendermos o que é um círculo, precisamos nos concentrar na forma do círculo, e não nos círculos existentes que traçamos e experimentamos pelo sentido da visão, pois todos são imperfeitos de alguma maneira. Igualmente, segundo Platão, se quisermos compreender o que é a bondade, precisamos nos concentrar na forma da bondade, e não em exemplos particulares que testemunhamos. Os filósofos são os mais apropriados para pensar sobre as formas nesse sentido abstrato; as pessoas comuns são induzidas ao erro pelo mundo quando o apreendem pelos sentidos.

Como os filósofos são bons em pensar sobre a realidade, Platão acreditava que eles deveriam estar no governo e deter todo o poder político. Em *A República*, sua obra mais famosa, ele descreve uma sociedade imaginária perfeita. Os filósofos estariam no topo e teriam educação especial, mas sacrificariam seus próprios prazeres em nome dos cidadãos que governavam. Abaixo deles estariam os soldados treinados para defender o país e abaixo *deles* estariam os trabalhadores. Platão acreditava que esses três grupos de pessoas configurariam um equilíbrio perfeito, como uma mente bem-equilibrada cuja parte racional mantivesse as emoções e os desejos controlados. Infelizmente, seu modelo de sociedade era profundamente antidemocrático e manteria as pessoas sob controle por meio da combinação de força e mentiras. Grande parte das artes seria banida, tendo como base sua ideia de que eram falsas representações da realidade. Os pintores retratavam a aparência, mas as aparências são enganadoras em relação às formas. Cada aspecto da vida na república ideal de Platão seria estritamente controlado de cima. É o que hoje chamaríamos de Estado totalitário. Platão pensava que permitir o voto ao povo era como deixar que os passageiros guiassem um navio – melhor deixar o comando por conta daqueles que sabem o que estão fazendo.

A Atenas do século V a.C. era bem diferente da sociedade que Platão imaginou em *A República*. Era uma espécie de democracia, embora somente dez por cento da população pudessem votar. Mulheres e escravos, por exemplo, estavam automaticamente excluídos. No entanto, os cidadãos eram iguais perante a lei, e havia um elaborado sistema de sorteios para garantir que todos tivessem uma chance justa de influenciar as decisões políticas.

Atenas como um todo não valorizou Sócrates de modo tão exaltado quanto Platão o valorizou. Longe disso. Muitos atenienses acreditavam que Sócrates era perigoso e que estava deliberadamente destruindo o governo. Em 399 a.C., quando Sócrates estava com setenta anos de idade, Meleto o levou a julgamento. Ele afirmou que Sócrates negligenciava os deuses atenienses, introduzindo novos deuses próprios. Ele também sugeriu que Sócrates ensinava aos jovens a se comportarem mal, encorajando-os a se voltarem contra as autoridades. Ambas as acusações eram bastante sérias. É difícil saber o quanto elas eram precisas. Talvez Sócrates realmente desencorajasse seus estudantes a seguir a religião estabelecida, e há alguma evidência de que ele gostava de zombar da democracia ateniense, o que combinaria com seu caráter. O certo é que muitos atenienses acreditavam nas acusações.

Houve uma votação para considerá-lo culpado ou não. Mais da metade dos 501 cidadãos que compunham o imenso júri o considerou culpado e o sentenciou à morte. Se ele quisesse, provavelmente poderia ter se defendido e evitado a execução. Contudo, em vez disso, fiel à sua reputação de moscardo, irritou ainda mais os atenienses argumentando que não fizera nada de errado e que eles deveriam, na verdade, recompensá-lo com refeições gratuitas pelo resto da vida em vez de puni-lo. Mas esse argumento não foi bem aceito.

Ele foi condenado à morte, tendo de tomar veneno feito de cicuta, uma planta que paralisa gradualmente o corpo. Sócrates despediu-se da esposa e dos três filhos, depois reuniu seus estudantes ao redor de si. Se tivesse tido a escolha de continuar vivendo em silêncio, sem fazer mais perguntas a ninguém, ele não teria aceitado. Preferia morrer a viver assim. Sócrates tinha uma voz interior que lhe dizia para continuar questionando tudo, e ele não a trairia. Então, tomou um cálice de veneno e morreu logo depois.

Nos diálogos de Platão, no entanto, Sócrates ainda vive. Esse homem difícil, que continuou fazendo perguntas e preferiu morrer a parar de pensar sobre como as coisas realmente são, tem sido uma inspiração para os filósofos desde aquela época.

O impacto imediato de Sócrates foi exercido sobre aqueles que o cercavam. Além de Platão, outro grande pupilo de Sócrates foi Aristóteles, um tipo de pensador bastante diferente.

CAPÍTULO 2

A verdadeira felicidade

ARISTÓTELES

"UMA ANDORINHA SÓ NÃO FAZ VERÃO". Provavelmente você deve pensar que essa frase é de William Shakespeare ou de algum outro grande poeta. Até poderia ser. Mas na verdade ela é de um livro de Aristóteles chamado *Ética a Nicômaco*, que recebeu esse título por ser dedicado ao seu filho, Nicômaco. Aristóteles queria dizer que, para provar que o verão começou, é preciso mais de uma andorinha ou mais de um dia quente. Do mesmo modo, pequenos prazeres não representam a verdadeira felicidade. Para ele, a felicidade não passava de alegria momentânea. Surpreendentemente, ele acreditava que as crianças não podiam ser felizes, o que parece um absurdo. Se as crianças não podem ser felizes, quem pode? No entanto, isso revela o quanto sua visão de felicidade era diferente da nossa. As crianças estão apenas começando a viver e, por isso, não tiveram uma vida plena em nenhum sentido. A verdadeira felicidade, argumentava Aristóteles, exigia uma vida mais longa.

Aristóteles foi discípulo de Platão, que havia sido discípulo de Sócrates. Desse modo, esses três grandes pensadores formam uma corrente: Sócrates-Platão-Aristóteles. Geralmente funciona assim: gênios não costumam surgir do nada. A maioria deles teve um professor que serviu de inspiração. Mas as ideias desses três são bem diferentes umas das outras. Cada uma teve uma abordagem original. Para simplificar, Sócrates foi um excelente dialogador, Platão foi um escritor fenomenal e Aristóteles interessava-se por todas as coisas. Sócrates e Platão acreditavam que o mundo que vemos era um pálido reflexo da verdadeira realidade, que só poderia ser alcançada por meio do pensamento filosófico abstrato; Aristóteles, em contrapartida, era fascinado pelos detalhes de tudo que o cercava.

Infelizmente, quase todos os escritos de Aristóteles que sobreviveram têm a forma de anotações de aulas. Porém, esses registros de seu pensamento ainda exercem um impacto gigantesco na filosofia ocidental, mesmo que muitas vezes o estilo de escrita seja frio. Aristóteles não foi apenas um filósofo: ele também era fascinado por zoologia, astronomia, história, política e drama.

Aristóteles nasceu na Macedônia em 384 a.C. Depois de estudar com Platão, viajar e trabalhar como tutor de Alexandre, o Grande, ele fundou a própria escola em Atenas, chamada Liceu. Trata-se de um dos mais famosos centros de ensino do mundo antigo, algo parecido com as universidades modernas. De lá, ele enviava para fora pesquisadores que voltavam com novas informações sobre todos os assuntos, de sociedade política a biologia. Ele também fundou uma importante biblioteca. Em uma famosa pintura do renascentista Rafael, *A escola de Atenas*, Platão aponta para cima, para o mundo das formas; Aristóteles, ao contrário, está com a mão voltada para o mundo diante de si.

Platão teria se contentado em filosofar de dentro de um gabinete; Aristóteles queria explorar a realidade, esta que experimentamos por meio dos sentidos. Ele rejeitou a teoria das formas de seu professor, pois acreditava que a maneira de entender qualquer categoria geral era examinando seus exemplos particulares. Assim, para entender o que é um gato, precisaríamos observar gatos reais, e não pensar abstratamente na forma do gato.

Uma das questões que ocupou a reflexão de Aristóteles foi: "Como devemos viver?". Sócrates e Platão já haviam feito essa pergunta. A necessidade de respondê-la faz parte do que leva as pessoas à filosofia pela primeira vez. Aristóteles tinha uma resposta própria, que em sua versão simples era: "Buscando a felicidade".

Mas o que significa "buscar a felicidade"? Hoje muitas pessoas entenderiam a expressão como modos de curtir a si próprias. Para você, talvez a felicidade envolva férias no exterior, ir a festas e festivais de música ou desfrutar o tempo com os amigos. Ou ainda agarrar o seu livro predileto, ou ir a uma galeria de arte. Essas coisas podem até ser ingredientes de uma boa vida, mas Aristóteles certamente não acreditava que a melhor maneira de viver era sair em busca de prazeres como esses. Na visão dele, uma boa vida não se resumiria a isso. A palavra grega que Aristóteles usava era *eudaimonia*, que costuma ser traduzida como "prosperidade" ou "sucesso", e não como "felicidade". É algo que vai além das sensações de prazer que temos ao tomar sorvete de manga ou acompanhar a vitória de um time esportivo. A *eudaimonia* não diz respeito a momentos efêmeros de alegria, ou a como nos sentimos. Ela é mais objetiva do que isso. Trata-se de um termo bastante difícil de compreender, pois estamos muito acostumados a pensar que a felicidade *diz respeito* apenas ao modo como nos sentimos.

Pense numa planta. Se você regá-la, colocá-la para tomar luz e talvez adubá-la um pouco, ela vai crescer e florescer. Se negligenciá-la, a mantiver no escuro, deixar que insetos comam suas folhas ou que ela seque, ela vai murchar e morrer, ou no mínimo parecer uma planta nada viçosa. Os seres humanos também podem florescer como as plantas, embora nós, diferentemente delas, façamos escolhas sobre nós mesmos: decidimos o que queremos ser e fazer.

Aristóteles estava convencido da existência da natureza humana e de que os seres humanos, como dizia, têm uma função. Há um modo de vida que combina mais conosco. O que nos distancia dos animais e de todas as outras coisas é o fato de podermos pensar e raciocinar sobre o que devemos fazer. A partir disso, ele concluiu que o melhor tipo de vida para o ser humano é aquele que usa os poderes da razão.

Surpreendentemente, Aristóteles acreditava que as coisas sobre as quais não sabemos nada – inclusive os acontecimentos após a morte – poderiam contribuir para a nossa *eudaimonia.* Isso soa estranho. Supondo que não exista vida após a morte, de que maneira as coisas que acontecem quando não estamos mais por perto afetam nossa felicidade? Bem, imagine que você tenha filhos e que sua felicidade resida, em parte, nas esperanças para o futuro das crianças. Se, de forma lamentável, seu filho adoece seriamente depois de você ter morrido, a sua *eudaimonia* terá sido afetada por isso. Na visão de Aristóteles, sua vida terá piorado, mesmo que você realmente não saiba sobre a doença do seu filho e não esteja mais vivo. Isso explicita bem sua ideia de que a felicidade não é só uma questão de como nos sentimos. A felicidade, nesse sentido, diz respeito à nossa realização global na vida, algo que pode ser afetado pelo que acontece com as pessoas que são importantes para nós. Essa realização também pode ser afetada pelos eventos que não controlamos e não conhecemos. O fato de estarmos ou não felizes depende parcialmente da boa sorte.

A questão central é: "O que podemos fazer para aumentar a chance da *eudaimonia*?". A resposta de Aristóteles era: "Desenvolver o tipo certo de caráter". Precisamos sentir os tipos certos de emoção no momento certo, e eles farão com que nos comportemos bem. Em parte, isso dependerá de como fomos criados, pois a melhor maneira de desenvolver bons hábitos é praticá-los desde cedo. Portanto, a sorte também tem o seu papel nisso. Bons padrões de comportamento são virtudes; padrões ruins são vícios.

Pense na virtude da coragem durante a guerra. Talvez um soldado precise colocar a própria vida em risco para salvar alguns cidadãos do ataque de um exército. O *temerário* não se preocupa com a própria segurança. Ele também poderia entrar numa situação perigosa, talvez até quando não precisasse, mas isso não é a verdadeira coragem, e sim a ação imprudente de correr riscos. No outro extremo, o soldado *covarde* não consegue superar seu medo o suficiente para agir de maneira apropriada e ficará paralisado diante do terror no momento exato em que mais se precisa dele. O sujeito valente ou corajoso, no entanto, também sente medo nessa situação, mas é capaz de dominá-lo e agir. Aristóteles pensava que toda virtude está entre dois extremos como esses. Aqui, a coragem está na metade do caminho entre a temeridade e a covardia. Isso costuma ser chamado na doutrina de Aristóteles de justo meio.

A abordagem de Aristóteles à ética não tem um interesse apenas histórico. Muitos filósofos modernos acreditam que ele estava certo quanto à importância de desenvolver as virtudes e que sua visão do que é a felicidade era precisa e inspiradora. Eles acreditam que, em vez de procurar aumentar nossos prazeres na vida, deveríamos tentar nos tornar pessoas melhores e fazer a coisa certa. Isso é o que faz a vida caminhar bem.

Tudo isso leva a crer que Aristóteles estava interessado apenas no desenvolvimento pessoal do indivíduo. Mas ele não estava. Os seres humanos são animais políticos, argumentava ele. Precisamos conseguir viver com os outros e precisamos de um sistema de justiça para lidarmos com o lado mais obscuro da nossa natureza. A *eudaimonia* só pode ser alcançada em relação à vida em sociedade. Nós vivemos juntos, e precisamos encontrar nossa felicidade interagindo bem com aqueles que nos cercam, em um estado político bem ordenado.

Entretanto, a genialidade de Aristóteles teve um efeito colateral lastimável. Ele era tão inteligente, e sua pesquisa era tão abrangente, que muitas pessoas que liam suas obras acreditavam que ele estava certo em relação a tudo. Isso foi péssimo para o progresso, e péssimo para a tradição filosófica iniciada com Sócrates. Durante centenas de anos depois da sua morte, a maioria dos estudiosos aceitou as ideias aristotélicas sobre o mundo como verdades inquestionáveis. Para eles, bastava provar que Aristóteles havia dito algo. Isso é o que se costuma chamar de "verdade por autoridade" – acreditar que algo *tem de* ser verdade porque uma importante figura de "autoridade" disse que era.

O que você pensa que aconteceria se jogasse, de um lugar alto, dois objetos do mesmo tamanho, um de madeira e outro mais pesado, de ferro? Qual deles chegaria primeiro ao chão? Aristóteles pensava que o mais pesado cairia mais rápido. Na verdade, o que acontece não é isso. Eles caem na mesma velocidade. Porém, como Aristóteles disse que o mais pesado caía mais rápido, praticamente todos acreditaram, durante a Idade Média, que isso seria verdade. Não era preciso ter mais provas. Para testar essa afirmação, Galileu Galilei, no século XVI, supostamente jogou do topo da torre de Pisa uma bola de madeira e uma bola de canhão. As duas atingiram o solo no mesmo momento. Então Aristóteles estava errado. Mas teria sido fácil demonstrar isso muito tempo antes.

Confiar na autoridade de outra pessoa era algo completamente contra o espírito da pesquisa de Aristóteles. E também é algo contra o espírito da filosofia. A autoridade por si só não prova absolutamente nada. Os métodos próprios de Aristóteles eram a investigação, a pesquisa e o livre raciocínio. A filosofia floresce no debate, na possibilidade de estar errada, na contestação de visões e na exploração de alternativas. Felizmente, em todas as épocas houve filósofos prontos para pensar de maneira crítica sobre o que os outros dizem estar certo. Um filósofo que tentou pensar de maneira crítica sobre absolutamente tudo foi o cético Pirro.

CAPÍTULO 3

Não sabemos nada

PIRRO

NINGUÉM SABE NADA – e essa afirmação, inclusive, é incerta. Não deveríamos confiar no que acreditamos ser verdade, pois poderíamos estar nos confundindo. É possível questionar tudo e duvidar de tudo. A melhor opção, portanto, é manter a mente aberta. Para não se decepcionar, não se comprometa. Esse era o principal ensinamento do ceticismo, uma filosofia que foi popular durante muitos anos na Grécia antiga e depois em Roma. Ao contrário de Platão e Aristóteles, os céticos mais radicais evitavam manter opiniões sólidas a respeito do que quer que fosse. O grego antigo Pirro (c. 365-c. 270 a.C.) foi o mais famoso dos céticos e talvez o mais radical de todos os tempos. Sem dúvida nenhuma, ele teve uma vida ímpar.

Talvez você acredite que saiba de todos os tipos de coisas. Você sabe que está lendo neste momento, por exemplo. Mas os céticos contestariam isso. Pense em por que você acredita que está realmente lendo, em vez de estar imaginando que lê. É possível ter alguma certeza? Você aparenta estar lendo – é isso que lhe parece.

Mas talvez esteja alucinando ou sonhando (ideia que René Descartes desenvolveria mais ou menos oitocentos anos depois; ver Capítulo 11). A insistência de Sócrates em dizer que tudo o que sabia era que sabia tão pouco também era uma posição cética. Mas Pirro a levou muito mais longe, talvez até longe demais.

Se tomarmos como verdadeiros os relatos sobre Pirro (e talvez devêssemos ser céticos em relação a eles *também*), veremos que ele fez carreira em não levar nada a sério. Assim como Sócrates, Pirro não deixou nada escrito. O que sabemos sobre ele vem do relato feito por outras pessoas, muitas vezes séculos depois que ele morreu. Diógenes Laércio, por exemplo, diz que Pirro tornou-se uma celebridade, foi nomeado sacerdote em Élida, onde morava, e que, em homenagem a ele, os filósofos não pagavam impostos. Não temos como saber a veracidade dessas informações, por mais interessantes que pareçam ser.

Até onde sabemos, no entanto, Pirro colocou seu ceticismo em prática de maneiras bem extraordinárias. Ele teria vivido muito pouco se não tivesse amigos que o protegessem. Todo cético radical precisa de muita sorte ou do apoio de pessoas menos céticas se quiser viver bastante tempo.

Vejamos como ele entendia a vida. Não podemos confiar totalmente nos sentidos, pois às vezes eles nos enganam. É fácil cometer um erro em relação ao que vemos no escuro, por exemplo. O que parece uma raposa pode ser só um gato. Ou podemos ouvir alguém nos chamar quando na verdade é o som do vento nas árvores. Como nossos sentidos nos enganam com frequência, Pirro resolveu *nunca* confiar neles. Ele não excluía a possibilidade de obter informações precisas pelos sentidos, mas ficava sempre atento à questão.

Desse modo, enquanto a maioria das pessoas interpretaria a visão da beira de um despenhadeiro como uma forte evidência de que seria uma tolice continuar andando naquela direção, Pirro não o faria. Ele poderia estar sendo enganado pelos sentidos, então não confiava neles. Até mesmo a sensação do próprio pé dobrando-se na beira do abismo ou a sensação de que o corpo pende para frente não o teria convencido de que estava prestes a cair sobre as rochas lá embaixo. Ele sequer tinha clareza de que cair sobre as rochas seria ruim para a saúde. Como poderia ter certeza absoluta disso? Seus amigos, que presumivelmente não eram todos céticos, evitavam que ele sofresse acidentes; porém, se não o fizessem, Pirro correria perigo o tempo inteiro.

Por que ter medo de cães selvagens se não podemos ter certeza de que eles querem nos ferir? Só pelo fato de estarem latindo, mostrando os dentes e correndo em nossa direção não significa que seremos mordidos. E, mesmo se os cães nos mordessem, não quer dizer que *necessariamente* iria doer. Por que se importar com o tráfego dos carros ao atravessar a estrada? Pode ser que nenhum deles bata em nós. Quem sabe ao certo? E que diferença faz, afinal, se estamos vivos ou mortos? De alguma maneira, Pirro conseguiu levar a cabo essa filosofia da total indiferença e superou todos os padrões de comportamento e todas as emoções humanas, comuns e naturais.

De todo modo, isso é o que nos diz a lenda. Algumas dessas histórias provavelmente foram inventadas para ridicularizar sua filosofia, mas é improvável que todas sejam fictícias. Por exemplo, é sabido que ele se manteve totalmente calmo ao navegar por uma das piores tempestades já testemunhadas. O vento rasgava as velas em pedaços, e ondas gigantescas quebravam sobre o barco. Todos ao redor dele estavam terrificados, enquanto ele não se importou nem um pouco. Como as aparências muitas vezes nos enganam, ele não podia ter certeza absoluta de que causariam algum mal. Pirro conseguiu manter-se em paz até mesmo enquanto o mais experiente dos marinheiros entrava em pânico. Ele demonstrou que é possível manter-se indiferente, inclusive nessas circunstâncias. E nisso há uma ponta de verdade.

Quando era jovem, Pirro visitou a Índia. Talvez essa viagem tenha sido a fonte de inspiração de seu estilo de vida incomum. A Índia tem uma longa tradição de professores espirituais, ou gurus, que passam por privações físicas extremas e quase inacreditáveis: são enterrados vivo, penduram pesos em partes sensíveis do corpo ou vivem semanas sem comer para atingir a paz interior. Certamente, a abordagem de Pirro à filosofia aproximava-se à de um místico. Independentemente das técnicas que usasse para esse objetivo, ele de fato praticava o que pregava. Sua serenidade mental impressionava profundamente as pessoas que o cercavam. Ele não se perturbava com nada porque acreditava que absolutamente tudo se resumia a uma questão de opinião. Se não há como descobrir a verdade, então não há motivos para se aborrecer. Por isso, podemos nos distanciar de todas as crenças fortes, pois elas sempre envolvem a ilusão.

Se tivéssemos conhecido Pirro, provavelmente pensaríamos que ele era louco. E talvez ele fosse, de certo modo. Mas seus comportamentos e visões eram consistentes. Ele pensaria que nossas várias certezas eram simplesmente irracionais, um obstáculo à paz de espírito. Diria que estamos aceitando coisas demais. É como se tivéssemos construído uma casa na areia. As bases do nosso pensamento são tão sólidas quanto gostaríamos que fossem e provavelmente não nos farão felizes.

Pirro resumiu de modo impecável sua filosofia na forma de três perguntas que deveriam ser feitas por todos aqueles que querem ser felizes:

Como as coisas realmente são?
Que atitude deveríamos adotar em relação a elas?
O que acontecerá com aquele que não tomar essa atitude?

As respostas dele eram simples e iam direto ao ponto. Em primeiro lugar, jamais poderemos saber como o mundo realmente é – isso está além da nossa capacidade. Ninguém jamais conhecerá a natureza última da realidade, pois conhecê-la é impossível para os seres humanos. Então esqueça isso. Essa visão vai totalmente contra a teoria das formas de Platão e contra a possibilidade de que os filósofos poderiam conhecê-las por meio do pensamento abstrato (ver Capítulo 1). Em segundo lugar, e como resultado da primeira resposta, não deveríamos nos comprometer com nenhuma visão. Como não podemos conhecer nada com exatidão, deveríamos suspender todos os juízos e viver a vida de uma maneira descomprometida. Todo desejo que temos sugere a crença de que uma coisa é melhor do que a outra. A infelicidade surge do fato de não conseguirmos o que queremos. Mas não podemos saber se uma coisa é melhor do que todas as outras. Pirro acreditava que, para sermos felizes, devemos nos libertar dos desejos e não nos importar com a maneira como as coisas se revelam. Dessa forma, nada afetará nosso estado de espírito, que será de tranquilidade interior. Em terceiro lugar, se seguirmos esse ensinamento, acontecerá conosco o seguinte: começaremos por ficar emudecidos, presumivelmente porque não saberemos o que dizer sobre as coisas. Com o tempo, estaremos livres de toda preocupação. Isso é o melhor que poderíamos esperar da vida. Quase uma experiência religiosa.

Essa é a teoria. Parece ter funcionado para Pirro, embora seja difícil ver os resultados dela acontecendo com a maior parte da humanidade. Poucos de nós chegarão a atingir o tipo de indiferença que ele recomendava. E nem todos serão sortudos o bastante para ter amigos que os salvem dos piores erros. Na verdade, se todos seguissem o conselho de Pirro não restaria mais ninguém para proteger os céticos pirrônicos de si próprios, e toda a escola da filosofia morreria muito rápido depois de escorregar na beirada dos precipícios, jogar-se na frente dos carros ou ser atacada por cães ferozes.

O ponto fraco básico da abordagem de Pirro é ele ter partido do "Não podemos conhecer nada" para a conclusão "Portanto, devemos ignorar nossos instintos e sentimentos sobre o que é perigoso". Nossos instintos nos salvam de muitos perigos possíveis. Eles podem não ser totalmente confiáveis, mas isso não significa que devemos ignorá-los. Supõe-se até que o próprio Pirro tenha se afastado quando foi mordido por um cachorro: não conseguiu superar por completo suas reações automáticas, por mais que quisesse. Desse modo, experimentar e exercer o ceticismo pirrônico parece perverso. E não está claro se viver dessa maneira produz a paz de espírito que Pirro pensava que produziria. É possível ser cético em relação ao ceticismo de Pirro. Podemos perguntar se a tranquilidade realmente surgirá se nos arriscarmos tal como ele se arriscou. Talvez possa ter funcionado com Pirro, mas que evidência temos de que funcionará conosco? Podemos não estar 100% certos de que um cão feroz nos morderá, mas faz sentido não arriscar se tivermos 99% de certeza.

Nem todos os céticos na história da filosofia foram tão extremados quando Pirro. O ceticismo moderado tem uma longa tradição pautada em questionar suposições e examinar com cuidado as evidências do que acreditamos, sem a tentativa de vivermos como se tudo fosse colocado em dúvida o tempo todo. Esse tipo de questionamento cético está no coração da filosofia. Todos os grandes filósofos foram céticos nesse sentido, que é o oposto do dogmatismo. Um sujeito dogmático tem muita confiança de que conhece a verdade. Os filósofos contestam o dogma, perguntam por que as pessoas acreditam no que acreditam, que tipos de evidência dão suporte a suas conclusões. Isso foi o que Sócrates e Aristóteles fizeram, e é o que os filósofos atuais também fazem. Mas eles não fazem isso por amor ao que é difícil. O objetivo do ceticismo filosófico moderado é chegar mais perto da verdade, ou ao menos revelar como é pouco o que sabemos ou podemos saber. Você não precisa correr o risco de despencar de um abismo para ser esse tipo de cético, mas precisa estar preparado para perguntar e pensar criticamente nas respostas das pessoas.

Embora Pirro pregasse que nos libertássemos de todas as preocupações, a maioria de nós não conseguiu se livrar delas. Uma dessas preocupações básicas é o fato de que todos nós morreremos. Epicuro, outro filósofo grego, teve sugestões brilhantes de como podemos lidar com essa questão.

CAPÍTULO 4

O Jardim

Epicuro

Imagine o seu próprio funeral. Como ele será? Quem estará lá? O que as pessoas dirão? Você deve imaginá-lo de sua perspectiva, como se ainda estivesse lá observando os acontecimentos, a partir de um lugar específico, talvez de cima, ou de uma cadeira perto de quem sofre sua perda. Ora, algumas pessoas acreditam na forte possibilidade de que, depois da morte, sobrevivemos ao corpo físico como uma espécie de espírito que talvez seja capaz de ver o que acontece neste mundo. Porém, para aqueles de nós que acreditam que a morte é o final, há um verdadeiro problema nisso. Toda vez que tentamos imaginar que não estamos mais neste mundo, nós o fazemos imaginando que *estamos lá*, observando o que acontece enquanto lá não estamos.

Quer você consiga ou não imaginar sua própria morte, parece bastante natural sentir ao menos um pouco de medo da não existência. Quem não temeria a própria morte? Se há de existir alguma coisa que nos deixe aflitos, certamente é a morte. Parece perfeitamente razoável nos preocuparmos em não existir, mesmo que isso venha a acontecer daqui a muitos anos. É algo instintivo. A grande maioria das pessoas *já pensou* seriamente sobre isso.

Epicuro (341-270 a.C.), antigo filósofo grego, afirmava que o medo da morte era uma perda de tempo e baseava-se em uma falsa lógica. Tratava-se de um estado de espírito que deveria ser superado. Se pensarmos seriamente sobre a morte, não deveremos ter medo nenhum dela. Uma vez que tivermos compreendido de fato o que estamos pensando, apreciaremos muito mais o nosso tempo aqui – o que, para Epicuro, era muito importante. O objetivo da filosofia, acreditava ele, era tornar a vida melhor, ajudar a encontrar a felicidade. Algumas pessoas consideram mórbido refletir sobre a própria morte, mas para Epicuro era uma maneira de tornar a vida mais intensa.

Epicuro nasceu na ilha grega de Samos, no mar Egeu. Passou a maior parte da vida em Atenas, onde se tornou uma figura admirada, atraindo um grupo de estudantes que viviam com ele em uma comunidade. No grupo havia mulheres e escravos – uma situação rara na antiga Atenas. Isso não fazia dele um sujeito benquisto, exceto para seus seguidores, que praticamente o adoravam. Ele dirigia essa escola de filosofia em uma casa com um jardim, que por isso ficou conhecida como O Jardim.

Assim como muitos filósofos antigos (e alguns modernos, como Peter Singer: ver Capítulo 40), Epicuro acreditava que a filosofia deveria ser prática. Ela deveria mudar o modo como vivemos. Portanto, era importante que aqueles que se juntassem a ele no Jardim colocassem a filosofia em prática, em vez de simplesmente aprenderem sobre ela.

Para Epicuro, a chave da vida era reconhecer que todos nós buscamos o prazer. E, o que é mais importante, evitamos a dor sempre que podemos. Isso é o que nos move. Eliminar o sofrimento e aumentar a felicidade tornará a vida melhor. A melhor maneira para viver, então, seria esta: ter um estilo de vida bastante simples, ser gentil com o próximo e cercar-se de amigos. Desse modo, seremos capazes de satisfazer a maior parte dos nossos desejos. Não seremos deixados com o querer de algo que não podemos ter. Não é nada bom ter a ânsia desesperada por uma mansão quando não temos dinheiro para comprá-la. Não podemos perder a vida inteira trabalhando para conseguir aquilo que provavelmente está além do nosso alcance. É muito melhor ter uma vida simples. Se nossos desejos forem simples, serão facilmente satisfeitos e teremos tempo e energia para gozar das coisas que importam. Essa era a receita de Epicuro para a felicidade, e ela faz muito sentido.

Tal ensinamento era uma espécie de terapia. O objetivo de Epicuro era curar seus alunos da dor mental e levá-los a crer o quanto a dor física podia tornar-se suportável caso eles se lembrassem de prazeres passados. Ele afirmava que os prazeres não são agradáveis só no momento em que acontecem, mas também quando são lembrados, e por isso seus benefícios podem ser duradouros. Quando estava morrendo e um pouco indisposto, ele escreveu para um amigo sobre como conseguiu se distrair da doença lembrando-se do prazer das últimas conversas dos dois.

Isso é bastante diferente do que a palavra "epicurista" significa hoje. É quase o oposto. Um "epicurista" é aquele que adora comidas refinadas, aquele que se deleita no luxo e na luxúria. Epicuro tinha predileções muito mais simples do que esse significado sugere. Ele ensinava a necessidade de ser moderado – ceder aos apetites gananciosos só criaria cada vez mais desejos e, no final, geraria a angústia mental de um desejo não realizado. Esse tipo de vida de querer sempre mais deveria ser evitado. Ele e seus seguidores alimentavam-se de pão e água em vez de comidas exóticas. Quando se começa a beber um vinho caro, muito em breve acaba-se querendo beber vinhos ainda mais caros, o que gera uma armadilha de querer coisas que não se pode ter. Apesar disso, os inimigos de Epicuro afirmavam que, na comunidade do Jardim, os epicuristas passavam a maior parte do tempo comendo, bebendo e fazendo sexo uns com os outros em uma orgia interminável. Foi daí que surgiu o significado deturpado de "epicurista". Se os seguidores de Epicuro realmente fizessem isso, estariam em completo desacordo com os ensinamentos do mestre. É mais provável, portanto, que esse fosse apenas um rumor malicioso.

Uma atividade à qual Epicuro certamente dedicou a maior parte do seu tempo foi a escrita. Ele era prolífico. Registros sugerem que ele escreveu trezentos livros em rolos de papiro, embora nenhum deles tenha sobrevivido. O que sabemos sobre ele provém basicamente de anotações escritas por seus seguidores. Eles sabiam os livros do mestre de cor, mas também transmitiram seus ensinamentos por escrito. Alguns desses pergaminhos sobreviveram na forma de fragmentos, preservados na cinza vulcânica que caiu em Herculano, perto de Pompeia, quando o monte Vesúvio entrou em erupção. Outra fonte importante de informações sobre os ensinamentos de Epicuro é o longo poema *Sobre a natureza das coisas*, escrito pelo poeta e filósofo romano Lucrécio. Composto mais de duzentos anos depois da morte de Epicuro, o poema sintetiza os ensinamentos básicos de sua escola.

Então, voltando à pergunta que Epicuro fez, por que temer a morte? A morte não é algo que acontece *a nós*. Quando acontece, não estamos lá. Ludwig Wittgenstein, filósofo do século XX, repetiu essa visão quando escreveu em seu *Tractatus Logico-Philosophicus* que "a morte não é um acontecimento da vida". A ideia aqui é que os acontecimentos são coisas que experimentamos, mas a morte é a remoção da possibilidade da experiência, e não alguma coisa da qual poderíamos ter ciência, ou algo por que passaríamos de alguma maneira.

Epicuro sugeriu que, quando imaginamos a nossa própria morte, a maioria de nós comete o erro de pensar que alguma coisa de nós restará para sentir o que acontece ao corpo. Mas esse é um entendimento equivocado sobre aquilo que somos. Estamos ligados a um corpo individual, nossa carne e nossos ossos. Para Epicuro, nós consistimos de átomos (embora o que quisesse dizer com o termo fosse um pouco diferente do que definem os cientistas modernos). Na morte, quando esses átomos se separam, o sujeito deixa de existir como indivíduo dotado de consciência. Ainda que alguém pudesse cuidadosamente reconstruir meu corpo juntando todos os pedaços e depois lhe devolvesse a vida, não teria nada a ver *comigo*. O novo corpo vivo não seria eu, apesar de se parecer comigo. Eu não sentiria as dores dele, pois, quando o corpo deixa de funcionar, nada pode trazê-lo de volta à vida. A cadeia de identidade teria sido quebrada.

Epicuro pensava que uma outra maneira de curar seus seguidores do medo da morte era apontando a diferença entre o que sentimos sobre o futuro e o que sentimos sobre o passado. Nós nos importamos com um, mas não com o outro. Pense no passado antes do seu nascimento. Houve todo um tempo durante o qual você não existiu. Esse passado não se refere apenas ao tempo em que você esteve no útero da sua mãe, ou ao ponto antes de você ser concebido e que, para os seus pais, era apenas uma possibilidade, mas sim a trilhões de anos antes de você surgir. Em geral, não nos preocupamos por não termos existido durante todos esses milênios antes do nosso nascimento. Por que deveríamos nos importar com todo esse tempo durante o qual não existimos? Então, se isso for verdade, por que nos importar tanto com toda a eternidade da não existência após a morte? Nosso pensamento é assimétrico. Todos nós temos a tendência de nos preocupar com o tempo depois da morte, e não com o tempo antes do nascimento, mas Epicuro considerava isso um erro. Quando entendermos esse erro, começaremos a pensar no tempo que sucede a morte tal como pensamos no tempo que a precede. Portanto, não seria uma grande preocupação.

Algumas pessoas realmente se preocupam em vir a ser punidas depois da morte. Epicuro também descartava essa preocupação. Os deuses não estão em nada interessados na sua criação, dizia ele com segurança para seus seguidores. Eles existem separados de nós e não se envolvem com o mundo. Então devemos nos sentir bem com isso. Esta é a cura – a combinação desses argumentos. Se der certo, nós nos sentiremos muito mais relaxados em relação à nossa futura não existência. Epicuro resumiu toda a sua filosofia no seguinte epitáfio:

"*Eu não era; fui; não sou mais; não me importo.*"

Se você acredita que não passamos de seres físicos, compostos de matéria, e que não há sérios riscos de sermos punidos depois da morte, então é bem possível que o raciocínio de Epicuro convença-o de que não há motivos para temer a morte. Talvez você ainda se preocupe com o processo da morte, pois ele costuma ser doloroso e é definitivamente vivido. Isso é verdade, mesmo que seja irracional desgastar-se refletindo sobre a morte propriamente dita. No entanto, lembre-se de que Epicuro acreditava que boas memórias podem aliviar a dor, o que significa que ele tinha uma resposta até para isso. Porém, se você acredita ser uma alma em um corpo, e que essa alma pode sobreviver à morte corpórea, é improvável que lhe sirva a cura de Epicuro: você conseguirá imaginar a continuidade da sua existência mesmo depois que seu coração parar de bater.

Os epicuristas não estavam sozinhos ao pensar na filosofia como um tipo de terapia: a maioria dos filósofos gregos e romanos pensava assim. Os estoicos, em particular, eram conhecidos por ensinar como ser psicologicamente inflexível diante de acontecimentos infelizes.

CAPÍTULO 5

Aprendendo a não se importar

EPITETO, CÍCERO, SÊNECA

SE COMEÇA A CHOVER QUANDO ESTAMOS prestes a sair de casa, é um infortúnio. Mas, se temos de sair, além de colocarmos um casaco, pegarmos um guarda-chuva ou cancelarmos o compromisso, não há muito o que possamos fazer. Não podemos fazer a chuva parar, não importa o quanto quisermos. Deveríamos nos aborrecer com isso? Ou deveríamos simplesmente ser filosóficos? "Ser filosófico" não significa nada além de aceitar o que não se pode mudar. E o que dizer do inevitável processo de envelhecer ou da brevidade da vida? Como nos sentiríamos a respeito dessas características da condição humana? Da mesma maneira?

Quando as pessoas dizem que são "filosóficas" em relação ao que lhes acontece, estão usando a palavra como os estoicos a teriam usado. O nome "estoico" vem de "stoa", um pórtico pintado em Atenas onde esses filósofos costumavam encontrar-se. Um dos primeiros deles foi Zenão de Cítio (334-262 a.C.). Os primeiros estoicos gregos tinham uma grande variedade de concepções de problemas filosóficos sobre realidade, lógica e ética, mas ficaram mais conhecidos por suas visões a respeito do controle mental. Sua ideia básica era a de que só deveríamos nos preocupar com as coisas que podemos mudar e não deveríamos nos perturbar com mais nada. Assim como os céticos, os estoicos tinham a tranquilidade de espírito como alvo. Mesmo quando se deparasse com eventos trágicos, como a morte de um ente querido, o estoico deveria permanecer impassível. Nossa *atitude* em relação ao que acontece está dentro do limite do nosso controle, ainda que *o que aconteça* não esteja.

A ideia de que somos responsáveis pelo que sentimos e pensamos era central para o estoicismo. Podemos escolher como será nossa reação à boa e à má sorte. Algumas pessoas pensam que as emoções são como o clima. Os estoicos, ao contrário, pensavam que aquilo que sentimos a respeito de uma situação ou de um evento é uma questão de escolha. As emoções simplesmente não acontecem conosco. Não temos de nos sentir tristes quando algo que queremos dá errado; não temos de sentir raiva quando alguém nos engana. Eles acreditavam que as emoções obscureciam o raciocínio e causavam danos ao juízo. Não deveríamos só controlá-las, mas, sempre que possível, eliminá-las por completo.

Epiteto (55-135 d.C.), um dos últimos estoicos mais famosos, havia sido escravo. Suportou muitas adversidades e conhecia a dor e a fome – mancava por conta de uma pancada muito forte que levou. Ele se valeu da própria experiência para declarar que a mente pode permanecer livre mesmo quando o corpo é escravizado. E isso não era apenas uma teoria abstrata. Seus ensinamentos incluíam aconselhamento prático sobre como lidar com a dor e o sofrimento. Em suma: "Nossos pensamentos dependem de nós". Essa filosofia serviu de inspiração para o norte-americano James B. Stockdale, piloto de combate, que foi derrubado no norte do Vietnã durante a Guerra do Vietnã. Stockdale foi torturado muitas vezes e mantido numa solitária durante quatro anos. Ele conseguiu sobreviver aplicando o que se lembrava de ter aprendido do ensinamento de Epiteto em um curso que fez na faculdade. Enquanto descia de paraquedas sobre o território inimigo, decidiu manter-se impassível diante de tudo que o fizessem, não importando o quão inóspito fosse o tratamento. Como não poderia mudar a situação, não deixaria que ela o afetasse. O estoicismo deu a ele a força para superar a dor e a solidão que teriam destruído a maioria das pessoas.

Essa filosofia da tenacidade começou na Grécia antiga, mas floresceu no Império Romano. Dois escritores importantes que ajudaram a espalhar o ensinamento estoico foram Marco Túlio Cícero (106-43 a.C.) e Lúcio Aneu Sêneca (1 a.C.-65 d.C.). A brevidade da vida e a inevitabilidade do envelhecimento eram assuntos que particularmente despertavam o interesse dos dois. Eles reconheceram que o envelhecimento é um processo natural e não tentaram mudar o que não poderia ser mudado. No entanto, eles também defendiam que devíamos fazer do nosso tempo aqui o melhor dos tempos.

Cícero parecia desdobrar-se mais do que a maioria das pessoas: era advogado e político, além de filósofo. Em seu livro *Sobre a velhice*, ele identificou quatro problemas principais no envelhecimento: é mais difícil trabalhar, o corpo torna-se mais fraco, acaba-se a alegria dos prazeres físicos e a morte está próxima. Envelhecer é inevitável, mas, como argumentava Cícero, podemos escolher como reagir a esse processo. Deveríamos reconhecer que o declínio na idade avançada não precisa tornar a vida intolerável. Primeiro, os velhos podem ganhar mais fazendo menos por conta da experiência, então qualquer trabalho que façam pode ser mais eficaz. Se corpo e mente forem exercitados, não necessariamente se enfraquecerão de modo radical. E, mesmo quando os prazeres físicos tornam-se menos agradáveis, os idosos conseguem passar mais tempo na companhia de amigos e conversando, o que é bastante compensador. Por fim, ele acreditava que a alma vivia para sempre, então os idosos não deveriam se preocupar com a morte. A atitude de Cícero era a de que deveríamos tanto aceitar o processo natural do envelhecimento quanto reconhecer que a atitude que tomamos diante dele não precisa ser pessimista.

Sêneca, outro grande difusor das ideias estoicas, adotou uma linha semelhante quando escreveu sobre a brevidade da vida. Não se costuma ouvir as pessoas reclamando que a vida é longa demais. A maioria diz que ela é curta demais. Há muita coisa para se fazer em pouco tempo. Nas palavras do grego antigo Hipócrates, "A vida é curta, a arte é longa". Os idosos que conseguem perceber a morte aproximando-se geralmente desejam apenas ter mais alguns anos para que consigam realizar o que queriam na vida. Porém, muitas vezes já é tarde e eles acabam entristecendo-se com o que poderia ter acontecido. A natureza é cruel a esse respeito. Justamente quando estamos atingindo o auge das coisas, morremos.

Sêneca não concordava com essa visão. Ele tinha vários talentos, como Cícero, e encontrava tempo para ser dramaturgo, político e um bem-sucedido homem de negócios, além de filósofo. Para ele, o problema não era o fato de nossa vida ser curta, mas sim o quanto usamos o tempo que temos de maneira tão ruim. Mais uma vez, o que mais importava para ele era a nossa atitude em relação aos aspectos inevitáveis da condição humana. Não deveríamos nos aborrecer por a vida ser curta, mas sim fazer o melhor dela. Ele chamou atenção para o fato de que algumas pessoas viveriam cem anos da forma mais tranquila possível e, mesmo assim, talvez reclamassem que a vida é curta demais. Na verdade, a vida é longa o suficiente para realizar muitas coisas, desde que se façam as escolhas certas: se não a desperdiçarmos em tarefas inúteis. Algumas pessoas perseguem a riqueza com tanta energia que sequer têm tempo para fazer outra coisa; outras caem na armadilha de dedicar todo o tempo livre à bebida e ao sexo.

Se formos descobrir isso somente na velhice, será tarde demais, pensava Sêneca. Ter rugas e cabelos brancos não garante que um idoso passou a maior parte do tempo fazendo as coisas valerem a pena, ainda que algumas pessoas ajam equivocadamente como se o fizessem. Alguém que iça as velas de um barco e assim se deixa levar pelas tempestades não esteve numa viagem; apenas foi jogado de um lado para o outro. O mesmo acontece com a vida. Estar fora de controle, ser carregado pelos acontecimentos sem ter tempo para as experiências mais valiosas e significativas, é bem diferente de viver verdadeiramente.

Um dos benefícios de ter uma vida boa é que não precisaremos ter medo de nossas memórias quando envelhecermos. Se perdermos nosso tempo, não vamos querer pensar, ao olhar para trás, em como passamos nossa vida, pois provavelmente será doloroso demais contemplar todas as oportunidades que perdemos. É por essa razão que tantas pessoas preocupam-se com trabalhos triviais, acreditava Sêneca – é uma forma de evitar a verdade em relação àquilo que não conseguiram fazer. Ele incitava os leitores a se retirarem da multidão e evitarem se esconder de si mesmos por estarem ocupados.

Segundo Sêneca, como, então, *deveríamos* viver? O ideal estoico era viver como um recluso, longe das outras pessoas. Sêneca dizia, com bastante discernimento, que a maneira mais fecunda de existir era estudando filosofia. Era uma forma de ser verdadeiramente vivo.

A vida de Sêneca deu a ele inúmeras chances de praticar o que pregava. Em 41 d.C., por exemplo, foi acusado de ter uma relação amorosa com a irmã do imperador Caio César (Calígula). Não se sabe ao certo se o relacionamento aconteceu ou não, mas o resultado é que ele foi enviado para o exílio em Córsega, onde passou oito anos. Depois a sorte virou para o seu lado mais uma vez e ele foi chamado de volta a Roma para se tornar o tutor de um menino de doze anos, o futuro imperador Nero, de quem posteriormente foi redator de discursos e conselheiro político. No entanto, essa relação acabou de forma terrível: outra virada do destino. Nero acusou Sêneca de fazer parte de uma conspiração para matá-lo. Dessa vez, não houve escapatória. Nero pediu que Sêneca se suicidasse. Recusar estava fora de questão, e o levaria à execução de todo modo. Resistir seria inútil. Ele tirou a própria vida e, fiel ao seu estoicismo, chegou ao fim tranquilo e em paz.

Uma das maneiras de encararmos o principal ensinamento dos estoicos é pensá-lo como um tipo de psicoterapia, uma série de técnicas psicológicas que tornarão nossa vida mais tranquila. Livre-se das emoções desagradáveis que maculam o pensamento e tudo será muito mais fácil. Infelizmente, no entanto, mesmo que você consiga acalmar as emoções, pode acabar descobrindo que perdeu algo de importante. O estado de indiferença defendido pelos estoicos pode diminuir a infelicidade diante dos eventos que não conseguimos controlar. Contudo, talvez tenhamos de pagar o preço de nos tornarmos frios, insensíveis e talvez até menos humanos. Se esse for o preço da tranquilidade, talvez seja alto demais.

Embora tenha sido influenciado pela filosofia antiga, Agostinho, um dos primeiros cristãos cujas ideias veremos a seguir, estava longe de ser um estoico. Era um homem de grandes paixões, com uma profunda preocupação sobre o mal que via no mundo e um desejo desesperado de entender Deus e seus planos para a humanidade.

CAPÍTULO 6

Somos marionetes de quem?

SANTO AGOSTINHO

AGOSTINHO (354-430) QUERIA desesperadamente conhecer a verdade. Como cristão, acreditava em Deus. Mas sua crença deixou muitas perguntas sem resposta. O que Deus queria que ele fizesse? Como deveria viver? No que deveria acreditar? Ele passou a maior parte da sua vida pensando e escrevendo sobre essas questões. Os riscos eram muito altos. Para aqueles que acreditam na possibilidade de passar a eternidade no inferno, cometer um erro filosófico parece ter consequências terríveis. Como pensava o próprio Agostinho, ele poderia acabar queimando no enxofre para sempre se estivesse errado. Um dos problemas sobre os quais ele se debruçava era por que Deus permitiu o mal no mundo. A resposta dele ainda é popular entre muitos crentes.

No período medieval, aproximadamente do século V ao século XV, a filosofia e a religião estiveram intimamente ligadas. Os filósofos medievais estudaram os filósofos gregos antigos, como Platão e Aristóteles, mas adaptaram suas ideias, aplicando-as a suas próprias religiões. A maioria desses filósofos era cristã, porém houve importantes filósofos judeus e árabes, como Maimônides e Avicena. Agostinho, que muito tempo depois foi canonizado, destaca-se como um dos maiores.

Agostinho nasceu em Tagaste, norte da África, onde hoje é a Argélia, mas na época ainda fazia parte do Império Romano. Seu nome verdadeiro era Aurélio Agostinho (em latim, Aurelius Augustinus), embora hoje seja praticamente conhecido apenas como Santo Agostinho ou Agostinho de Hipona (por causa da última cidade em que viveu).

A mãe de Agostinho era cristã, enquanto o pai seguia uma religião local. Aos trinta anos, depois das loucuras que fez na adolescência e no início da idade adulta, quando teve um filho com uma amante, Agostinho converteu-se ao cristianismo e acabou tornando-se bispo de Hipona. É sabido que ele pediu a Deus para deixar de ter desejos sexuais, "mas não agora", pois ainda apreciava muito os prazeres mundanos. Em um estágio mais avançado da vida, Agostinho escreveu muitos livros, incluindo *Confissões, A cidade de Deus* e quase mais cem outros, baseando-se fortemente na sabedoria de Platão, mas conferindo-lhe traços cristãos.

A maioria dos cristãos pensa que Deus tem poderes especiais: que ele ou ela é o supremo bem, sabe tudo e pode fazer tudo. Tudo isso faz parte da definição de "Deus", que não seria Deus sem essas qualidades. Deus é descrito de formas semelhantes em muitas outras religiões, mas Agostinho só tinha interesse na perspectiva cristã.

Quem acredita nesse Deus terá ainda de admitir que existe muito sofrimento no mundo. Seria muito difícil negar isso. Parte desse sofrimento é o resultado do mal natural, como terremotos e doenças. Parte deve--se ao mal moral: o mal causado pelos seres humanos. Assassinato e tortura são dois exemplos claros do mal moral. Muito antes de Agostinho começar a escrever, o filósofo grego Epicuro (ver Capítulo 4) reconheceu que isso apresenta um problema. Como poderia um Deus bom e todo-poderoso tolerar o mal? Se Deus não pode impedir que isso aconteça, então não pode ser verdadeiramente todo-poderoso. Há limites no que ele pode fazer. Mas, se Deus *é* todo-poderoso e parece não querer deter o mal, como pode ser ele o supremo bem? Isso não parecia fazer sentido, e é algo que confunde muitas pessoas até hoje. Agostinho concentrou-se no mal moral. Percebeu que a ideia de um Deus que sabe do acontecimento desse tipo de mal e não faz nada para evitá-lo é difícil de entender. Ele não se satisfazia com a ideia de que Deus age de maneira misteriosa, que está além da compreensão humana. Ele queria respostas.

Imagine um assassino prestes a matar sua vítima; ele está diante dela com uma faca afiada. Um ato verdadeiramente mau está prestes a acontecer. Contudo, sabemos que Deus é poderoso o suficiente para deter essa ação. Para isso, bastariam algumas alterações mínimas nos neurônios do pretenso assassino. Ou Deus poderia deixar todas as facas moles e borrachudas toda vez que alguém tentasse usá-las como arma mortal. Desse modo, as facas resvalariam na vítima, e ninguém ficaria ferido. Deus tem de saber o que está acontecendo, pois ele sabe absolutamente tudo. Nada lhe escapa. E tem de não desejar que o mal aconteça, pois isso faz parte do que significa ser o bem supremo. Mesmo assim, assassinos matam suas vítimas. Facas de aço não viram borracha. Não há nenhum lampejo de luz, nenhum trovão, a arma não cai milagrosamente da mão do assassino, nem o assassino muda de ideia no último minuto. O que acontece, então? Este é o clássico problema do mal, o problema de explicar por que Deus permite tais acontecimentos. Presume-se que, se tudo vem de Deus, então o mal deve vir de Deus também. Em certo sentido, Deus deve ter desejado que isso acontecesse.

Quando era mais jovem, Agostinho tinha uma maneira de evitar a crença de que Deus queria que o mal acontecesse. Ele era maniqueísta. O maniqueísmo foi uma religião que surgiu na Pérsia (hoje, Irã). Os maniqueístas acreditavam que Deus não era onipotente. Ao contrário, havia uma luta eterna entre forças idênticas, o bem e o mal. Portanto, nessa visão, Deus e Satã estavam presos numa batalha contínua pelo controle. Os dois eram extremamente fortes, mas nenhum deles era poderoso o suficiente para destruir o outro. Em determinados lugares e determinados momentos, o mal se sobressaía, mas nunca durante muito tempo. A bondade acabaria retornando, triunfante, mais uma vez. Isso explicava por que essas coisas terríveis aconteciam: o mal é proveniente das forças obscuras, e a bondade, das forças da luz.

Os maniqueístas acreditavam que a bondade surgia dentro de nós, que ela vinha da alma. Já o mal vinha do corpo, com todos os seus pontos fracos, desejos e a tendência de nos levar para o mau caminho. Isso explicava por que as pessoas, às vezes, voltavam-se para as más ações. O problema do mal não era tão grande para os maniqueístas porque eles não aceitavam a ideia de que Deus fosse tão poderoso a ponto de controlar todos os aspectos da realidade. Se Deus não tinha poder sobre tudo, então, além de não ser responsável pela existência do mal, ninguém poderia culpá-lo por não conseguir evitar o mal. Os maniqueístas teriam explicado as ações do assassino como forças das trevas agindo dentro dele, levando-o na direção do mal. Essas forças seriam tão poderosas no indivíduo que as forças da luz não poderiam derrotá-las.

Em uma idade mais avançada, Agostinho rejeitou a abordagem maniqueísta. Ele não conseguia entender por que a luta entre o bem e o mal seria interminável. Por que Deus não vencia a batalha? Não era certo que as forças do bem eram mais fortes que as do mal? Por mais que os cristãos aceitassem a possível existência de forças do mal, elas nunca são tão grandes quanto a força de Deus. Mas se Deus era verdadeiramente todo-poderoso, como Agostinho passou a acreditar, os problemas do mal permaneceriam. Por que Deus *permitia* o mal? Por que havia tanto mal? A solução não é nada fácil. Agostinho pensou exaustivamente sobre esses problemas, e sua principal solução baseou-se na existência do livre-arbítrio: a capacidade humana de decidir o que fazer. Esse argumento costuma ser chamado de defesa do livre-arbítrio e trata-se de uma teodiceia – a tentativa de explicar e defender a ideia de como um Deus bom permitia o sofrimento.

Deus concede-nos o livre-arbítrio. Você pode escolher, por exemplo, se vai ou não ler a próxima frase. Esta é a sua escolha. Se não há ninguém forçando você a continuar lendo, então você é livre para parar. Agostinho considerava que ter livre-arbítrio é bom, já que nos permite agir moralmente. Nós podemos decidir ser bons; para ele, isso significava seguir os mandamentos de Deus, principalmente os dez mandamentos, além do "amor ao próximo" pregado por Jesus Cristo. Porém, a consequência de termos livre-arbítrio é que podemos decidir fazer o mal. Podemos ser desencaminhados e praticar más ações, como mentir, roubar, ferir ou até matar as pessoas. Isso costuma acontecer quando nossas emoções subjugam a razão. Desenvolvemos fortes desejos por objetos e por dinheiro. Cedemos à luxúria e somos distanciados de Deus e seus mandamentos. Agostinho acreditava que o nosso lado racional deveria manter as paixões sob controle, visão que ele compartilhava com Platão. Os seres humanos, ao contrário dos animais, têm o poder da razão e deveriam usá-lo. Se Deus tivesse nos programado de modo a sempre escolhermos o bem sobre o mal, não causaríamos nenhum dano, mas também não seríamos livres e não poderíamos usar a razão para decidir o que fazer. Deus poderia ter-nos feito desse modo. Agostinho argumentava que foi muito melhor termos escolha. Do contrário, seríamos como marionetes nas mãos de Deus, que controlaria nossos fios para que sempre nos comportássemos bem. Não haveria sentido nenhum em pensar sobre como se comportar, pois sempre escolheríamos automaticamente a opção do bem.

Então, Deus é poderoso o suficiente para evitar todo o mal, mas a existência do mal não está diretamente ligada a Deus. O mal moral é resultado das nossas escolhas. Agostinho acreditava que ele também era parcialmente o resultado de escolhas de Adão e Eva. Assim como muitos cristãos daquela época, ele estava convencido de que as coisas deram terrivelmente errado no Jardim do Éden, tal como descrito no primeiro livro da Bíblia, o Gênesis. Quando Adão e Eva comeram o fruto da árvore do conhecimento e traíram a Deus, trouxeram o pecado para o mundo. Esse pecado, chamado de pecado original, não foi algo que afetou apenas suas próprias vidas. Agostinho afirmava que o pecado original era transmitido de geração a geração pelo ato da reprodução sexual. Até mesmo uma criança, em seus primeiros momentos de vida, carrega traços desse pecado. O pecado original nos torna mais propensos ao pecado.

Para muitos leitores de hoje, essa ideia de que devemos nos culpar e ser punidos por ações cometidas por outros é muito difícil de aceitar. Isso parece injusto. No entanto, a ideia de que o mal é resultado do nosso livre-arbítrio, e não diretamente de Deus, ainda convence muitos fiéis – ela permite que estes acreditem em um Deus onipotente, onipresente, que só faz o bem.

Boécio, um dos escritores mais conhecidos da Idade Média, acreditava nesse Deus, mas travou combate com uma outra questão sobre o livre-arbítrio: a questão de como podemos escolher fazer tudo se Deus já sabe o que vamos escolher.

CAPÍTULO 7

A consolação da Filosofia

Boécio

Se você estivesse preso, esperando pela própria execução, passaria seus últimos dias escrevendo um livro de filosofia? Boécio passou. E escreveu o que veio a ser o seu livro de filosofia mais conhecido.

O nome completo de Boécio (475-525), um dos últimos filósofos romanos, era Anício Mânlio Torquato Severino Boécio. Ele morreu exatamente vinte anos antes da queda do Império Romano para os bárbaros. Mas, enquanto estava vivo, Roma já estava decaindo. Assim como Cícero e Sêneca, seus companheiros romanos, Boécio pensava que a filosofia era uma espécie de autoajuda, uma maneira prática de tornar nossa vida melhor, bem como uma disciplina do pensamento abstrato. Ele também foi responsável pela recuperação de Platão e Aristóteles, cuja obra traduziu para o latim, mantendo suas ideias vivas numa época em que se corria o risco de serem perdidas para sempre. Como cristão, seus livros atraíam os filósofos que se devotavam à religião na Idade

Média. Sua filosofia, então, formou uma ponte entre os pensadores gregos e romanos com a filosofia cristã, que viria a ser dominante no Ocidente durante décadas depois de sua morte.

A vida de Boécio foi uma mistura de boa e má sorte. O rei Teodorico, um godo que governava Roma na época, deu a ele o alto cargo de cônsul. Como honra especial, os filhos de Boécio também foram nomeados cônsules, embora fossem muito jovens para chegar ao posto por mérito próprio. Tudo parecia estar indo bem na vida dele: era rico, tinha uma boa família e recebia torrentes de elogios. De alguma maneira ele conseguiu arrumar tempo para os estudos filosóficos paralelos ao trabalho no governo, e era um escritor e tradutor prolífico. Passava por um excelente momento. Contudo, sua sorte virou. Acusado de conspiração contra Teodorico, ele foi expulso de Roma e enviado para Ravena, onde foi preso, torturado e executado por uma combinação de estrangulamento e espancamento até a morte. Ele sempre afirmou ser inocente, mas os acusadores não acreditavam nele.

Enquanto esteve na prisão sabendo que morreria em breve, Boécio escreveu um livro que, depois de sua morte, foi amplamente difundido na Idade Média: *A consolação da Filosofia.* O livro começa com Boécio dentro da cela, sentindo pena de si mesmo. De repente, percebe que há uma mulher olhando para ele. Ela parecia ser da altura normal dos seres humanos, mas às vezes parecia elevar-se até os céus. Usava um vestido rasgado, floreado com uma escada que começava na letra grega pi e terminava na letra grega teta. Em uma das mãos, ela segurava um cetro; na outra, livros. Essa mulher era a Filosofia. Quando começou a falar, disse a Boécio no que ele deveria acreditar. Ela estava zangada por ele ter se esquecido dela e viera lembrar-lhe de como deveria estar reagindo ao que lhe acontecia. O resto do livro, escrito uma parte em prosa e uma parte em verso, é a conversa dos dois, que trata sobre a sorte e Deus. A mulher, Filosofia, aconselha Boécio.

Ela diz a Boécio que a sorte sempre muda e que isso não deveria surpreendê-lo. Esta é a natureza da sorte: ser instável. A roda da fortuna gira. Às vezes estamos por cima, outras vezes por baixo. Pode ser que um dia um rei muito rico se veja na pobreza. Boécio tinha de aceitar que as coisas simplesmente eram assim. A sorte é aleatória. O fato de termos sorte hoje não garante a sorte de amanhã.

Os mortais, explica Filosofia, são tolos por deixar que a felicidade dependa de algo tão instável. A verdadeira felicidade só pode vir de dentro, das coisas que os seres humanos conseguem controlar, e não de algo que a má sorte pode destruir. Esta é a posição estoica que vimos no Capítulo 5. É isso o que as pessoas hoje querem dizer quando se descrevem como "filosóficas" a respeito dos acontecimentos: elas tentam não ser afetadas por aquilo que está fora do seu controle, como o clima ou quem são seus pais. Nada, diz Filosofia para Boécio, é terrível em si – a terribilidade depende de como pensamos nela. A felicidade é um estado de espírito, não do mundo – uma ideia que Epiteto já havia reconhecido antes.

Filosofia quer que Boécio volte-se para ela novamente. Ela diz que ele pode ser plenamente feliz apesar de estar preso esperando a morte. Ela vai curá-lo de todo o sofrimento. A mensagem é que riquezas, poder e honra não têm valor, pois podem ir e vir. Ninguém deveria basear a própria felicidade nesses fundamentos frágeis. A felicidade deve vir de algo mais sólido, algo que não pode ser levado embora. Como Boécio acreditava que viveria depois da morte, buscar a felicidade nas coisas mundanas e triviais era um erro. Afinal, ele perderia todas elas quando morresse.

Mas onde Boécio pode encontrar a verdadeira felicidade? A resposta da Filosofia é que ele a encontrará em Deus ou na bondade (as duas coisas acabam revelando-se ser a mesma). Boécio foi cristão desde cedo, mas não menciona isso em *A consolação da Filosofia.* O Deus que Filosofia descreve poderia ser o Deus de Platão, a pura forma da bondade, mas leitores posteriores reconhecem o ensinamento cristão sobre a falta de valor das honras e riquezas e a importância de se concentrar em agradar a Deus.

Durante todo o livro, Filosofia lembra Boécio do que ele já sabe. Isso também é algo que vem de Platão, pois ele acreditava que as coisas que aprendemos são, na verdade, uma espécie de reminiscência de ideias que já temos. De fato, nunca aprendemos nada novo, apenas temos nossa memória refrescada. A vida é uma luta para lembrarmos o que já sabíamos antes. O que Boécio já sabia, até certo ponto, é que estava errado em se preocupar com a perda da liberdade e do respeito público. Essas questões estão amplamente fora do seu controle. O que importa é sua atitude diante da situação, e isso é algo que ele pode escolher.

Todavia, Boécio estava confuso com um problema genuíno que preocupava muitas pessoas que acreditavam em Deus. Sendo perfeito, Deus tinha de saber tudo o que acontecia, mas também tudo o que viria a acontecer. Isso é o que queremos dizer quando designamos Deus como "onisciente". Então, se Deus existe, ele tem de saber quem ganhará a próxima Copa do Mundo e o que vou escrever na próxima frase. Ele deve ter o conhecimento prévio de tudo o que vai acontecer. O que ele prevê deve necessariamente acontecer. Portanto, neste momento, Deus sabe qual será o desdobramento de todas as coisas.

Disso segue-se que Deus deve saber qual será minha próxima ação, mesmo que eu ainda não tenha certeza do que farei. No momento em que tomo uma decisão sobre o que fazer, parece que diferentes futuros possíveis surgem diante de mim. Se me vejo diante de uma bifurcação na estrada, posso ir para a direita ou para a esquerda ou simplesmente parar. Neste momento, eu poderia parar de escrever e preparar um café. Ou posso escolher continuar digitando no computador. Isso parece ser minha decisão, algo que escolho ou não fazer. Não há ninguém me forçando a tomar uma ou outra direção. De maneira semelhante, você poderia escolher fechar os olhos agora se quisesse. Como pode Deus saber o que acabaremos fazendo?

Se Deus sabe quais serão nossas próximas ações, como podemos ter uma escolha genuína sobre o que iremos fazer? Seria a escolha apenas uma ilusão? Parece que não posso ter livre-arbítrio se Deus sabe tudo. Há dez minutos, Deus poderia ter escrito num pedaço de papel: "Nigel continuará escrevendo". Por ser verdade, eu necessariamente continuaria escrevendo, quer eu soubesse ou não disso naquele momento. Mas se ele fizesse isso, eu certamente não teria escolhido o que fiz, ainda que sentisse como se tivesse escolhido. Minha vida já estaria delineada para mim em cada mínimo detalhe. E, se não temos nenhuma escolha a respeito de nossas ações, até que ponto é justo nos punir ou recompensar pelo que fazemos? Se não podemos escolher o que fazer, então como Deus pode decidir se iremos ou não para o céu?

Isso é muito perturbador. É o que os filósofos chamam de paradoxo. Não parece possível que alguém soubesse o que farei e que ainda assim eu tivesse uma livre escolha sobre o que faço. Essas duas ideias parecem contradizer-se mutuamente. Contudo, ambas são plausíveis se acreditarmos que Deus é onisciente.

Mas Filosofia, a mulher na cela de Boécio, tem algumas respostas. Ela diz que nós temos sim livre-arbítrio. Ele não é uma ilusão. Por mais que Deus saiba o que faremos, nossas vidas não são predestinadas. Ou, dito de outra forma, o conhecimento de Deus a respeito das nossas ações futuras é diferente da predestinação (a ideia de que não temos escolha sobre o que faremos). Nós ainda temos uma escolha sobre o que fazer. O erro é pensar em Deus como se ele fosse um ser humano que observa o desdobramento das coisas no tempo. Filosofia diz a Boécio que Deus é atemporal, fora de todo o tempo.

Isso significa que Deus apreende tudo em um instante. Deus vê passado, presente e futuro como uma coisa só. Nós, mortais, estamos presos a um acontecimento após o outro, mas não é assim que Deus os vê. A razão de Deus conhecer o futuro sem destruir nosso livre-arbítrio e sem nos transformar em uma espécie de máquinas pré-programadas sem absolutamente nenhuma escolha é o fato de Deus não nos observar em nenhum momento específico. Ele vê tudo de uma única vez de maneira atemporal. E Filosofia diz a Boécio que ele não deveria esquecer que Deus julga os seres humanos em relação a como se comportam, às escolhas que fazem, mesmo que saiba de antemão o que farão.

Se Filosofia tiver razão sobre isso, e se Deus existe, ele sabe exatamente quando terminarei de escrever esta frase, mas continua sendo minha livre escolha terminá-la com um ponto final neste exato momento.

Você, enquanto isso, ainda é livre para decidir se vai ou não ler o próximo capítulo, que examina dois argumentos a respeito da crença na existência de Deus.

CAPÍTULO 8

A ilha perfeita

Anselmo e Aquino

Todos nós temos uma ideia de Deus. Entendemos o que "Deus" significa, quer acreditemos ou não que ele de fato exista. Com certeza, você está pensando na sua ideia de Deus neste exato momento. E isso parece bem diferente de dizer que Deus realmente existe. Anselmo (c. 1033-1109), padre italiano que se tornou arcebispo da Cantuária, tinha uma visão bastante diferente: com seu argumento ontológico, ele afirma ter mostrado que, por uma questão de lógica, o fato de termos uma ideia de Deus prova que Deus realmente existe.

O argumento de Anselmo, incluído no livro *Proslogion*, começa com a afirmação incontestável de que "não se pode conceber nada que seja superior a Deus". Esta é apenas outra forma de dizer que Deus é o mais grandioso dos seres imagináveis: grandioso em poder, em bondade e em conhecimento. Não se pode imaginar nada mais grandioso que ele – pois esse algo seria Deus. Ele é o ser supremo. Essa definição de Deus não parece controversa: Boécio (ver Capítulo 7) o definia de maneira semelhante, por exemplo. Em nossa mente, podemos ter claramente uma ideia de Deus. Isso também é indiscutível. Mas então Anselmo aponta que um Deus existente apenas em nossa mente, mas não na realidade, não seria o mais grandioso dos seres concebíveis. Um Deus que existisse na realidade certamente seria o mais grandioso. Esse Deus *poderia* concebivelmente existir – até mesmo os ateus costumam reconhecê-lo. Contudo, um Deus imaginado não pode ser mais grandioso que um Deus existente. Portanto, concluiu Anselmo, Deus *deve* existir. Tal conclusão segue-se logicamente da definição de Deus. Se Anselmo estiver certo, podemos ter certeza de que Deus existe simplesmente pelo fato de termos uma ideia dele. Trata-se de um argumento *a priori*, um argumento que não se baseia na observação sobre o mundo para chegar a uma conclusão. É um argumento lógico que, partindo de um ponto incontestável, parece provar que Deus existe.

Anselmo usou o exemplo de um pintor que imagina a cena antes de pintá-la. Em determinado momento, o pintor pinta o que imaginou. Então, a pintura existe tanto na imaginação quanto na realidade. Deus é diferente desse tipo de caso. Anselmo acreditava que era logicamente impossível ter uma ideia de Deus sem que Deus de fato existisse, ao passo que podemos, com muita facilidade, imaginar o pintor que jamais tenha pintado o quadro que imaginou, de modo que a pintura só exista na mente dele, mas não no mundo. Deus é o único ser desse tipo: podemos imaginar a não existência de todas as outras coisas sem nos contradizermos. Se entendermos verdadeiramente o que é Deus, reconheceremos que seria impossível sua não existência.

Muitas pessoas que compreenderam a "prova" de Anselmo acerca da existência de Deus suspeitam de que há algo duvidoso na maneira como ele chega a essa conclusão. Parece simplesmente haver algo errado no argumento. Pouquíssimas pessoas passaram a acreditar em Deus tendo apenas esse raciocínio como base. Anselmo, em compensação, citou uma passagem dos Salmos segundo a qual somente um tolo negaria a existência de Deus. Quando Anselmo ainda estava vivo, um outro monge, Gaunilo de Marmoutier, criticou seu raciocínio apresentando um experimento mental que servia de suporte para a posição dos tolos.

Imagine que em algum lugar do oceano há uma ilha aonde ninguém pode chegar. Essa ilha tem muitas riquezas e é repleta de todos os frutos, árvores, plantas exóticas e animais imagináveis. E ela não é habitada, o que a torna um lugar ainda mais perfeito. Na verdade, trata-se da ilha mais perfeita que se pode imaginar. Se alguém diz que essa ilha não existe, não há muita dificuldade em entendermos o que se quer dizer com isso. Faz sentido. Mas suponha que alguém lhe diga que essa ilha deve de fato existir porque é mais perfeita do que qualquer outra ilha. Você tem uma ideia dela. Porém, ela não seria a ilha mais perfeita se só existisse em sua mente. Então, ela deve existir na realidade.

Gaunilo afirmou que, se alguém usasse esse argumento para tentar nos persuadir de que a mais perfeita das ilhas realmente existe, provavelmente acharíamos que é uma piada. É impossível trazer à existência real uma ilha perfeita apenas imaginando como ela poderia ser. Seria um absurdo. A ideia de Gaunilo é que o argumento de Anselmo para a existência de Deus tem a mesma forma que o argumento para a existência da ilha mais perfeita. Se não acreditamos que a mais perfeita das ilhas imagináveis possa existir, por que acreditar na existência do mais perfeito dos seres imagináveis? O mesmo tipo de argumento poderia ser usado para imaginar a existência de todos os tipos de seres: não só a ilha mais perfeita, mas a montanha mais perfeita, a construção mais perfeita, a floresta mais perfeita. Gaunilo acreditava em Deus, mas pensava que o raciocínio de Anselmo sobre Deus, nesse caso, não se sustentava. Anselmo respondeu concluindo que seu argumento só funcionava no caso de Deus e não de ilhas, pois as outras coisas são simplesmente as mais perfeitas dentro de sua espécie, enquanto Deus é o mais perfeito de tudo. É por essa razão que Deus é o único ser que *necessariamente* existe: o único que não poderia não existir.

Duzentos anos depois, em uma pequena parte de uma obra muito grande chamada *Suma teológica*, outro santo italiano, Tomás de Aquino (1225-1274), esboçou cinco argumentos, as cinco vias, para demonstrar a existência de Deus. Hoje, as cinco vias são mais conhecidas que qualquer outra parte da obra. A segunda via era o argumento da causa primeira, um argumento que, como grande parte da filosofia de Aquino, era baseado em outro argumento usado muito antes por Aristóteles. Assim como Anselmo, Aquino queria usar a razão para provar a existência de Deus. O argumento da causa primeira toma como ponto de partida a existência do cosmos – tudo o que há. Olhe ao redor. De onde vem tudo? A resposta imediata é que cada coisa existe e é o que é porque teve um tipo de causa. Pense em uma bola de futebol. Ela é produto de muitas causas – da criação e fabricação das pessoas, das causas que produziram a matéria-prima etc. Mas o que causou a existência da matéria-prima? E o que causou essas causas? Podemos retroceder e traçar esse caminho. E retroceder mais um pouco. Mas essa cadeia de causas e efeitos não acabaria sendo eterna?

Aquino estava convencido de que não poderia haver uma série interminável de efeitos e causas precedentes que retrocedessem eternamente no tempo – um regresso infinito. Se houvesse um regresso infinito, significaria que jamais existiria uma causa primeira: alguma coisa teria causado qualquer coisa que pensássemos ser a primeira causa, que *também* teria uma causa, e assim infinitamente. Mas Aquino pensava que, logicamente, em algum momento havia uma coisa que tinha desencadeado as causas e os efeitos. Se isso for verdade, deve haver algo que não foi causado e que deu início à série de causas e efeitos que nos trouxe até onde estamos agora. A causa primeira, declarou ele, deve ter sido Deus. Deus é a causa não causada de tudo o que existe.

Filósofos posteriores deram muitas respostas a esse argumento. Alguns apontaram que, mesmo que concordemos com Aquino de que deve ter havido alguma causa não causada que deu início a tudo, não há nenhum motivo particular para acreditar que essa causa não causada fosse Deus. Uma causa primeira não causada teria de ser extremamente poderosa, mas não há nada nesse argumento para sugerir que ela precise ter qualquer das propriedades que as religiões costumam afirmar que Deus tem. Por exemplo, tal causa não causada não precisaria ser supremamente boa; tampouco teria de ser onisciente. Ela poderia ter sido uma espécie de onda de energia, e não um Deus pessoal.

Outra objeção possível ao raciocínio de Aquino é a de que não temos de aceitar sua suposição de que não poderia haver um regresso infinito de efeitos e causas. Como sabemos? Para toda causa primeira que se possa sugerir com origem do cosmos, é possível perguntar: "E o que a causou?". Aquino simplesmente assumiu que, se continuássemos fazendo a mesma pergunta, chegaríamos a um ponto em que a resposta seria "Nada. É uma causa não causada". Mas não está claro se essa resposta é melhor do que a possibilidade de haver um regresso infinito de efeitos e causas.

Santo Anselmo e São Tomás de Aquino, concentrados na crença em Deus e comprometidos com um estilo religioso de vida, formam um nítido contraste com Nicolau Maquiavel, pensador profano comparado por alguns ao demônio.

CAPÍTULO 9

A raposa e o leão

NICOLAU MAQUIAVEL

IMAGINE QUE VOCÊ SEJA UM PRÍNCIPE, dotado de poder absoluto, governando uma cidade-estado, como Florença ou Nápoles, na Itália do século XVI. Você dará uma ordem e ela será atendida. Se quiser mandar alguém para a cadeia por ter falado algo contra você, ou por suspeitar de que houve uma conspiração para matá-lo, você pode fazê-lo. Há tropas ao seu dispor, preparadas para fazer o que você quiser. Mas você está cercado por outras cidades-estados, governadas por ambiciosos que adorariam tomar o seu território. Como você se comportaria? Deveria ser honesto, cumprir suas promessas, agir sempre de maneira benevolente, acreditar no melhor das pessoas?

Nicolau Maquiavel (1469-1527) pensava que essa provavelmente seria uma má ideia, embora talvez você quisesse *parecer* honesto e *parecer* bom nesse sentido. Segundo ele, às vezes é melhor mentir, quebrar promessas e até matar os inimigos. Um príncipe não precisaria se preocupar em manter sua palavra. Como dizia ele, um príncipe eficaz tem de "aprender a não ser bom". O mais importante era manter-se no poder, e quase todas as formas de fazer isso eram aceitáveis. *O príncipe*, livro no qual ele fala sobre essas coisas, teve fama (e infâmia) mesmo antes de ser publicado em 1532. Algumas pessoas o descreveram como maligno ou, na melhor das hipóteses, como o manual dos facínoras; outras o consideraram o relato mais preciso já escrito sobre o que acontece na política. Muitos políticos atuais leram o livro, embora pouquíssimos admitam, revelando, talvez, que estão colocando em prática os princípios da obra.

O príncipe não foi escrito para todos, e sim para quem chegou recentemente ao poder. Maquiavel o escreveu enquanto morava em uma fazenda a cerca de onze quilômetros ao sul de Florença. No século XVI, a Itália era um lugar perigoso. Maquiavel nasceu e cresceu em Florença. Foi nomeado diplomata quando jovem e conheceu diversos reis, um imperador e o papa em suas viagens pela Europa. Ele não dava muita importância a essas pessoas. O único líder que realmente o impressionava era César Bórgia, um homem implacável, filho ilegítimo do papa Alexandre VI, que não se importava nada em enganar os inimigos e matá-los enquanto assumia o controle de uma grande parte da Itália. No que se refere a Maquiavel, Bórgia fez tudo corretamente, mas foi derrotado pela má sorte: adoeceu justamente quando foi atacado. A má sorte também teve um papel de destaque na vida de Maquiavel e foi o assunto sobre o qual ele mais se debruçou.

Quando os Médici – uma família extremamente rica – retomaram o poder, jogaram Maquiavel na prisão, afirmando que ele fizera parte de uma conspiração para derrubá-los. Alguns colegas de Maquiavel foram executados, mas ele sobreviveu à tortura e foi libertado. Sua punição por não ter confessado nada foi ser banido. Maquiavel foi desligado da política e condenado a não voltar para a cidade que amava. Foi quando se retirou no campo, onde passaria as tardes imaginando diálogos com os grandes pensadores do passado. Em sua imaginação, eles discutiam qual seria a melhor maneira de se conservar no poder enquanto líder. É provável que ele tenha escrito *O príncipe* tanto para impressionar os governantes quanto para tentar conseguir trabalho como conselheiro político. Assim ele poderia retornar para Florença e para os encantos e perigos da política real. Mas o plano não deu certo: Maquiavel acabou tornando-se escritor. Além de *O príncipe*, ele escreveu vários outros livros de política e foi um dramaturgo de sucesso – sua peça *Mandrágora* é encenada até hoje.

Então o que exatamente Maquiavel aconselhava e por que isso chocou tanto a maioria de seus leitores? A ideia fundamental era a de que um príncipe precisava ter o que ele chamou de *virtù*. Em italiano, essa palavra significa "firmeza" ou valor. O que isso significa? Maquiavel acreditava que o sucesso depende muito da boa sorte. Ele pensava que metade do que acontece conosco deve-se ao acaso e metade é resultado de nossas escolhas, mas também acreditava que podemos melhorar as chances de sucesso agindo brava e rapidamente. Só porque a sorte desempenha um grande papel em nossa vida não quer dizer que tenhamos de nos comportar como vítimas. Um rio tem de fluir, isso é algo que não podemos deter; porém, se construirmos barreiras e represas, aumentaremos a chance de sobreviver. Em outras palavras, um líder que se prepara bem e agarra a oportunidade quando ela surge tem uma probabilidade maior de sucesso do que outro que não o faz.

Maquiavel estava decidido que sua filosofia deveria ser enraizada naquilo que realmente acontece. Ele mostrava aos leitores o que queria dizer por meio de uma série de exemplos da história recente, envolvendo principalmente pessoas que ele conhecia. Por exemplo, quando César Bórgia descobriu que os membros da família Orsini planejavam derrubá-lo, os levou a crer que não sabia de nada. Induziu os líderes a se encontrar com ele em um lugar chamado Sinigaglia. Quando chegaram, ele matou todos. Maquiavel aprovou a armadilha. Para ele, parecia um bom exemplo de *virtù*.

Em outra ocasião, quando Bórgia assumiu o controle de uma região chamada Romanha, colocou no poder um comandante particularmente cruel, Remirro de De Orco, que apavorava o povo obrigando-o a lhe obedecer. Quando a região se acalmou, Bórgia quis afastar-se da crueldade de De Orco. Então o matou, esquartejou o corpo e deixou os pedaços na praça da cidade para que todos vissem. Maquiavel aprovou essa abordagem repulsiva, que levou Bórgia a conseguir o que queria: manter do seu lado o povo de Romanha. O povo estava feliz por De Orco ter morrido, mas ao mesmo tempo percebeu que Bórgia devia ter encomendado o assassinato, e isso os amedrontava. Se Bórgia era capaz desse tipo de violência contra seu próprio comandante, ninguém estaria seguro. Portanto, aos olhos de Maquiavel, a atitude de Bórgia foi valorosa: ela demonstrava *virtù* e era exatamente o tipo de coisa que um príncipe sensível deveria fazer.

Isso dá a entender que Maquiavel aprovava o assassinato. Ele certamente o aprovava em algumas ocasiões, se os resultados o justificassem. Mas esse não era o objetivo dos exemplos. O que ele estava tentando mostrar era que o comportamento de Bórgia ao matar os inimigos e tornar um exemplo seu comandante De Orco deu certo.

Isso gerou os efeitos desejados e evitou uma catástrofe prevista. Com seu modo de agir rápido e cruel, Bórgia continuou no poder e evitou que o povo de Romanha se juntasse contra ele. Para Maquiavel, o resultado final era mais importante do que o modo como era atingido: Bórgia era um bom príncipe porque não hesitava quando devia fazer o que era necessário para se manter no poder. Maquiavel não aprovaria o assassinato despropositado, ou seja, matar por matar; porém, os assassinatos descritos não eram assim. Maquiavel acreditava que agir com compaixão naquelas circunstâncias teria sido desastroso: ruim tanto para Bórgia quanto para o Estado.

Maquiavel ressalta que é melhor, como líder, ser temido do que ser amado. Teoricamente, o melhor é ser amado e ser temido, mas isso é difícil de conseguir. Se você confiar num povo que o ama, correrá o risco de ser abandonado em momentos de adversidade. Se for temido, o povo terá medo de traí-lo. Isso faz parte do cinismo humano, da visão estreita da natureza humana. Maquiavel pensava que os seres humanos eram suspeitos, gananciosos e desonestos. Se tiver de ser um governante de sucesso, é necessário que saiba disso. É perigoso acreditar que as pessoas cumprirão suas promessas, a não ser que tenham pavor das consequências de não cumpri-las.

Se você conseguir chegar aonde quer demonstrando bondade, cumprindo suas promessas e sendo amado, faça dessa forma (ou pelo menos aparente que faz). Do contrário, precisará combinar essas qualidades humanas com qualidades animais. Outros filósofos enfatizaram que os líderes deveriam confiar em suas qualidades humanas, mas Maquiavel pensava que, às vezes, o líder eficaz teria de agir como uma besta, aprendendo com a raposa e o leão. A raposa é perspicaz e consegue reconhecer armadilhas, ao passo que o leão é extremamente forte e ameaçador. Não é bom ser como um leão o tempo todo, agindo apenas com a força bruta, pois isso o levará ao risco de cair numa armadilha. Também não se pode agir somente como uma raposa esperta: você precisará da força do leão para se manter em segurança. Contudo, se confiar na própria bondade e senso de justiça, não durará muito tempo. Felizmente, as pessoas são ingênuas: deixam-se levar pelas aparências. Portanto, como líder, é preciso ter êxito, demonstrando ser honesto e gentil enquanto quebra promessas e age cruelmente.

Lendo isso, é provável que pense que Maquiavel não passava de um homem mal. Muitas pessoas acreditam nisso, e o adjetivo "maquiavélico" é amplamente empregado como insulto para se referir àquele que está pronto para fazer tramoias e usar as pessoas como querem, mas outros filósofos acreditam que Maquiavel demonstrou algo importante. Talvez o bom comportamento não sirva para os líderes. Uma coisa é ser gentil na vida cotidiana e confiar nas promessas que nos fazem; todavia, se tivermos de governar um Estado ou um país, pode ser uma política bastante perigosa confiar que os outros países se comportarão bem com relação a nós. Em 1938, o primeiro-ministro britânico Neville Chamberlain acreditou em Hitler quando este deu sua palavra de que não tentaria expandir ainda mais o território alemão. Hoje isso parece ingênuo e tolo. Maquiavel teria dito para Chamberlain que Hitler tinha todas as razões para mentir e que não seria bom confiar nele.

Por outro lado, não devemos esquecer que Maquiavel apoiou atos de extrema brutalidade contra inimigos em potencial. Até mesmo no mundo sanguinário da Itália do século XVI, sua confessa aprovação do comportamento de César Bórgia parecia chocante. Muitos de nós pensam que deveria haver limites rígidos para as ações de um líder em relação a seus piores inimigos e que esses limites deveriam ser estabelecidos por lei. Se não houver limites, acabaremos como tiranos selvagens. Adolf Hitler, Pol Pot, Idi Amin, Saddam Hussein e Robert Mugabe usaram os mesmos tipos de técnicas que César Bórgia para se manter no poder. Isso não é exatamente uma boa propaganda para a filosofia de Maquiavel.

O próprio Maquiavel via-se como um realista, um sujeito que reconhecia que as pessoas eram fundamentalmente egoístas. Thomas Hobbes compartilhava dessa visão, que serve de sustentáculo para explicar como ele pensava que a sociedade deveria ser estruturada.

CAPÍTULO 10

Sórdida, embrutecida e curta

Thomas Hobbes

Thomas Hobbes (1588-1679) foi um dos maiores pensadores políticos da Inglaterra. Porém, poucos sabem que ele foi um fanático por exercícios físicos desde muito jovem. Hobbes costumava sair toda manhã para uma longa caminhada e subia colinas altas até perder o fôlego. Carregava uma bengala especial feita com um tinteiro na ponta, caso tivesse alguma boa ideia enquanto estivesse fora. Esse sujeito alto, de rosto corado, alegre, que usava bigode e tinha a barba um pouco rala, foi uma criança doente. No entanto, quando adulto, foi extremamente saudável e jogou tênis até ficar velho. Comia muito peixe, bebia muito vinho e costumava cantar – entre quatro paredes, longe dos ouvidos alheios – para exercitar os pulmões. E, obviamente, como a maioria dos filósofos, tinha uma mente extremamente dinâmica. O resultado foi que ele viveu até os 91 anos, uma idade excepcional para o século XVII, quando a expectativa de vida média era de 35 anos.

Apesar de seu caráter genial, Hobbes, assim como Maquiavel, tinha uma visão negativa dos seres humanos. Ele acreditava que basicamente somos todos egoístas, movidos pelo medo da morte e pela esperança de ganhos pessoais. Todos nós buscamos ter poder sobre os outros, independentemente de percebermos ou não. Se você não concorda com essa descrição da humanidade, então por que tranca a porta quando sai de casa? Certamente não seria porque sabe da existência de muita gente que adoraria roubar todas as suas coisas? Mas somente *algumas* pessoas são egoístas, você diria. Hobbes discordava. Ele considerava que, no fundo todos nós o somos, e que só o Estado de direito e a ameaça de punição poderiam manter-nos sob controle.

A consequência disso, argumentava ele, era que se a sociedade se dissolvesse e tivéssemos de viver no que ele chamava de "estado de natureza", sem leis ou ninguém para aplicá-las, todos nós roubaríamos e mataríamos quando necessário. Ao menos teríamos de fazer isso se quiséssemos continuar vivendo. Em um mundo de recursos escassos, principalmente se estivéssemos lutando para encontrar comida e água para sobreviver, poderia até ser racional matar outras pessoas antes que elas nos matassem. Na memorável descrição de Hobbes, a vida fora da sociedade seria "solitária, pobre, sórdida, embrutecida e curta".

Retire o poder do Estado de impedir que as pessoas usem as terras dos outros e matem quem quer que seja, e o resultado será uma guerra interminável de todos contra todos. É difícil imaginar uma situação pior. Nesse mundo sem leis, nem mesmo o mais forte estaria seguro por muito tempo. Todos nós precisamos dormir e, enquanto estamos adormecidos, somos vulneráveis ao ataque. Até o mais fraco, se esperto o suficiente, seria capaz de destruir o mais forte.

Talvez você pense que uma das maneiras de evitar ser morto seria se juntar aos amigos. O problema é que não se pode ter certeza de que as pessoas são confiáveis. Se outros prometem nos ajudar, pode ser que em algum momento seja do interesse deles quebrar suas promessas. Qualquer atividade humana que requer a cooperação, como plantar alimentos em larga escala ou construir prédios, seria impossível sem um nível básico de confiança. Só saberíamos que estamos sendo enganados quando fosse tarde demais e talvez, neste momento, alguém esteja literalmente nos apunhalando pelas costas. Não haveria ninguém para punir o apunhalador. Nossos inimigos poderiam estar em qualquer lugar. Viveríamos a vida inteira com medo do ataque: uma perspectiva nada atraente.

Hobbes argumentava que a solução seria colocar um indivíduo ou parlamento poderoso no comando. Os indivíduos no estado de natureza teriam de entrar em um "contrato social", um acordo para abrir mão de suas perigosas liberdades em nome da segurança. Sem o que ele chamou de "soberano", a vida seria como um inferno. O soberano receberia o direito de impor severas punições a qualquer um que pisasse fora da linha. Hobbes acreditava que reconheceríamos como importantes algumas leis naturais, com a de que deveríamos tratar os outros como gostaríamos de ser tratados. As leis não servem para nada se não há alguém ou algo forte o suficiente para fazer com que todos as sigam. Sem leis e sem um soberano poderoso, as pessoas no estado de natureza podiam esperar uma morte violenta. O único consolo é que uma vida desse tipo seria muito breve.

Leviatã (1651), o livro mais importante de Hobbes, explica em detalhes os passos necessários para sair do pesadelo do estado de natureza para uma sociedade segura, na qual a vida é suportável. "Leviatã" é um monstro marinho gigantesco descrito na Bíblia. Para Hobbes, ele era uma referência ao grande poder do Estado. O *Leviatã* abre com a ilustração de um gigante em destaque sobre uma colina, segurando uma espada e um cetro. O desenho é composto de muitas pessoas bem menores, reconhecivelmente ainda indivíduos. O gigante representa o Estado poderoso, tendo como chefe um soberano. Sem um soberano, acreditava Hobbes, tudo se desintegraria e a sociedade se dividiria em indivíduos separados, prontos para destruir os outros indivíduos na busca pela sobrevivência.

Os indivíduos no estado de natureza, então, teriam razões muito boas para querer trabalhar juntas e buscar a paz. Era a única forma de se protegerem. Sem isso, suas vidas seriam terríveis. A segurança era muito mais importante do que a liberdade. O medo da morte levaria as pessoas a formarem uma sociedade. Hobbes pensava que elas concordariam em abrir mão de sua liberdade para estabelecer um contrato social com o outro, uma promessa que permite ao soberano impor as leis. Seria melhor que as pessoas tivessem uma autoridade poderosa no comando do que lutassem umas contra as outras.

Hobbes atravessou tempos difíceis, inclusive no útero. Ele nasceu prematuro depois que sua mãe entrou em trabalho de parto ao ouvir que a Invencível Armada Espanhola estava dirigindo-se para a Inglaterra e invadiria o país. Felizmente, isso não aconteceu. Depois, ele escapou dos perigos da Guerra Civil Inglesa mudando-se para Paris, mas o medo real de que a Inglaterra pudesse facilmente condescender à monarquia perseguiu seus últimos escritos. Foi em Paris que ele escreveu *Leviatã*, retornando à Inglaterra logo depois de sua publicação em 1651.

Assim como muitos pensadores de sua época, Hobbes não foi apenas filósofo – ele era o que chamaríamos hoje de "homem renascentista". Tinha um profundo interesse por geometria e ciência, bem como por história antiga. Adorava literatura quando jovem e chegou a escrevê-la e traduzi-la. Na filosofia, à qual começou a se dedicar na meia-idade, era materialista e acreditava que os seres humanos eram nada mais do que seres físicos. A alma não existe: somos apenas corpo, o qual, em última instância, é uma máquina complexa.

Os mecanismos de relógios eram a tecnologia mais avançada no século XVII. Hobbes acreditava que os músculos e os órgãos do corpo equivaliam a esses mecanismos: ele escreveu algumas vezes sobre as "molas" da ação e as "rodas" que nos movem. Estava convencido de que todos os aspectos da existência humana, inclusive o pensamento, eram atividades físicas. Em sua filosofia, não havia espaço para a alma. Esta é uma ideia moderna que muitos cientistas sustentam atualmente, mas era radical na época de Hobbes. Ele chegou inclusive a afirmar que Deus devia ser um objeto físico gigantesco, embora algumas pessoas interpretassem isso como uma tentativa disfarçada de declarar que era ateu.

Os críticos de Hobbes pensam que ele foi longe demais ao consentir que o soberano, quer fosse um rei, uma rainha ou o parlamento, tivesse tamanho poder sobre o indivíduo na sociedade. O Estado que ele descreve seria o que hoje chamamos de autoritário: um Estado em que o soberano tem praticamente poderes ilimitados sobre os cidadãos. A paz pode ser desejável, e o medo da morte violenta um forte incentivo para se submeter aos poderes que mantêm a paz. Contudo, colocar tanto nas mãos de um indivíduo ou grupo de indivíduos pode ser perigoso. Ele não acreditava na democracia; não acreditava na capacidade das pessoas de tomar decisões por si próprias. Mas se soubesse dos horrores cometidos pelos tiranos no século XX, teria mudado de ideia.

Hobbes foi famoso por recusar-se a acreditar na existência da alma. René Descartes, seu contemporâneo, em contraste, acreditava que a alma e o corpo eram completamente distintos um do outro. Provavelmente por isso Hobbes pensava que Descartes era muito melhor em geometria do que em filosofia e deveria ater-se somente à primeira.

CAPÍTULO 11

Estaríamos sonhando?

RENÉ DESCARTES

VOCÊ ESCUTA O DESPERTADOR, DESLIGA-O, levanta da cama, veste-se, toma café da manhã, apronta-se para mais um dia. De repente, algo inesperado acontece: você acorda e percebe que estava sonhando. Em seu sonho, você estava desperto e dando seguimento à vida, mas na verdade ainda estava roncando embaixo do cobertor. Se você já teve uma dessas experiências, entenderá o que digo. Elas geralmente são chamadas de "falso despertar" e podem ser bastante convincentes. O filósofo francês René Descartes (1596-1650) teve uma que o deixou pensando. Como ele poderia ter certeza de que não estava sonhando?

Para Descartes, a filosofia era um entre muitos interesses intelectuais. Ele foi um matemático brilhante, talvez mais conhecido por ter inventado as "coordenadas cartesianas" – supostamente depois de ver uma mosca cruzando o teto e pensando em como poderia descrever sua posição em vários pontos. A ciência também o fascinava, e ele era tanto astrônomo quanto biólogo. Sua reputação como filósofo deve-se principalmente a *Meditações* e a *Discurso do método*, livros nos quais ele explorou os limites do que possivelmente podia conhecer.

Como a maioria dos filósofos, Descartes não gostava de acreditar em nada sem antes examinar por que acreditava naquilo; ele também gostava de fazer perguntas complicadas, que outras pessoas evitavam fazer. Obviamente, ele percebeu que não podia viver questionando tudo o tempo inteiro. Seria extremamente difícil viver se não tomássemos certas coisas como verdadeiras na maior parte do tempo, o que Pirro sem dúvida descobriu (ver Capítulo 3). Mas Descartes pensou que valeria a pena tentar uma vez na vida descobrir o que ele podia saber com certeza. Para isso, ele desenvolveu um método, hoje conhecido como método da dúvida cartesiana.

O método é bastante simples: não aceite nada como verdadeiro se houver a mínima possibilidade de que não o seja. Pense em um grande saco de maçãs. Você sabe que dentro do saco existem algumas maçãs estragadas, mas não tem certeza de quais são elas. Você quer chegar ao ponto de ter um saco só com maçãs boas. Como chegaria a esse resultado? Uma maneira seria despejar todas as maçãs no chão e examinar uma a uma, guardando de volta somente aquelas que você tivesse absoluta certeza de serem boas. Talvez você descartasse durante o processo algumas maçãs boas, porque elas parecem estar um pouco estragadas por dentro, mas a consequência seria ter um saco só com maçãs boas. O método da dúvida cartesiana era mais ou menos assim. Você toma uma crença, como "estou acordado, lendo este livro", examinando-a, e só a aceita se tiver certeza de que ela não é errada ou enganadora. Se houver o mínimo espaço para a dúvida, rejeite-a. Descartes analisou diversas coisas nas quais acreditava e questionou se ele tinha ou não certeza de que elas eram o que pareciam ser. Seria o mundo realmente tal como parece ser? Tinha ele certeza de que não estava sonhando?

Descartes queria encontrar uma coisa da qual pudesse ter certeza. Isso seria o suficiente para que tivesse um apoio fixo na realidade. Porém, havia o risco de adentrar em um redemoinho de dúvidas e acabar percebendo que absolutamente nada era certo. Aqui ele teve uma certa atitude cética, mas diferente do ceticismo de Pirro e seus seguidores. Estes queriam mostrar que nada podia ser conhecido com certeza; Descartes, por sua vez, queria mostrar que algumas crenças são imunes até mesmo às formas mais radicais de ceticismo.

Descartes começou sua busca por certezas pensando primeiro nas evidências que vêm pelos sentidos: visão, tato, olfato, paladar e audição. Podemos confiar nos sentidos? Não totalmente, concluiu ele. Os sentidos às vezes nos enganam. Cometemos erros. Pense no que você vê. Sua visão é confiável em relação a tudo? Devemos confiar sempre em nossos olhos?

Um bastão reto dentro da água pode parecer torto se o olhamos de lado. Uma torre retangular pode parecer arredondada à distância. Todos nós às vezes cometemos erros sobre o que vemos. Descartes afirmava que não seria sábio confiar em algo que já nos enganou no passado. Desse modo, ele rejeita os sentidos como possível fonte de certeza, pois nunca estará certo de que os sentidos não o estão enganando. Provavelmente os sentidos não nos enganam na maior parte do tempo, mas a vaga possibilidade de que podem vir a nos enganar significa que não podemos confiar neles. Mas aonde isso o levou?

A crença "estou acordado lendo este livro" provavelmente lhe parece uma certeza. Você está acordado, acredito, e lendo. Como poderia duvidar disso? No entanto, já mencionamos que podemos pensar que estamos acordados no sonho. Como você sabe que não está sonhando agora? Talvez imagine que as experiências que vive são reais demais, detalhadas demais para serem sonhos, mas inúmeras pessoas têm sonhos bastante vívidos. Você tem certeza de que não está sonhando agora? Como sabe disso? Talvez tenha acabado de se beliscar para ver se está acordado. Se não o fez, tente. O que isso prova? Nada. Você pode ter sonhado que se beliscou. Então *podia* estar sonhando. Sei que não parece e é muito improvável que isso esteja acontecendo, mas não pode haver espaço para a menor sombra de dúvida sobre se você está sonhando ou não. Portanto, para aplicar o método da dúvida cartesiana, é preciso aceitar que a crença "estou acordado lendo este livro" não é uma certeza total.

Isso mostra que não podemos confiar totalmente nos sentidos. Não podemos ter certeza absoluta de que não estamos sonhando. Mas certamente, diz Descartes, até mesmo nos sonhos, 2 + 3 = 5. É nesse ponto que Descartes usa um experimento mental, uma história imaginária para afirmar sua ideia. Ele força a dúvida até o seu limite máximo e elabora um teste ainda mais árduo para qualquer crença do que o teste da pergunta "poderia eu estar sonhando?". Ele diz: imagine que há um demônio incrivelmente poderoso e inteligente, mas também amigável. Esse demônio, se existir, poderia fazer parecer que 2 + 3 = 5 toda vez que você fizesse a soma, mesmo que o resultado fosse 6. Não teria como saber que o demônio fazia isso. Você simplesmente estaria somando números de modo inocente. Tudo pareceria normal.

Não é nada fácil provar que isso não esteja acontecendo agora. Talvez esse demônio inteligente e amigável esteja então me iludindo de que estou sentado em casa escrevendo no computador, quando na verdade estou deitado numa praia no sul da França. Ou talvez eu seja apenas um cérebro numa cuba cheia de líquido numa prateleira do laboratório do demônio. Ele pode ter colocado eletrodos no meu cérebro e está me enviando mensagens eletrônicas que dão a impressão de que estou fazendo uma coisa, quando na verdade estou fazendo outra completamente diferente. Talvez o demônio esteja me fazendo pensar que estou digitando palavras que fazem sentido, quando na verdade estou apenas digitando a mesma letra uma vez atrás da outra. Não há como saber. Não há como provar que isso não esteja acontecendo, por mais louco que isso possa parecer.

Esse experimento mental do demônio maligno é a forma de Descartes levar a dúvida ao limite. Se houvesse algo do qual pudéssemos ter certeza não ser um engano provocado pelo demônio, seria maravilhoso. Isso nos daria um meio de responder às pessoas que afirmam não ser possível conhecer absolutamente nada ao certo.

O próximo passo de Descartes levou a uma das linhas mais conhecidas na filosofia, embora o número de pessoas que conhece a citação seja muito maior do que as pessoas que a compreendem. Descartes percebeu que, mesmo se o demônio existisse e o estivesse enganando, deveria existir *algo* que não podia ser induzido pelo demônio. Como ele estava de fato tendo um pensamento, ele, Descartes, *tem* de existir. O demônio não poderia fazê-lo acreditar que ele existia se não existisse, porque uma coisa que não existe não pensa. "Penso, logo existo" (*cogito ergo sum*, em latim) foi a conclusão de Descartes. Estou pensando, então tenho de existir. Tente fazer isso. Como está tendo um pensamento ou uma sensação, é impossível duvidar da sua existência. O que você é constitui outra questão – você pode duvidar de que tenha um corpo, ou duvidar de que tenha um corpo que consegue ver e tocar. Mas não pode duvidar de que existe como algum tipo de coisa pensante. Tal pensamento seria autocontestador. Quando começamos a duvidar da nossa própria existência, o ato da dúvida prova que existimos como ser pensante.

Isso não pode parecer grande coisa, mas a certeza de sua própria existência foi muito importante para Descartes. Ela o mostrou que aqueles que duvidavam de tudo – os céticos pirrônicos – estavam errados. Ela também foi o início do que chamamos de dualismo cartesiano. Trata-se da ideia de que a nossa mente é separada do corpo e interage com ele. É um dualismo porque há dois tipos de coisa: a mente e o corpo. Gilbert Ryle, filósofo do século XX, ridicularizou essa visão como um mito do fantasma na máquina: o corpo era a máquina, e a alma o fantasma que nela habitava. Descartes acreditava que a mente era capaz de produzir efeitos no corpo e vice-versa, porque os dois interagiam em determinado ponto no cérebro – a glândula pineal. Contudo, seu dualismo o deixou com sérios problemas sobre como explicar que uma coisa não física, a alma ou a mente, produza mudanças em uma coisa física, o corpo.

Descartes estava mais certo sobre a existência da mente que do corpo. Ele era capaz de se imaginar não tendo um corpo, mas não conseguia imaginar-se sem uma mente. Se imaginasse não ter uma mente, ainda estaria pensando, o que provaria que ele tinha uma mente porque não poderia ter absolutamente pensamento nenhum se não tivesse uma mente. Essa ideia de que corpo e mente podem ser separados e de que a mente ou o espírito não é físico, nem feito de sangue, carne e ossos, é muito comum entre os religiosos. Muitos crentes esperam que a mente ou o espírito ainda viva depois da morte do corpo.

No entanto, provar a própria existência, posto que ele pensava, não teria sido suficiente para refutar o ceticismo. Descartes precisava de outras certezas para escapar do redemoinho da dúvida que havia evocado com suas meditações filosóficas. Ele argumentou que um bom Deus deve existir. Usando uma versão do argumento ontológico de Santo Anselmo (ver Capítulo 8), ele se convenceu de que a ideia de Deus prova a existência de Deus – Deus não seria perfeito, a não ser que fosse bom e existisse, tal como um triângulo não seria um triângulo sem os ângulos interiores que somam 180 graus. Outro de seus argumentos, o argumento da marca, sugeria que sabemos que Deus existe porque ele deixou uma ideia implantada em nossa mente – não teríamos uma ideia de Deus se Ele não existisse. Depois de termos certeza de que Deus existe, a fase construtiva do pensamento de Descartes torna-se muito mais fácil. Um bom Deus não enganaria a humanidade em relação às coisas mais básicas. Portanto, concluiu Descartes, o mundo deve ser mais ou menos como nós o vivenciamos. Quando temos percepções claras e distintas, elas são confiáveis. A conclusão dele: o mundo existe e é mais ou menos como parece ser, ainda que algumas vezes possamos cometer erros sobre o que percebemos. Alguns filósofos, porém, acreditam que isso não passa de um pensamento fantasioso e que o demônio maligno poderia, com a mesma facilidade, tê-lo enganado sobre a existência de Deus como o enganou que 2 + 3 = 5. Sem a certeza da existência de um bom Deus, Descartes não teria sido capaz de ir além do conhecimento de que era um ser pensante. Ele acreditava que havia mostrado uma saída do completo ceticismo, mas seus críticos ainda são céticos em relação a isso.

Descartes, como vimos, usou o argumento ontológico e o argumento da marca para provar a si próprio que Deus existia. Seu conterrâneo Blaise Pascal tinha uma abordagem bastante diferente quanto à questão daquilo em que devemos acreditar.

CAPÍTULO 12

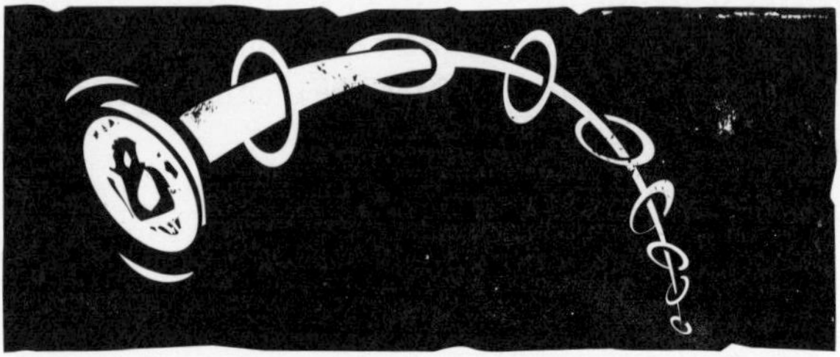

Façam suas apostas

Blaise Pascal

Se jogamos uma moeda para o alto, ela pode dar cara ou coroa. A probabilidade de sair um ou outro lado é de 50/50, a não ser que a moeda tenha uma inclinação. Portanto, realmente não importa de que lado você aposte, pois a probabilidade de sair cara ou coroa a cada vez que a moeda é jogada é exatamente a mesma. O que você faria se não tivesse certeza se Deus existe ou não? Seria como jogar uma moeda para cima? Apostaria na não existência de Deus e viveria como bem entendesse? Ou seria mais racional agir como se Deus existisse, mesmo que a probabilidade de isso ser verdade seja mínima? Blaise Pascal (1623-1662), que acreditava em Deus, pensou bastante nessa questão.

Pascal era católico devoto. Contudo, ao contrário de muitos cristãos de hoje, ele tinha uma visão extremamente sombria da humanidade. Ele era pessimista. Em toda parte, ele via evidências do pecado original, das nossas imperfeições que, segundo ele, deviam-se ao fato de Adão e Eva terem traído a confiança de Deus ao comer a maçã da árvore do conhecimento. Assim como Agostinho (ver Capítulo 6), ele acreditava que os seres humanos são movidos pelo desejo sexual, não são confiáveis e entediam-se muito facilmente. Todos são uns miseráveis. Todos vivem na tensão entre angústia e desespero. Deveríamos perceber o quanto somos insignificantes. O curto tempo que passamos na Terra, em relação à eternidade anterior e posterior à nossa vida, quase não tem sentido nenhum. Cada um de nós ocupa um espaço ínfimo no espaço infinito do universo. Por outro lado, Pascal acreditava que a humanidade tinha algum potencial, desde que não perdêssemos Deus de vista. Estamos em algum lugar entre bestas e anjos, mas provavelmente bem mais perto das bestas na maioria dos casos e na maior parte do tempo.

O livro mais conhecido de Pascal, *Pensées* [Pensamentos], foi composto de fragmentos dos seus escritos e publicado em 1670, depois de sua morte precoce aos 39 anos. Ele é escrito em uma série de parágrafos curtos elaborados magnificamente. Ninguém sabe ao certo como ele planejou juntar as partes num todo, mas o principal objetivo do livro é claro: defender sua versão do cristianismo. Pascal não havia terminado o livro quando morreu: a ordem das partes é baseada na forma como ele organizou os pedaços de papel em pilhas amarradas com um barbante. Cada pilha corresponde a uma seção do livro publicado.

Pascal foi uma criança doente e, durante toda a sua vida, continuou debilitado fisicamente. Ele nunca parece bem em retratos pintados. Ele nos fita com olhos lacrimejantes. Quando jovem, encorajado pelo pai, Pascal tornou-se cientista, trabalhou em ideias sobre vácuos e desenhou barômetros. Em 1642, inventou uma calculadora mecânica que podia somar e subtrair usando um instrumento pontudo para girar os números presos a engrenagens intrincadas. Ele a criou para ajudar o pai nos negócios. Do tamanho de uma caixa de sapatos, a calculadora era conhecida como *Pascalina* e, embora fosse um pouco deselegante, ela funcionava. O único problema era o alto custo de sua produção.

Além de ser cientista e inventor, Pascal era um matemático invejável. Suas ideias matemáticas mais originais eram sobre probabilidade. Mas foi como filósofo da religião e escritor que ele viria a ser lembrado. Não se pode dizer que ele gostaria de ser chamado de filósofo: seus escritos incluíam muitos comentários sobre como os filósofos sabiam pouco e sobre o quanto as suas ideias eram irrelevantes. Ele se considerava um teólogo.

Pascal deixou a matemática e a ciência para escrever sobre religião quando jovem, depois de ter sido convertido a uma controversa seita religiosa conhecida como jansenismo. Os jansenistas acreditavam na predestinação, ideia de que não temos livre-arbítrio e de que apenas pouquíssimas pessoas já haviam sido pré-selecionadas por Deus para irem para o céu. Eles também acreditavam em um modo de vida bastante rígido. Pascal uma vez repreendeu a irmã quando a viu acariciando o filho, pois ele não aprovava manifestações de emoção. Ele passou seus últimos anos vivendo como monge e, embora sofresse muito por causa da doença que o acabou matando, conseguiu escrever.

René Descartes (tema do Capítulo 11) – assim como Pascal, devoto cristão, cientista e matemático – acreditava ser possível provar a existência de Deus pela lógica. Pascal pensava o contrário. Para ele, a crença em Deus relacionava-se com o coração e com a fé. Ele não foi persuadido pelos tipos de raciocínio comumente usados pelos filósofos a respeito da existência de Deus. Ele não estava convencido, por exemplo, de que era possível ver evidências das mãos de Deus na natureza. Para ele, era o coração, e não o cérebro, o órgão que nos leva a Deus.

Apesar disso, em seus *Pensées*, ele apresentou um argumento bastante plausível para convencer aqueles que não estão certos se Deus realmente existe a acreditar em Deus, um argumento que ficou conhecido como aposta de Pascal. Esse argumento era baseado em seu interesse pela probabilidade. Se você for um apostador racional, e não apenas um viciado, desejará ter a melhor chance de ganhar um grande prêmio, mas também minimizar as perdas sempre que possível. Apostadores calculam probabilidades e, em princípio, apostam de maneira correspondente. Então o que isso significa quando se trata de apostar na existência de Deus?

Supondo que você não saiba se Deus existe ou não, há diversas opções. Você pode viver como se Deus definitivamente não existisse. Se estiver certo, terá vivido sem se iludir com uma possível vida após a morte e, por isso, terá evitado a angústia diante da possibilidade de não chegar ao céu por ter sido um pecador demasiado. Também não terá perdido tempo na igreja orando para um ser inexistente. Mas essa abordagem, embora tenha alguns benefícios claros, traz consigo um grande risco. Se você não acredita em Deus e ele realmente existe, você não só terá perdido a chance da glória nos céus, como também acabará no inferno, onde será torturado por toda a eternidade. Para qualquer pessoa, este é o pior dos finais imagináveis.

Por outro lado, Pascal sugere que você pode escolher viver como se Deus existisse. Pode orar, ir à igreja, ler a Bíblia. Se ficar provado que Deus realmente existe, você ganhará o melhor prêmio possível: a possibilidade da glória eterna. Se escolher acreditar em Deus quando na verdade ele não existe, o sacrifício feito não terá sido tão grande (e, presumivelmente, você não existirá mais depois da morte para saber que estava errado e ficar triste por conta do tempo e do esforço perdidos). Nas palavras de Pascal, "em caso de vitória, ganha-se tudo; em caso de derrota, perde-se nada". Ele reconheceu que talvez não aproveitemos os "prazeres que envenenam": o luxo e o prestígio. Mas seremos fiéis, honestos, modestos, gratos, generosos, bons amigos e sempre diremos a verdade. Nem todos veriam a questão nesses termos. Pascal provavelmente estava tão imerso em um estilo de vida religioso que não percebeu que algumas pessoas não religiosas considerariam um sacrifício devotar a vida à religião e viver da ilusão. No entanto, como afirma Pascal, de um lado existe a chance da glória eterna se acreditarmos em Deus e estivermos corretos, e algumas ilusões e inconvenientes relativamente pequenos se estivermos errados. De outro lado, corremos o risco de ir para o inferno se não acreditarmos em Deus e ele existir, mas os possíveis ganhos se comparam à eternidade no céu.

Também não podemos ficar indecisos em relação à existência ou não de Deus. Do ponto de vista de Pascal, se tentarmos fazer isso, poderemos ter os mesmos resultados que teríamos se não acreditássemos na existência de Deus: acabaríamos no inferno, ou pelo menos não teríamos acesso ao céu. Se você realmente não sabe se Deus existe, o que deveria fazer?

Pascal considerava a resposta óbvia. Se você for um apostador racional e observar as probabilidades com um bom olhar, verá que deveria apostar na existência de Deus, mesmo que, como no caso da moeda, haja uma pequena chance de estar correto. O possível prêmio é infinito e a possível perda não é grande. Nenhum ser racional faria outra coisa que não fosse apostar na existência de Deus com essas probabilidades, pensava ele. Obviamente, há um risco de se apostar em Deus e perder, no caso de ele não existir, porém esse é o risco que se corre.

Mas e se você consegue ver a lógica disso tudo e, mesmo assim, não sentir de coração que Deus existe? É realmente difícil (talvez até impossível) convencer-nos a acreditar em algo que suspeitemos não ser verdade. Tente acreditar que existem fadas em seu guarda-roupa. Você pode até imaginá-las, o que é muito diferente de realmente acreditar que elas estejam lá. Nós acreditamos naquilo que julgamos ser verdade. Eis a natureza da crença. Então, como uma pessoa que duvida da existência de Deus passa a ter fé em Deus?

Pascal tinha uma resposta para isso. Depois de perceber que seria melhor acreditar em Deus, você precisará encontrar uma maneira de se convencer da existência dele e ter fé. O que deve fazer é imitar as pessoas que já acreditam em Deus. Passe um tempo na igreja fazendo o mesmo que as pessoas fazem lá. Tome água benta, participe das missas e assim por diante. Pascal pensava que logo você estará não só imitando as ações dessas pessoas, como também tendo as crenças e os sentimentos que elas têm. É a sua melhor chance de ganhar a vida eterna e evitar o risco da tortura eterna.

Nem todos consideram o argumento de Pascal absolutamente convincente. Um dos problemas mais claros é que Deus, se existir, não será muito favorável às pessoas que só acreditam nele por ser esta a aposta mais segura. Essa parece ser uma razão errada para acreditar em Deus. Ela é egoísta demais por ser baseada inteiramente no desejo pessoal de salvar a própria alma a qualquer custo. Um dos riscos seria que Deus poderia impedir a entrada no céu daqueles que usassem o argumento da aposta.

Outro problema sério com a aposta de Pascal é não levar em conta a possibilidade de que, ao adotá-la, você pode estar optando pela religião errada e pelo Deus errado. Pascal dava a opção de termos fé em um Deus cristão ou em nenhum Deus, mas há muitas outras religiões que prometem a glória eterna aos fiéis. Se uma pessoa dessas religiões mostra-se correta, o indivíduo que adotou a aposta de Pascal, ao optar por seguir o cristianismo, pode estar se excluindo da felicidade eterna no céu tão certamente quanto aquele que rejeita acreditar em Deus. Se Pascal tivesse pensado nessa possibilidade, talvez tivesse sido ainda mais pessimista em relação à condição humana.

Pascal acreditava no Deus descrito na Bíblia; Baruch Espinosa tinha uma visão bem diferente da deidade, visão esta que levou alguns a suspeitarem de que ele era um ateu disfarçado.

CAPÍTULO 13

O polidor de lentes

Baruch Espinosa

A maior parte das religiões ensina que Deus existe em algum lugar fora do mundo, talvez no céu. Baruch Espinosa (1632-1677) era uma exceção, pois pensava que Deus *é* o mundo. Para defender seu argumento, ele escrevia sobre "Deus ou Natureza" – querendo dizer que as duas palavras referem-se à mesma coisa. Deus e Natureza são duas maneiras de descrever uma única coisa. Deus é a natureza, e a natureza é Deus. Esta é uma forma de panteísmo – crença de que Deus é tudo. Foi uma ideia radical que o envolveu em uma grande quantidade de confusões.

Espinosa nasceu em Amsterdã e era filho de judeus portugueses. Na época, Amsterdã fazia sucesso entre as pessoas que fugiam da perseguição, mas até mesmo lá havia limites às visões que podiam ser expressas. Apesar de ter sido criado na religião judaica, Espinosa foi excomungado e amaldiçoado pelo rabino na sinagoga em 1656, quando tinha 24 anos de idade, provavelmente porque suas visões sobre Deus eram heterodoxas demais. Ele deixou Amsterdã e mudou-se para Haia. A partir daí, passou a ser conhecido como Benedito de Espinosa, e não Baruch, seu nome judeu.

Muitos filósofos ficavam impressionados com a geometria. As famosas provas de várias hipóteses geométricas dadas por Euclides, filósofo grego antigo, iam de alguns axiomas simples ou suposições iniciais a conclusões como a de que a soma dos ângulos interiores de um triângulo é igual a dois ângulos retos. O que os filósofos costumam admirar na geometria é a forma como ela caminha, a passos lógicos cuidadosos, de pontos iniciais pré-estabelecidos até conclusões surpreendentes. Se os axiomas são verdadeiros, então as conclusões têm de ser verdadeiras. Esse tipo de raciocínio geométrico inspirou tanto René Descartes quanto Thomas Hobbes.

Espinosa não só admirava a geometria; ele escrevia filosofia como se *fosse* geometria. As "provas" em seu livro *Ética* parecem provas geométricas e incluem axiomas e definições. Supõe-se que elas têm a mesma lógica implacável da geometria. Contudo, em vez de os tópicos tratarem dos ângulos dos triângulos e da circunferência dos círculos, eles versam sobre Deus, natureza, liberdade e emoção. Espinosa sentia que era possível pensar nesses assuntos e analisá-los tal como raciocinamos sobre triângulos, círculos e quadrados. Ele chega a terminar as seções com "QED", abreviação de *quod erat demonstrandum*, expressão latina que significa "como queríamos demonstrar" e aparece em livros de geometria. Espinosa acreditava que tanto o mundo quanto o nosso lugar nele tinham uma lógica estrutural subjacente que poderia ser revelada pela razão. Nada é o que é por acaso; há um propósito e um princípio para tudo isso. Tudo se encaixa em um sistema gigantesco, e a melhor maneira de entender isso é pela força do pensamento. Essa abordagem à filosofia, enfatizando a razão e não o experimento e a observação, costuma ser chamada de racionalismo.

Espinosa gostava de ficar sozinho. Foi na solidão que encontrou o tempo e a paz de espírito para seguir continuar os estudos. Provavelmente também era mais seguro não fazer parte de uma instituição mais pública, dadas suas visões sobre Deus. Também por essa razão, seu livro mais famoso, *Ética*, só tenha sido publicado depois que ele morreu. Embora tenha adquirido a fama de ser um pensador extremamente original enquanto ainda estava vivo, rejeitou a oferta para ocupar uma cadeira na Universidade de Heidelberg. No entanto, ficava feliz por discutir suas ideias com alguns pensadores que o visitavam. O filósofo e matemático Gottfried Leibniz era um deles.

Espinosa levava a vida de maneira bastante simples, morando em hospedarias em vez de comprar a própria casa. Ele não precisava de muito dinheiro e conseguia sobreviver com o que ganhava como polidor de lentes e mais alguns pequenos pagamentos feitos por quem admirava seu trabalho filosófico. As lentes que fazia eram usadas em instrumentos científicos, como telescópios e microscópios. Isso permitia que ele continuasse independente e trabalhasse nas hospedarias, mas infelizmente também contribuiu para que morresse cedo, aos 44 anos, de uma infecção pulmonar. Ele respirava o fino pó de vidro que se soltava das lentes, e é bem provável que isso tenha prejudicado seus pulmões.

Se Deus é infinito, dizia Espinosa, segue-se que não pode existir nada que não seja Deus. Se descobrirmos algo no universo que não seja Deus, é porque Deus não é infinito, pois Deus poderia, em princípio, ter sido esse algo, bem como todas as outras coisas. Todos somos partes de Deus, mas também o são as pedras, formigas, folhas de grama e janelas. Tudo. Todas as coisas estão integradas em um todo incrivelmente complexo, mas, em última instância, tudo o que existe é parte de uma única coisa: Deus.

Os religiosos tradicionais pregavam que Deus amava a humanidade e respondia a preces pessoais. Esta é uma forma de antropomorfismo – atribuir qualidades humanas, como compaixão, a um ser não humano, Deus. A mais extrema forma de antropomorfismo é imaginar Deus como um homem bondoso, de barba longa e sorriso gentil. O Deus de Espinosa não se parecia em nada com isso. Ele – ou talvez de maneira mais precisa, "isso" – era impessoal e não se importava com nada nem com ninguém. Segundo Espinosa, podemos e devemos amar a Deus, mas não espere ser amado de volta. Isso seria como se um amante da natureza esperasse que ela o amasse de volta. Na verdade, o Deus que ele descreve é tão completamente indiferente em relação aos seres humanos e ao que eles fazem que muitos pensavam que Espinosa não acreditava em Deus e que seu panteísmo era um disfarce. Ele foi tomado como ateísta e contrário à religião ao mesmo tempo. Afinal, como poderia ser considerada uma pessoa que acredita que Deus não se importa com a humanidade? No entanto, da perspectiva de Espinosa, ele tinha um amor intelectual por Deus, um amor baseado no entendimento profundo, obtido pela razão, o que estava longe de ser uma religião convencional. A sinagoga provavelmente estava certa em excomungá-lo.

As ideias de Espinosa sobre o livre-arbítrio também eram controversas. Ele era determinista. Isso significa que acreditava que toda ação humana era o resultado de causas anteriores. Uma pedra jogada para cima, se pudesse ter a consciência de um ser humano, pensaria que se move por vontade própria, mesmo que não se movesse. O que na verdade a propele adiante é a força do arremesso e os efeitos da gravidade. A pedra pensaria que ela, e não a gravidade, controla sua trajetória. Com os seres humanos acontece o mesmo: imaginamos estar escolhendo livremente o que fazemos e termos controle sobre nossas vidas. Mas isso porque em geral não entendemos a maneira como nossas escolhas e ações foram provocadas. Na verdade, o livre-arbítrio é uma ilusão. Não existe, em absoluto, a ação livre espontânea.

Embora fosse determinista, Espinosa acreditava que algum tipo de liberdade humana bem limitada era possível e desejável. A pior maneira de existir era estar no que ele chamou de servidão: à completa mercê das emoções. Quando algo de ruim acontece, alguém é rude, por exemplo, e perdemos a calma e nos enchemos de ódio, essa é uma maneira bastante passiva de existir. Simplesmente reagimos aos acontecimentos. Eventos externos causam-nos raiva. Não estamos no controle de jeito nenhum. A maneira de escapar disso é ter uma melhor compreensão das causas que moldam o comportamento – as coisas que nos levam a ter raiva. Segundo Espinosa, o melhor que temos a fazer é levar as emoções a surgirem das nossas escolhas, e não dos eventos externos. Mesmo que essas escolhas jamais possam ser plenamente livres, é melhor sermos ativos do que passivos.

Espinosa é um sujeito típico da filosofia. Ele foi preparado para ser controverso, apresentar ideias que nem todos estavam prontos para ouvir e defender suas visões com argumentação. Por meio da escrita, ele continua influenciando quem lê sua obra, mesmo quando discordam enfaticamente do que ele disse. A crença de que Deus é a natureza não foi aceita na época, mas depois que Espinosa morreu conquistou admiradores bastante notáveis, incluindo o romancista vitoriano George

Eliot, que fez uma tradução de *Ética*, e o físico Albert Einstein, do século XX, que, embora não tenha tido coragem para acreditar em um Deus pessoal, revelou em uma carta que acreditava no Deus de Espinosa.

O Deus de Espinosa, como vimos, era impessoal e não tinha características humanas; portanto, não puniria ninguém por seus pecados. John Locke, nascido no mesmo ano que Espinosa, tomou uma linha bem diferente. Sua discussão da natureza do que chama de *si-mesmo* [*self*] foi parcialmente inspirada em sua preocupação sobre o que aconteceria no dia do juízo final.

CAPÍTULO 14

O príncipe e o sapateiro

JOHN LOCKE E THOMAS REID

COM O QUE VOCÊ SE PARECIA QUANDO BEBÊ? Se tiver uma fotografia da época, dê uma olhada nela. O que vê? Era mesmo você na fotografia? Você é provavelmente muito diferente hoje. Consegue se lembrar de como era ser um bebê? A maioria de nós não consegue. Todos nós mudamos com o tempo. Crescemos, nos desenvolvemos, amadurecemos, decaímos, esquecemos das coisas. A maioria de nós enche-se de rugas, o cabelo acaba ficando branco ou cai, mudamos nossas opiniões, nossos amigos, nossa forma de vestir, nossas prioridades. Desse modo, em que sentido você seria, quando velho, a mesma pessoa que o bebê que fora outrora? Essa pergunta sobre o que faz de uma pessoa a mesma com o passar do tempo foi uma das que atormentou o filósofo inglês John Locke (1632-1704).

Locke, assim como muitos filósofos, tinha interesses amplos. Entusiasmava-se com as descobertas científicas dos amigos Robert Boyle e Isaac Newton, envolveu-se na política da época e também escreveu sobre educação.

Logo depois da Guerra Civil Inglesa, fugiu para a Holanda acusado de ter se envolvido em uma conspiração para matar o rei Carlos II, recém-restituído na época. Depois disso, Locke defendeu a tolerância religiosa, argumentando ser um absurdo tentar forçar as pessoas por meio da tortura a mudar suas crenças religiosas. Sua ideia de que temos a liberdade, a felicidade, a propriedade e o direito à vida dados por Deus influenciou os membros da comissão que escreveram a Constituição dos Estados Unidos.

Não temos nenhuma fotografia ou desenho de Locke quando criança, mas é provável que tenha mudado bastante à medida que envelheceu. Quando chegou à meia-idade, ele era uma figura magra, de olhar penetrante e cabelo comprido e irregular. Quando bebê, no entanto, teria sido bem diferente. Uma das crenças de Locke era a de que a mente de um recém-nascido é como um quadro branco. Não sabemos nada quando nascemos, e todo o conhecimento que temos vem da experiência de vida. Quando o bebê Locke cresceu e tornou-se um jovem filósofo, adquiriu todos os tipos de crenças e tornou-se a pessoa que hoje conhecemos como John Locke. Mas em que sentido ele foi a mesma pessoa que o bebê, e em que sentido o Locke de meia-idade era a mesma pessoa que ele foi quando jovem?

Esse tipo de problema não pode ser levantado somente para seres humanos que se perguntam sobre sua relação com o passado. Como percebeu Locke, isso pode ser uma questão quando pensamos sobre meias. Se temos uma meia com um buraco e o remendamos, e depois remendamos outro buraco e mais outro, acabaremos tendo uma meia que consiste apenas de remendos, sem nada mais do material original. Ela ainda será a mesma meia? Em certo sentido, sim, pois há uma continuidade de partes da meia original à meia totalmente remendada.

Contudo, em outro sentido, ela não é a mesma meia, pois nela não resta nada do material original. Ou, então, pense em uma árvore. Ela nasce de uma semente, perde as folhas todos os anos, cresce, os galhos caem, mas ela continua sendo a mesma árvore. Seria a semente a mesma planta que o broto e seria o broto a mesma planta que a árvore?

Uma das maneiras de tratar a questão sobre o que torna um ser humano a mesma pessoa com o passar do tempo seria apontar que somos coisas vivas. Somos os mesmos animais que éramos quando bebês. Locke usava a palavra "homem" (que significa tanto "homem" quanto "mulher") para se referir ao "animal humano". Ele pensava que era verdadeiro dizer que, no decorrer da vida, cada um de nós permanecia o mesmo "homem" nesse sentido. Há uma continuidade do ser humano que se desenvolve no decorrer da vida. Todavia, para Locke, ser o mesmo "homem" era bem diferente de ser a mesma *pessoa*.

Segundo Locke, eu poderia ser o mesmo "homem", mas não a mesma *pessoa* que fui anteriormente. Como assim? O que faz de nós a mesma pessoa com o passar do tempo, dizia ele, é a nossa consciência, a percepção que temos do nosso si-mesmo [*self*]. Aquilo de que não podemos nos lembrar não faz parte de nós como pessoas. Para ilustrar isso, ele imaginou um príncipe acordando com as lembranças de um sapateiro e um sapateiro acordando com as memórias de um príncipe. O príncipe acorda no palácio, como é de costume, e para todos os efeitos ele é a mesma pessoa que era quando foi se deitar. Porém, como suas memórias são de um sapateiro em vez das suas próprias, ele sente que é um sapateiro. O objetivo de Locke era mostrar que o príncipe está certo por sentir que é um sapateiro. A continuidade corporal não importa nesse caso. O que vale nas questões sobre a identidade pessoal é a continuidade psicológica. Se você tem memórias de um príncipe, é porque é um príncipe. Se tiver as memórias de um sapateiro, é porque é um sapateiro, mesmo que tenha o corpo de um príncipe. Se o sapateiro tivesse cometido um crime, quem seria responsabilizado por isso seria aquele com corpo de príncipe.

É claro que as memórias não são trocadas assim. Locke usava esse experimento mental para defender um argumento. Entretanto, algumas pessoas afirmam que é possível mais de uma pessoa habitar o mesmo corpo. Trata-se de uma condição conhecida como distúrbio de múltipla personalidade, quando parece que diferentes personalidades apresentam-se como um único indivíduo. Locke previu essa possibilidade e imaginou duas personalidades completamente diferentes vivendo no mesmo corpo – uma se apresentando durante o dia e a outra durante a noite. Para ele, se essas duas mentes não têm acesso uma à outra, então se trata de duas pessoas.

Para Locke, questões relacionadas à identidade pessoal estavam intimamente conectadas à responsabilidade moral. Ele acreditava que Deus só puniria as pessoas pelos crimes que elas se lembrassem de ter cometido. A pessoa que não se lembrasse mais de ter feito o mal não seria a mesma pessoa que cometeu o crime. Na vida cotidiana, é claro, as pessoas mentem sobre aquilo de que se lembram. Portanto, se alguém afirma ter se esquecido do que fez, os juízes relutam em deixá-la ir embora. Mas como Deus sabe tudo, será capaz de dizer quem merece a punição e quem não merece. Uma consequência da visão de Locke seria que, se um caçador de nazistas encontrasse um idoso que, quando jovem, fora guarda de um campo de concentração, o idoso só seria responsável pelo que conseguisse se lembrar, e não por outros crimes. Deus não o puniria por ações das quais ele se esqueceu, ainda que os júris comuns não lhe dessem o benefício da dúvida.

A abordagem de Locke à identidade pessoal também respondeu a uma questão que ocupou alguns dos seus contemporâneos. Eles se perguntavam se precisávamos do mesmo corpo para ser trazidos de volta à vida para chegar ao paraíso. Se sim, o que aconteceria se o seu corpo fosse comido por um canibal ou animal selvagem? Como você reuniria todas as partes do corpo para ser ressuscitado dos mortos? Se o canibal comeu seu corpo, partes de você se tornaram parte dele. Então, como seria possível restabelecer o corpo tanto do canibal quanto o da carne do canibal (isto é, você)? Locke deixou claro que o que importava era ser a mesma *pessoa* na vida após a morte, e não o mesmo corpo. Nessa visão, poderíamos ser as mesmas pessoas se tivéssemos as mesmas memórias, ainda que elas estivessem ligadas a um corpo diferente.

Uma consequência da visão de Locke é que você provavelmente não é a mesma pessoa que o bebê da fotografia. Você é o mesmo indivíduo, mas não pode ser a mesma pessoa, exceto se conseguir se lembrar de ser um bebê. Sua identidade pessoal só se estende até onde vai sua memória em relação ao passado. O mesmo acontece quando as memórias se enfraquecem na velhice: a extensão do que você é como pessoa também diminuirá.

Alguns filósofos acreditam que Locke foi um pouco longe demais ao enfatizar a memória autoconsciente como a base da identidade pessoal. No século XVIII, o filósofo escocês Thomas Reid apresentou um exemplo mostrando um ponto fraco na forma de Locke pensar sobre o que é ser uma pessoa. Um velho soldado pode lembrar-se da coragem que teve em uma batalha quando ainda era jovem; e, quando era jovem, poderia lembrar-se de que levara uma surra quando garoto por roubar maçãs de um pomar. Contudo, na velhice, o soldado não pode mais se lembrar desse acontecimento da infância.

Poderia de fato esse padrão de memórias que se sobrepõem significar que o velho soldado ainda é a mesma pessoa que o garoto? Thomas Reid pensava que era óbvio o velho soldado ainda ser a mesma pessoa que o garoto.

De acordo com a teoria de Locke, o velho soldado era a mesma pessoa que o jovem soldado, mas não era a mesma pessoa que o garoto que levara a surra (porque o velho soldado havia se esquecido disso). Contudo, também de acordo com a teoria de Locke, o jovem e corajoso soldado era a mesma pessoa que a criança (porque ele *conseguia* se lembrar do episódio do pomar). Isso nos dá o resultado absurdo de que o velho soldado é a mesma pessoa que o jovem soldado corajoso e de que o jovem soldado corajoso é a mesma pessoa que a criança; mas, ao mesmo tempo, o velho soldado e a criança não são a mesma pessoa. Por uma questão lógica, isso não faz o menor sentido. É como dizer que A = B e B = C, mas A não é igual a C. A identidade pessoal, parece, baseia-se em memórias sobrepostas, e não em uma recordação total, como queria Locke.

O impacto de Locke como filósofo corresponde a muito mais do que sua discussão sobre a identidade pessoal. Em seu livro *Ensaio sobre o entendimento humano* (1690), ele apresenta a visão de que nossas ideias representam o mundo para nós, mas somente alguns aspectos desse mundo são como parecem ser. Isso levou George Berkeley a criar sua própria explicação da realidade.

CAPÍTULO 15

O elefante cinza

George Berkeley (e John Locke)

Você já parou para pensar se a luz da geladeira realmente se apaga quando fecha a porta e ninguém mais pode vê-la? Como poderia ver? Talvez improvisando uma câmera. Mas então o que acontece quando você desliga a câmera? E uma árvore caindo numa floresta onde ninguém pode escutar? Ela faz realmente algum barulho? Como você sabe que o seu quarto continua existindo, sem ser observado, quando você não está dentro dele? Talvez ele desapareça toda vez que você sai. Seria possível pedir que alguém verificasse para você. A questão complicada é: ele continua existindo mesmo quando não é observado por *ninguém*? Não está claro como poderíamos responder a essas questões. A maioria de nós pensa que os objetos continuam existindo quando não são observados porque essa é a explicação mais simples. A maioria de nós também acredita que o mundo que observamos está de fato lá fora, e não apenas em nossa mente.

No entanto, de acordo com George Berkeley (1685-1753), filósofo irlandês que se tornou bispo de

Cloyne, tudo o que deixa de ser observado deixa de existir. Se não há nenhuma mente consciente do livro que você está lendo, ele não existirá mais. Quando você *está olhando* para o livro, consegue vê-lo e tocar as páginas, mas, para Berkeley, isso não significa nada além de que você tem experiências. Não importa se há alguma coisa lá fora, no mundo, causando essas experiências. O livro é apenas uma reunião de ideias em sua mente e na mente de outras pessoas (e talvez na mente de Deus), não algo além da mente. Para Berkeley, toda a noção de um mundo exterior não faz sentido nenhum. Tudo isso parece ir contra o senso comum. Certamente estamos rodeados de objetos que continuam existindo quer estejamos ou não cientes dele, não é? Berkeley achava que não.

É compreensível que muitas pessoas tenham pensado que Berkeley estava louco quando começou a explicitar essa teoria. Na verdade, foi somente depois de sua morte que os filósofos começaram a levá-lo a sério e reconhecer o que ele estava tentando dizer. Quando Samuel Johnson, um contemporâneo de Berkeley, soube da teoria, chutou uma pedra na rua e disse: "É deste modo que a refuto". Johnson acreditava ter certeza de que as coisas materiais existem e não são apenas compostas de ideias – ele sentiu bem forte o dedo bater na pedra quando a chutou, então Berkeley devia estar errado. Todavia, Berkeley era mais inteligente do que Johnson pensava. Sentir a dureza de uma pedra contra o pé não provava a existência de objetos materiais, apenas a existência da *ideia* de uma pedra dura. Tanto que, para Berkeley, o que ele chamava de pedra nada mais é que as sensações que ela suscita. Não há nenhuma pedra física "real" por trás do que causou a dor no pé. Na verdade, não há realidade nenhuma por trás das ideias que temos.

Berkeley às vezes é descrito como *idealista*, e às vezes como *imaterialista*. Era idealista porque acreditava que tudo o que existia eram as ideias; e era imaterialista porque negava que as coisas materiais – os objetos físicos – existiam. Assim como muitos outros filósofos discutidos neste livro, ele era fascinado pela relação entre aparência e realidade. A maior parte dos filósofos, acreditava ele, estavam errados sobre o que era essa relação. Em particular, ele argumentava que John Locke estava errado sobre como nossos pensamentos relacionam-se com o mundo. É mais fácil entender a abordagem de Berkeley comparando-a com a de Locke.

Locke pensava que, se olhamos para um elefante, não vemos o elefante em si. O que tomamos como elefante na verdade é uma representação: o que ele chamou de uma ideia na mente, algo como o retrato de um elefante. Locke usava a palavra "ideia" para se referir a qualquer coisa que pudéssemos perceber ou pensar. Quando vemos um elefante cinza, a qualidade do cinza não pode simplesmente ser algo no elefante, pois ele pareceria ser de outra cor sob uma luz diferente. A qualidade do cinza é o que Locke chamou de "qualidade secundária". Ela é produzida pela combinação de características do elefante e características do nosso aparato sensorial – nesse caso, o olho. A cor da pele, a textura e o cheiro do cocô do elefante são qualidades secundárias.

As qualidades primárias, como tamanho e forma, segundo Locke, são características reais das coisas no mundo. As ideias das qualidades primárias lembram essas coisas. Quando vemos um objeto quadrado, o objeto real que dá origem à nossa ideia do objeto também é quadrado. Mas quando vemos um quadrado vermelho, o objeto real no mundo que provoca nossa percepção não é vermelho. Objetos reais não têm cor. As sensações de cor, acreditava Locke, vinham da interação entre as texturas microscópicas dos objetos e nosso sistema visual.

Contudo, há aqui um problema sério. Locke acreditava que *há* um mundo lá fora, o mundo que os cientistas tentam descrever, mas só chegamos até ele de maneira indireta. Ele era realista, pois acreditava na existência de um mundo real. Esse mundo real continua existindo, mesmo quando ninguém está ciente dele. A dificuldade para Locke é saber como o mundo é. Ele pensa que nossas ideias das qualidades primárias, como forma e tamanho, são boas representações da realidade. Mas como explicar? Como empirista, alguém que acredita que a experiência é a fonte de todo nosso conhecimento, ele deveria ter boas evidências para afirmar que as ideias das qualidades primárias lembram o mundo real. Mas sua teoria não explica de que maneira ele sabia como era o mundo real, visto que não podemos ir até ele para verificar. Como podia ter tanta certeza de que as ideias das qualidades primárias, como forma e tamanho, lembram as qualidades do mundo real fora de nós?

Berkeley alegava ser mais consistente. A despeito de Locke, ele pensava que nós *percebemos* o mundo diretamente, isso porque o mundo não consiste de nada além de ideias. Tudo o que existe é a experiência como um todo. Em outras palavras, o mundo e tudo o que está nele só existem na mente das pessoas.

Para Berkeley, tudo o que experimentamos e em que pensamos – uma cadeira ou uma mesa, o número 3 etc. – só existe na mente. Um objeto é apenas a reunião de ideias que nós e outras pessoas temos dele. Ele não tem nenhuma existência além disso. Sem alguém para vê-los ou ouvi-los, os objetos simplesmente deixam de existir, pois os objetos não são nada além das ideias que as pessoas (e Deus) têm deles. Berkeley resumiu essa estranha visão em latim como "*Esse est percipi*" – ser (ou existir) é ser percebido.

Por isso, a luz da geladeira não pode estar ligada, e a árvore não pode fazer barulho quando nenhuma mente as experimenta. Essa pareceria ser a conclusão óbvia retirada do imaterialismo de Berkeley. Mas Berkeley não pensa que os objetos passam a existir e deixam de existir continuamente. Ele próprio reconheceu que isso seria estranho. Ele acreditava que Deus garantia a existência contínua das nossas ideias. Deus estava constantemente percebendo as coisas no mundo, e por isso elas continuavam existindo.

Isso foi representado em dois poemas humorísticos escritos no início do século XX. Vejamos o primeiro, que salienta a estranheza da ideia de que uma árvore deixaria de existir se ninguém a estivesse observando:

Era uma vez um homem que disse:
Deus ia rir
    se soubesse que a árvore
    continua a existir
quando ninguém está aqui.

Isso está totalmente correto. O aspecto mais difícil de aceitar na teoria de Berkeley é que uma árvore não estaria em seu lugar se não houvesse ninguém a experienciando. O segundo é a solução, uma mensagem de Deus:

Meu caro amigo, estou sempre aqui,
e é por isso que a árvore
    continuará a existir.
    Deus a observa
sem nunca desistir.

Uma dificuldade óbvia para Berkeley, no entanto, é explicar como podemos estar sempre errados em relação às coisas. Se tudo o que temos são ideias, e não há outro mundo por trás delas, como sabemos a diferença entre os objetos reais e as ilusões ópticas? A resposta dele era que a diferença entre a experiência do que chamamos realidade e a experiência de uma ilusão é que, quando experimentamos a "realidade", nossas ideias não se contradizem umas às outras. Por exemplo, quando olhamos um remo dentro d'água, ele pode parecer torto visto da superfície da água. Para um realista como Locke, a verdade é que o remo é realmente reto – ele só parece torto. Para Berkeley, temos uma ideia de um remo torto, mas ela contradiz as ideias que temos se colocarmos a mão dentro da água e tocá-lo. Sentiremos, assim, que ele é reto.

Berkeley não passava o tempo inteiro defendendo seu imaterialismo. Havia muito mais coisas para ele fazer na vida. Ele era um homem sociável e adorável, e seus amigos incluíam Jonathan Swift, autor de *As viagens de Gulliver*. No final da vida, Berkeley elaborou um plano ambicioso para construir uma universidade na ilha de Bermudas e conseguiu um grande apoio financeiro para montá-la. Infelizmente o plano deu errado, em parte porque ele não havia percebido o quanto Bermudas era longe do continente e o quanto era difícil levar suprimentos até lá. No entanto, depois de sua morte, ele teve uma universidade na costa oeste dos Estados Unidos nomeada em sua homenagem – Berkeley, na Califórnia. A homenagem ocorreu por conta de um poema que ele escreveu sobre a América, que continha esta linha: "Oeste, a história do império segue seu caminho", verso que agradava a um dos fundadores da universidade.

Talvez ainda mais estranho que o imaterialismo de Berkeley seja sua paixão, na idade avançada, por fomentar a água de alcatrão, um remédio feito com alcatrão de pinho e água. Esperava-se que essa água curasse todas as doenças. Ele chegou ao ponto de escrever um longo poema sobre como o medicamento era fantástico. Embora a água de alcatrão tenha sido popular durante algum tempo, e talvez até tenha funcionado para curar enfermidades mais simples, pois ela tem uma leve propriedade antisséptica, certamente não é um remédio conhecido hoje. O idealismo de Berkeley não se difundiu da mesma maneira.

Berkeley é o exemplo de um filósofo que estava preparado para seguir um argumento aonde quer que ele fosse, até mesmo quando parecia levar a conclusões que desafiavam o senso comum. Voltaire, em contrapartida, teve pouco tempo para esse tipo de pensador ou, na verdade, para a maioria dos filósofos.

CAPÍTULO 16

O melhor de todos os mundos possíveis?

VOLTAIRE E GOTTFRIED LEIBNIZ

VOCÊ FARIA O MUNDO DO JEITO que é se o estivesse projetando? Provavelmente não. Porém, no século XVIII, algumas pessoas argumentaram que aquele mundo era o melhor de todos os mundos possíveis. "Tudo o que é, é correto", declarou o poeta inglês Alexander Pope (1688-1744). Tudo o que existe no mundo é do jeito que é por uma razão: tudo é obra de Deus, e Deus é bom e todo-poderoso. Doenças, inundações, terremotos, incêndios florestais, secas – tudo faz parte do plano de Deus. Nosso erro é nos concentrarmos demais em detalhes individuais e não ver o contexto como um todo. Se pudéssemos nos distanciar e ver o universo de onde Deus está, reconheceríamos a perfeição que ele é, como todas as coisas se encaixam e tudo o que parece mal é, na verdade, parte de um plano muito mais amplo.

Pope não estava sozinho em seu otimismo. O filósofo alemão Gottfried Wilhelm Leibniz (1646-1716) usou o seu princípio da razão suficiente para chegar à mesma conclusão. Ele supôs que deve haver uma explicação lógica para tudo. Como Deus é perfeito em todos os aspectos – isso faz parte da definição-padrão de Deus –, segue-se que Deus deve ter tido excelentes razões para criar o universo exatamente da forma como criou. Nada poderia ser deixado ao acaso. Deus não criou um mundo absolutamente perfeito em todos os aspectos – isso tornaria o mundo o próprio Deus, pois Deus é a coisa mais perfeita que há ou pode haver. Mas ele deve ter feito o melhor dos mundos possíveis, o único com a mínima quantidade de mal necessário para obter esse resultado. Não poderia haver uma maneira melhor de juntar os pedaços do que esta: nenhum projeto teria produzido mais bondade usando menos mal.

François-Marie Arouet (1694-1778), mais conhecido como Voltaire, não via dessa maneira. Ele não se conformava de jeito nenhum com essa "prova" de que tudo está indo bem. Ele suspeitava profundamente dos sistemas filosóficos e do tipo de pensador que acredita ter todas as respostas. Esse dramaturgo, satírico, escritor de ficção e pensador ficou mais conhecido em toda a Europa por suas ideias francas. A escultura mais famosa da imagem de Voltaire, feita por Jean-Antoine Houdon, conseguiu capturar o sorriso cerrado e os pés de galinha desse homem espirituoso e corajoso. Defensor da liberdade de expressão e da tolerância religiosa, Voltaire foi uma figura controversa. Acredita-se, por exemplo, que ele tenha dito: "Não concordo com o que você diz, mas defenderei até a morte o seu direito de dizê-lo", uma forte defesa do princípio de que até mesmo as ideias que detestamos merecem ser ouvidas. Na Europa do século XVIII, porém, a Igreja Católica controlava com rigidez o que podia ser publicado. Muitos dos livros e peças de Voltaire foram censurados e queimados em público, e ele chegou a ser preso na Bastilha, em Paris, por ter insultado um poderoso aristocrata. Mas nada disso o impediu de desafiar os preconceitos e as pretensões daqueles que o cercavam. No entanto, hoje ele é mais conhecido como o autor de *Cândido* (1759).

Nesse curto romance filosófico, Voltaire destruiu completamente o tipo de otimismo sobre a humanidade e o universo que Pope e Leibniz haviam expressado, e o fez de modo tão divertido que o livro logo se tornou um campeão de vendas. Sabiamente, Voltaire não colocou seu nome na capa; do contrário, sua publicação o teria levado à prisão mais uma vez por ridicularizar as crenças religiosas.

Cândido é o personagem central. Seu nome sugere inocência e pureza. No início do livro, ele é um jovem serviçal que se apaixona desesperadamente pela filha do patrão, Cunegundes, mas é expulso do castelo do pai dela quando os dois são flagrados numa situação constrangedora. Daí em diante, em uma narrativa rápida e muitas vezes fantástica, ele viaja por países reais e imaginários com seu tutor de filosofia, dr. Pangloss, até que finalmente se reencontra com seu amor perdido, Cunegundes, embora agora ela esteja velha e feia. Em uma série de episódios cômicos, Cândido e Pangloss testemunham eventos terríveis e encontram pelo caminho diversos personagens que sofreram desgraças horrendas.

Voltaire usa o tutor de filosofia, Pangloss, para expor uma versão caricaturada da filosofia de Leibniz, da qual zomba o escritor. Tudo o que acontece, seja desastre natural, tortura, guerra, estupro, perseguição religiosa ou escravidão, Pangloss trata como mais uma confirmação de que eles vivem no melhor dos mundos possíveis. Em vez de levá-lo a repensar suas crenças, cada desastre só aumenta sua confiança de que tudo acontece para o melhor e de que as coisas tinham de ser assim para produzir a mais perfeita situação. Voltaire deleita-se ao revelar a recusa de Pangloss em ver o que está diante dele, e isso seria uma imitação do otimismo de Leibniz. Mas, para fazer jus a Leibniz, sua ideia não era a de que o mal não acontece, mas sim a de que o mal existente era necessário para promover o melhor mundo possível. No entanto, Voltaire está sugerindo que há tanto mal no mundo que dificilmente seria provável que Leibniz estivesse certo – esse mal não pode ser o mínimo necessário para atingir um bom resultado. Simplesmente há muita dor e sofrimento no mundo para que a teoria de Leibniz fosse verdadeira.

Em 1755, houve um dos piores desastres naturais do século XVIII: o terremoto de Lisboa, que matou mais de 20 mil pessoas. A cidade portuguesa foi devastada não só pelo terremoto, mas também pelo tsunami que veio em seguida e depois por incêndios que se alastraram por dias. O sofrimento e a perda de vidas chocou a crença de Voltaire em Deus. Ele não conseguia entender como um acontecimento como esse poderia fazer parte de um plano maior. A escala de sofrimento não fazia nenhum sentido para ele. Por que um bom Deus permite que isso aconteça? Ele tampouco conseguia entender por que Lisboa era o alvo. Por que lá e não em outro lugar?

Em um episódio-chave de *Cândido*, Voltaire usou essa tragédia real para ajudar a construir seu argumento contra os otimistas. O barco dos viajantes naufraga perto de Lisboa em uma tempestade que mata quase todos a bordo. O único sobrevivente da tripulação foi um marinheiro que aparentemente havia afogado de propósito um dos amigos. No entanto, apesar da óbvia falta de justiça nesse acontecimento, Pangloss ainda vê tudo o que acontece pelo filtro de seu otimismo filosófico. Ao chegar a Lisboa logo depois que o terremoto devastara a cidade e deixara dezenas de milhares de pessoas mortas ou morrendo em volta dele, Pangloss continua, de maneira absurda, sustentando que está tudo bem. No restante do livro, as coisas ficam ainda piores para Pangloss – ele é enforcado, dissecado vivo, espancado e posto para remar uma galé. Mesmo assim, ele ainda se agarra à crença de que Leibniz estava certo por acreditar em uma harmonia preestabelecida de tudo o que é. Não há experiência que afaste de suas crenças o obstinado professor de filosofia.

Ao contrário de Pangloss, Cândido vai se modificando pouco a pouco com o que vê. Embora no início da jornada ele compartilhe das visões do professor, no final do livro suas experiências o tornam cético sobre toda a filosofia e ele opta por dar uma solução mais prática aos problemas da vida.

Cândido e Cunegundes reconciliam-se e vivem juntos com Pangloss e vários outros personagens em uma pequena fazenda. Um dos personagens, Martinho, sugere que a única maneira de tornar a vida suportável é parar de filosofar e trabalhar. Pela primeira vez eles começam a cooperar, e cada um dá seguimento à atividade que melhor sabe executar. Quando Pangloss começa a argumentar que tudo de ruim que havia acontecido na vida deles era um mal necessário que havia levado a essa conclusão feliz, Cândido diz que tudo bem, mas que "devemos cultivar nosso jardim". Essas são as últimas palavras da história e têm a intenção de transmitir uma forte mensagem ao leitor. A frase é a moral do livro, a conclusão dessa grande piada. Em um nível da história, Cândido está simplesmente dizendo que eles precisam continuar com o trabalho na fazenda, que precisam manter-se ocupados. Em um nível mais profundo, porém, cultivar nosso jardim, para Voltaire, é uma metáfora para fazer algo útil para a humanidade em vez de simplesmente falar sobre questões filosóficas abstratas. Isso é que os personagens do livro precisam fazer para florescer e ser felizes. Voltaire, no entanto, refere-se incisivamente não só ao que Cândido e seus amigos deveriam fazer, mas sim ao que todos nós devemos fazer.

Voltaire era bem diferente dos outros filósofos por ser rico. Quando jovem, ele fez parte de um grupo que descobriu um problema no sistema de loteria do governo e comprou milhares de bilhetes premiados. Investiu de maneira ampla e enriqueceu ainda mais. Isso deu a ele a liberdade financeira para defender as causas em que acreditava. Acabar de vez com a injustiça era sua paixão. Um de seus atos mais impressionantes foi defender a reputação de Jean Calas, que fora torturado e executado por supostamente ter matado o próprio filho. Calas era claramente inocente: o filho suicidara-se, mas a corte ignorou as evidências. Voltaire não conseguiu reverter o julgamento. Não havia nenhuma chance de alívio para o pobre Jean Calas, que defendeu sua inocência até o último suspiro; contudo, ao menos seus "cúmplices" foram libertados. É isso que, na prática, significa "cultivar nosso jardim" para Voltaire.

Pelo modo como Voltaire zomba da "prova" de Pangloss de que Deus produzira o melhor dos mundos possíveis, poderíamos concluir que o autor de *Cândido* era ateu. Na verdade, embora não tenha tido tempo para uma religião organizada, ele era deísta, alguém que acredita haver evidências visíveis da existência e do desígnio de Deus a serem encontradas na natureza. Para ele, observar o céu durante a noite era tudo o que precisava para provar a existência de um Criador. David Hume foi extremamente cético em relação a essa ideia. Suas críticas a esse estilo de raciocínio são devastadoras.

CAPÍTULO 17

O relojoeiro imaginário

DAVID HUME

DÊ UMA OLHADA EM UM DOS seus olhos no espelho. Ele tem uma lente que focaliza a imagem, uma íris que se adapta à mudança de luz e pálpebras e cílios que o protegem. Se você olhar para um dos dois lados, o globo ocular gira na própria órbita. É também muito bonito. Como pôde acontecer uma coisa assim? O olho é uma bela peça de engenharia. Como pôde um olho se tornar algo desse tipo simplesmente pelo acaso?

Imagine-se caminhando aos tropeções na selva de uma ilha deserta quando, de repente, chega a uma grande clareira. Você sobe sobre as ruínas amontoadas de um palácio com muros, escadas, trilhas e jardins e percebe que aquilo não estaria ali por acaso. Alguém deve tê-lo projetado, talvez uma espécie de arquiteto. Se encontramos um relógio quando saímos para um passeio, é razoável supor que ele foi feito por um relojoeiro e que foi criado com um propósito: informar as horas. Aquelas engrenagens minúsculas não aparecem sozinhas em seus lugares. Alguém deve ter concebido o processo inteiro. Esses exemplos parecem dizer a mesma coisa: é praticamente certo que objetos que parecem ter sido criados tenham mesmo sido criados.

Pense então na natureza: árvores, flores, mamíferos, pássaros, répteis, insetos e até amebas. Esses seres também dão a sensação de que foram criados. Organismos vivos são muito mais complexos do que qualquer relógio. Mamíferos têm sistemas nervosos complexos, sangue circulando pelo corpo e geralmente se adaptam muito bem aos lugares que habitam. Desse modo, com certeza um Criador incrivelmente poderoso e inteligente deve tê-los feito. Esse Criador – um relojoeiro divino ou um arquiteto divino – tem de ter sido Deus. Ou pelo menos era isso que muitas pessoas pensavam no século XVIII quando David Hume escrevia – e algumas ainda hoje.

Esse argumento para a existência de Deus é conhecido, de modo geral, como argumento do desígnio. Novas descobertas científicas feitas nos séculos XVII e XVIII pareciam dar suporte a ele. Microscópios revelaram a complexidade de animais aquáticos minúsculos; telescópios mostraram a beleza e a regularidade do sistema solar e da Via Láctea. Esses elementos também pareciam ter sido formados com grande precisão.

O filósofo escocês David Hume (1711-1776) não estava convencido disso. Influenciado por Locke, propôs-se a explicar a natureza da humanidade e nosso lugar no universo considerando como adquirimos conhecimento e os limites do que podemos aprender usando a razão. Assim como Locke, ele acreditava que nosso conhecimento vem da observação e da experiência; portanto, estava particularmente interessado em um argumento para a existência de Deus que começasse com a observação de alguns aspectos do mundo.

Ele acreditava que o argumento do desígnio era baseado na lógica. Seu *Investigação sobre o entendimento humano* (1748) incluiu um capítulo que atacava a ideia de que podemos provar a existência de Deus dessa maneira. Esse capítulo e mais outro argumentando que nunca era razoável acreditar nos relatos de testemunhas a respeito de milagres foram extremamente controversos. Na época, era difícil ser abertamente contrário a crenças religiosas na Grã-Bretanha. Isso quer dizer que Hume nunca conseguiu emprego em uma universidade, embora fosse um dos grandes pensadores da época. Seus amigos o aconselharam a não permitir a publicação de seu mais poderoso ataque aos argumentos comuns para a existência de Deus, o *Diálogos sobre a religião natural* (1779), enquanto estivesse vivo.

O argumento do desígnio prova a existência de Deus? Hume pensava que não. O argumento não fornece evidência suficiente para concluir que um ser onipotente, onisciente e onipresente deva existir. Grande parte da filosofia de Hume foi concentrada no tipo de evidência que podemos dar para apoiar nossas crenças. O argumento do desígnio baseia-se no fato de que o mundo parece ter sido projetado. Contudo, argumentava Hume, só porque parece projetado não quer dizer necessariamente que foi projetado; tampouco se segue que Deus tenha sido o projetista. Como ele chegou a essa conclusão?

Imagine uma balança antiga coberta parcialmente por uma divisória, de modo que só podemos ver um dos pratos. Se virmos o prato subir, concluiremos que o que está no outro prato é mais pesado do que o prato que vemos. Não podemos dizer se o objeto que está no outro prato tem a forma de um cubo ou esfera, qual sua cor, se há palavras escritas nele, se é coberto de pelos ou qualquer outro detalhe.

Nesse exemplo, estamos pensando em causas e efeitos. Em resposta à questão "O que *causou* o movimento de subida do prato?", tudo o que podemos responder é "A *causa* foi algo mais pesado no outro prato". Nós vemos o *efeito* – o prato subindo – e tentamos descobrir a causa a partir dele. Mas, sem mais evidências, não há muito mais o que dizer. Tudo o que dissermos será mera suposição, e não há como sabermos se é verdade ou não se não olharmos por trás da divisória. Hume pensava que estamos em uma situação semelhante em relação ao mundo que nos cerca. Nós vemos os efeitos de várias causas e tentamos descobrir a explicação mais provável desses efeitos. Vemos um olho humano, uma árvore, uma montanha, e tudo parece ter sido projetado. Mas o que dizer sobre o provável projetista? O olho parece ter sido criado por alguém que pensou na melhor maneira de fazê-lo dar certo. Disso não se segue, no entanto, que quem criou o olho tenha sido Deus. Por que não?

Geralmente se pensa que Deus tem três poderes especiais já mencionados: ele é onipotente, onisciente e onipresente. Ainda que cheguemos à conclusão de que algo muito poderoso tenha criado o olho humano, não temos evidência para dizer que seja onisciente. O olho tem algumas imperfeições. As coisas dão errado: muitas pessoas precisam de óculos para ver corretamente, por exemplo. Um Deus onipotente, onisciente e onipresente criaria o olho dessa maneira? Possivelmente. Mas as evidências que temos ao observarmos o olho não *mostram* isso. Na melhor das hipóteses, elas mostram que algo altamente inteligente, muito poderoso e habilidoso o criou.

Mas as evidências mostram isso sempre? Há outras explicações possíveis. Como sabemos que o olho não foi criado por uma equipe de deuses inferiores que trabalham juntos? Os mecanismos mais complexos são feitos por uma equipe de pessoas; por que o mesmo não vale para o olho e outros objetos naturais, supondo que todos tenham sido criados? A maioria dos prédios é erguida por uma equipe de construtores; por que um olho seria diferente? Ou talvez o olho tenha sido feito por um deus bem velho que já tenha morrido. Ou por um deus muito jovem que ainda estava aprendendo a criar olhos perfeitos. Como não temos evidências para decidir entre essas diferentes histórias, não podemos ter certeza apenas observando o olho – um objeto aparentemente projetado – de que ele tenha definitivamente sido criado por um único Deus vivo com os poderes tradicionais. Hume acreditava que, se começarmos a pensar seriamente nesse tema, chegaremos a conclusões bastante limitadas.

Outro argumento que Hume atacou foi o dos milagres. A maioria das religiões afirma que milagres acontecem. Pessoas são ressuscitadas dos mortos, andam sobre a água ou curam doenças de forma repentina; imagens começam a chorar, e a lista continua. Mas deveríamos acreditar que milagres acontecem só porque nos disseram que acontecem? Hume pensava que não. Ele era profundamente cético quanto a essa ideia. Se alguém nos diz que um homem se recuperou por milagre de uma doença, o que isso significa? Para que algo fosse um milagre, pensava Hume, era preciso desafiar uma lei da natureza. Uma lei da natureza era algo do tipo "Ninguém morre e depois retoma à vida", "Estátuas jamais conversam" ou "Ninguém pode andar sobre a água". Há uma quantidade enorme de evidências de que essas leis da natureza são válidas. Contudo, se alguém testemunha um milagre, por que motivo deveríamos acreditar nele? Pense no que você diria se um amigo entrasse correndo agora pela sala e dissesse que viu alguém caminhando sobre a água.

Hume acreditava que sempre havia explicações mais plausíveis sobre o que acontecia. Se seu amigo disse que viu alguém caminhando sobre a água, é sempre mais provável que ele esteja sendo enganado ou que tenha se equivocado do que ter testemunhado um milagre genuíno. Sabemos que algumas pessoas adoram ser o centro das atenções e mentem para isso. Esta é uma possível explicação. Mas também sabemos que todos nós podemos entender mal as coisas. Cometemos erros o tempo todo em relação ao que vemos e ouvimos. É comum querermos acreditar que vimos algo diferente do usual e assim evitamos a explicação mais óbvia. Até hoje há muitas pessoas que pulam direto para a conclusão de que todo som sem explicação durante a madrugada é o resultado de atividades sobrenaturais – fantasmas perambulando por aí –, e não devido a causas mais ordinárias como um rato ou o vento.

Embora tenha criticado sistematicamente os argumentos usados pelos crentes religiosos, Hume nunca declarou abertamente que era ateu. Talvez não tenha sido. Suas obras publicadas podem ser lidas como se afirmassem a existência de uma inteligência divina por trás de cada coisa no universo, só que jamais podemos dizer muito sobre as qualidades dessa inteligência divina. Os poderes da razão, quando usados logicamente, de fato não dizem muito sobre as qualidades que esse "Deus" deve ter. Baseados nisso, alguns filósofos pensam que ele era agnóstico. Mas é provável que tenha sido ateu no final da vida, embora tivesse desistido de sê-lo bem antes disso. Quando estava morrendo e um amigo foi visitá-lo em Edimburgo no verão de 1776, Hume deixou claro que não teriam uma conversa de leito de morte. Longe disso. James Boswell, cristão, perguntou a Hume se ele estava preocupado com o que aconteceria depois que morresse. Hume disse que não tinha nenhuma esperança de sobreviver à morte. Ele respondeu o que Epicuro deveria ter respondido (ver Capítulo 4): disse que se preocupava com o que ocorreria depois da morte tanto quanto se preocupava com o que acontecera antes de ter nascido.

Hume teve contemporâneos brilhantes, muitos dos quais ele conheceu pessoalmente. Um deles, Jean-Jacques Rousseau, teve um impacto significativo na filosofia política.

CAPÍTULO 18

Nascemos livres

JEAN-JACQUES ROUSSEAU

EM 1766, UM HOMEM BAIXO, de olhos escuros, vestindo um longo casaco de pele, foi assistir a uma peça no teatro Drury Lane em Londres. A maioria dos presentes, inclusive o rei, George III, estava mais interessada no visitante estrangeiro do que no espetáculo apresentado no palco. *Ele* parecia desconfortável e preocupado com seu pastor-alemão, pois precisou deixá-lo trancado no quarto. Esse homem não gostava do tipo de atenção que recebera no teatro e estaria muito mais feliz em algum lugar no campo, sossegado, procurando flores selvagens. Mas quem era ele? E por que todos o achavam tão fascinante? Tratava-se do grande pensador e escritor suíço Jean-Jacques Rousseau (1712-1778). Sensação literária e filosófica, a chegada de Rousseau a Londres, a convite de David Hume, provocou o tipo de comoção e movimentação que hoje provocaria uma famosa pop star.

Nessa época, a Igreja Católica havia banido vários de seus livros por conterem ideias religiosas nada convencionais. Rousseau acreditava que a verdadeira religião vinha do coração e não precisava de cerimônias, mas foram suas ideias políticas que criaram os maiores problemas.

"O homem nasce livre e por toda parte encontra-se acorrentado", declarou ele no início de seu livro *O contrato social.* Não é surpreendente que os revolucionários soubessem essas palavras de cor. Maximilien Robespierre, assim como muitos dos líderes franceses, as considerava inspiradoras. Os revolucionários queriam quebrar as correntes que os ricos haviam colocado em tantos pobres. Alguns morriam de fome, enquanto seus mestres ricos gozavam de um alto padrão de vida. Como Rousseau, os revolucionários tinham ódio de como os ricos se comportavam, enquanto os pobres mal conseguiam encontrar o que comer. Eles queriam a verdadeira liberdade junto com a igualdade e a fraternidade. No entanto, é improvável que Rousseau, que morreu uma década antes, tivesse apoiado a atitude de Robespierre de enviar seus inimigos para a guilhotina em um "reinado de terror". Cortar a cabeça dos oponentes seria mais adequado à linha de pensamento de Maquiavel, e não à sua.

Segundo Rousseau, os seres humanos são naturalmente bons. Não causaríamos muitos problemas se morássemos numa floresta, deixados com nossos próprios recursos. Mas basta sermos retirados desse estado de natureza e colocados em cidades para as coisas começarem a dar errado. Tornamo-nos obcecados por tentar dominar os outros e obter a atenção dos outros. Essa postura competitiva diante da vida tem efeitos psicológicos terríveis, e a invenção do dinheiro só os piora ainda mais. A inveja e a ganância resultam do fato de vivermos juntos em cidades. No mundo silvestre, os "nobres selvagens" seriam saudáveis, fortes e principalmente livres, mas a civilização parece ter corrompido os seres humanos. Apesar disso, Rousseau era otimista quanto a encontrar uma forma melhor de organizar a sociedade, uma forma que permitiria aos indivíduos prosperarem, terem êxito e ainda assim serem harmoniosos uns com os outros, trabalhando em prol de um bem comum.

O problema que ele colocou para si mesmo em *O contrato social* (1762) foi encontrar uma maneira de as pessoas viverem juntas e serem tão livres quanto seriam se vivessem fora da sociedade, mas ao mesmo tempo obedecendo às leis do Estado. Isso parece ser impossível e talvez realmente o seja. Se o custo de se tornar parte de uma sociedade foi uma espécie de escravidão, seria um preço muito alto a se pagar. A liberdade não anda de mãos dadas com as regras estritas impostas pela sociedade, pois essas regras podem ser como correntes que impedem determinados tipos de ação. Todavia, Rousseau acreditava que havia uma saída. Sua solução foi baseada na ideia de vontade geral.

A vontade geral é o que quer que seja melhor para toda a comunidade, todo o Estado. Quando as pessoas escolhem reunir-se por proteção, parece que têm de abrir mão de muitas liberdades. Isso é o que Hobbes e Locke pensavam. É difícil entender como podemos continuar genuinamente livres e ainda viver em um grande grupo de pessoas – tem de haver leis que mantenham as pessoas sob controle, bem como algumas restrições de comportamento. Mas Rousseau acreditava que, como indivíduos vivendo em um Estado, nós podemos *tanto* ser livres *quanto* obedecer às leis do Estado; para ele, em vez de opostas, as ideias de liberdade e obediência poderiam ser unificadas.

É fácil interpretar equivocadamente o que Rousseau quis dizer com vontade geral. Vejamos um exemplo moderno. Se perguntarmos à maioria das pessoas sobre altos impostos, elas dirão que preferem não pagá-los. Na verdade, essa é uma maneira comum de os governos se elegerem: eles prometem baixar o valor dos impostos.

Se houvesse como escolher pagar 20% ou 5% dos ganhos como impostos, a maioria preferiria pagar o valor mais baixo. Mas essa não é a vontade geral. O que todos querem fazer quando questionados é o que Rousseau chamaria de vontade de todos. Em contraste, a vontade geral é o que todos *devem* querer, o que seria bom para toda a comunidade, e não só para cada um dos indivíduos pensando de modo egoísta. Para determinar o que é a vontade geral, precisamos ignorar os interesses próprios e assim nos concentrar no bem de toda a sociedade, no bem comum. Se aceitarmos que muitos serviços, como a manutenção das estradas, precisam ser pagos com impostos, então será bom para toda a comunidade que as taxas sejam altas o suficiente para possibilitar a manutenção. Se forem baixas demais, toda a sociedade sofrerá. Esta, então, é a vontade geral: que os impostos sejam altos o suficiente para possibilitar um bom nível dos serviços.

Quando as pessoas juntam-se e formam uma sociedade, elas se tornam um tipo de pessoa. Cada indivíduo, portanto, faz parte de um todo maior. Rousseau acreditava que a maneira de todos se manterem verdadeiramente livres na sociedade era obedecer às leis que estivessem em sintonia com a vontade geral. Tais leis seriam criadas por um legislador inteligente. A tarefa dessa pessoa seria criar um sistema legal que ajudasse os indivíduos a se manterem em consonância com a vontade geral, em vez de buscarem a realização de interesses egoístas à custa dos outros. A verdadeira liberdade, para Rousseau, é fazer parte de um grupo de pessoas que busquem o que é de interesse da comunidade. Nossos desejos devem coincidir com o que é melhor para todos, e as leis devem nos ajudar a evitarmos agir de modo egoísta.

Mas e se você pensasse o oposto do que seria melhor para o Estado? Como indivíduo, você pode não querer se ater à vontade geral. A resposta de Rousseau não é a que todos gostariam de ouvir. Ele memoravelmente (e, antes, preocupantemente) declarou que se alguém não reconhecesse que obedecer às leis estava no interesse da comunidade, esse alguém deveria ser "forçado a ser livre". Quem se opusesse ao que fosse do interesse da sociedade, embora pensasse escolher com liberdade, só seria genuinamente livre ao agir de acordo com a vontade geral. Mas como *forçar* alguém a ser livre? Você não estaria fazendo uma escolha livre se fosse forçado a ler o restante do livro, não é mesmo? Com certeza, forçar alguém a fazer algo é o oposto de deixá-lo fazer uma livre escolha.

Para Rousseau, no entanto, isso não era uma contradição. Aquele que não conseguisse identificar a coisa certa a fazer se tornaria livre ao ser forçado a obedecer. Como todos em uma sociedade fazem parte desse grupo maior, precisamos reconhecer que deveríamos seguir a vontade geral, e não nossas escolhas individuais e egoístas. Nessa visão, só somos livres de verdade quando seguimos a vontade geral, mesmo quando somos forçados a fazê-lo. Essa era a crença de Rousseau, mas muitos pensadores posteriores, incluindo John Stuart Mill (ver Capítulo 24), argumentaram que a liberdade política deve ser a liberdade para que o indivíduo faça as próprias escolhas sempre que possível. Na verdade, há algo levemente sinistro na ideia de Rousseau, que reclamou do fato de a humanidade estar acorrentada, em sugerir que forçar alguém a fazer algo é outra espécie de liberdade.

Rousseau passou grande parte da vida viajando de um país para outro, fugindo da perseguição. Immanuel Kant, em contraposição, mal saía de sua própria cidade, embora o impacto de seu pensamento tenha sido sentido em toda a Europa.

CAPÍTULO 19

Realidade cor-de-rosa

Immanuel Kant (1)

Se usarmos óculos com lentes cor-de-rosa, elas vão colorir todos os aspectos da nossa experiência visual. Podemos esquecer que estamos usando os óculos, mas mesmo assim eles continuarão afetando o que vemos. Immanuel Kant (1724-1804) acreditava que todos nós compreendemos o mundo por um filtro como esse. O filtro é a mente humana. Ela determina como experimentamos tudo e impõe determinada forma na experiência. Tudo o que percebemos acontece no tempo e no espaço, e toda mudança tem uma causa. No entanto, segundo Kant, isso não se deve à maneira como a realidade é em última instância, mas sim a uma contribuição da nossa mente. Não temos acesso direto ao modo como é o mundo. E também jamais podemos tirar os óculos e ver as coisas como realmente são. Esse filtro está preso em nós, e sem ele seríamos totalmente incapazes de experimentar qualquer coisa. Tudo o que podemos fazer é reconhecer que a existência dele e entender como ele afeta e colore o que experimentamos.

Tanto a mente quanto a vida do próprio Kant eram bastante ordenadas e lógicas. Ele nunca se casou e impunha a si mesmo um padrão restrito para viver o cotidiano. Para que não perdesse tempo, seu empregado o acordava às cinco da manhã. Ele tomava um chá, fumava um cachimbo e começava a trabalhar. Era extremamente produtivo e escreveu muitos livros e ensaios. Depois de escrever um pouco, ia dar aulas na universidade. Às quatro e meia da tarde – sempre no mesmo horário, todos os dias –, Kant saía para caminhar: subia e descia a rua exatamente oito vezes. Na verdade, as pessoas que moravam na cidade de Königsberg (hoje, Kaliningrado) costumavam acertar os relógios quando ele passava.

Como a maioria dos filósofos, Kant passou a vida tentando entender nossa relação com a realidade. Basicamente é disso que trata a metafísica, e ele foi um dos maiores metafísicos da história. Kant interessava-se particularmente pelos limites do pensamento, os limites daquilo que podemos conhecer e entender. Isso foi para ele uma obsessão. Em seu livro mais famoso, *Crítica da razão pura* (1781), ele explorou esses limites, levando-os ao extremo do que faz sentido. Nem de longe o livro é de fácil leitura: o próprio Kant o descrevia como uma leitura severa e obscura – e ele estava certo. Pouquíssimas pessoas afirmaram entender realmente o livro, e grande parte do raciocínio é complexa e tem jargão pesado. A leitura pode dar a sensação de estarmos lutando contra um denso matagal de palavras sem muito senso de para onde estamos indo e poucos lampejos da luz do dia. Mas o argumento central é bastante claro.

Como é a realidade? Kant pensava que jamais teremos um quadro completo de como as coisas são. Jamais aprenderemos algo diretamente a respeito do que chamamos de mundo *numênico*, isto é, sobre o que quer que esteja por trás das aparências. Algumas vezes, Kant usa a palavra *noumenon* (singular), e outras vezes a palavra *noumena* (plural), algo que não deveria ter feito (Hegel também aponta isso, ver Capítulo 22): não sabemos se a realidade é uma ou muitas. A rigor, não podemos saber absolutamente nada sobre o mundo numênico, ou ao menos não conseguimos ter informações sobre ele de modo direto. No entanto, *podemos* conhecer o mundo *fenomênico*, o mundo que nos cerca, o mundo que experienciamos com os sentidos. Olhe pela janela. O que você vê é o mundo dos fenômenos – grama, carros, céu, prédios ou qualquer outra coisa. Não podemos ver o mundo numênico, somente o fenomênico, mas o mundo numênico se oculta por trás de todas as nossas experiências. Ele é o que existe em um nível mais profundo.

Desse modo, alguns aspectos do que existe sempre estarão por trás da nossa apreensão. Contudo, pelo pensamento rigoroso, podemos ter uma maior compreensão do que teríamos com uma abordagem puramente científica. A principal questão de Kant na *Crítica da razão pura* era esta: "Como é possível o conhecimento sintético *a priori*?". Essa pergunta provavelmente não faz o menor sentido pra você. Vamos explicá-la um pouco; a ideia principal não é tão difícil quanto parece à primeira vista. Primeiro devemos explicar a palavra "sintético". Na linguagem filosófica de Kant, "sintético" é o oposto de analítico. "Analítico" significa verdadeiro por definição. Então, por exemplo, "todos os homens são do sexo masculino" é verdadeiro por definição. Isso significa que podemos saber que essa frase é verdadeira sem fazer quaisquer observações de homens reais. Não precisamos verificar que todos são do sexo masculino, pois não seriam homens se não fossem do sexo masculino. Não é preciso nenhum trabalho de campo para chegar a essa conclusão: você descobriria isso da sua própria cadeira. A palavra "homens" tem em si a ideia de sexo masculino. É como a frase "Todos os mamíferos alimentam sua prole". Mais uma vez, não é preciso examinar todos os mamíferos para saber que eles amamentam sua prole, pois isso faz parte da definição de mamífero. Se encontrarmos algo que pareça ser um mamífero, mas não alimente sua prole, saberemos que não pode ser um mamífero. Juízos analíticos tratam simplesmente de definições, portanto não nos oferecem nenhum conhecimento novo. Eles explicitam o que assumimos como verdadeiro ao definir uma palavra.

O conhecimento sintético, ao contrário, requer a experiência ou a observação e nos fornece uma informação nova, algo que simplesmente não está contido no significado das palavras ou símbolos que usamos. Sabemos, por exemplo, que limões são amargos, mas só depois de tê-los provado (ou porque alguém nos conta que experimentou limões). Não é uma verdade por definição que limões são amargos – trata-se de algo que aprendemos pela experiência. Outro juízo sintético poderia ser "Todos os gatos têm rabo". Isso é algo que teríamos de investigar para saber se é ou não verdadeiro. Só sabemos quando olhamos. Na verdade, os gatos da raça manx não têm rabo. E alguns perderam o rabo, mas continuam sendo gatos. A pergunta sobre se todos os gatos têm rabo, então, é uma questão de fato sobre o mundo, e não sobre a definição de "gato". É bem diferente do juízo "Todos os gatos são mamíferos", que não passa de uma questão de definição e, portanto, é um juízo analítico.

Então, onde fica o conhecimento sintético *a priori*? O conhecimento *a priori*, como vimos, é o conhecimento que independe da experiência. Trata-se de um conhecimento *prévio*, ou seja, que *antecede* a experiência que temos dele. Nos séculos XVII e XVIII, houve um debate sobre se temos ou não algum conhecimento *a priori*. De modo geral, os empiristas (como Locke) pensavam que não, enquanto os racionalistas (como Descartes) pensavam que sim. Quando Locke declarou que não havia ideias inatas e que a mente das crianças era como um quadro branco, ele estava dizendo que não havia conhecimento *a priori*. Isso faz parecer que "*a priori*" significa simplesmente o mesmo que "analítico" (e, para alguns filósofos, os termos são intercambiáveis). Mas não para Kant. Ele pensava que o conhecimento que revela verdades sobre o mundo, ainda que surja independentemente da experiência, é possível. Para descrever esse tipo de conhecimento, Kant apresentou a categoria especial do conhecimento sintético *a priori*. Um exemplo de conhecimento sintético *a priori*, que o próprio Kant usava, é a equação matemática 7 + 5 = 12. Embora muitos filósofos pensassem que essas verdades são analíticas, uma questão da definição de símbolos matemáticos, Kant acreditava que somos capazes de saber *a priori* que 7 + 5 é igual a 12 (não precisamos verificar a informação com objetos ou observações no mundo). Contudo, temos ao mesmo tempo um novo conhecimento: é um juízo sintético.

Se Kant estiver correto, trata-se de um grande avanço. Antes dele, filósofos que investigaram a natureza da realidade trataram-na simplesmente como algo que está além de nós e que causa nossa experiência. A dificuldade, portanto, era como poderíamos ter acesso a essa realidade a fim de dizermos algo de significativo sobre ela sem que o dito não passasse de meros palpites. O grande insight de Kant foi o de que, pelo poder da razão, nós poderíamos descobrir características de nossa mente que colorem toda a nossa experiência. Ao refletir de maneira árdua sobre as coisas, poderíamos fazer descobertas sobre a realidade que tinham de ser verdadeiras, e não apenas por definição: elas poderiam ser informativas. Kant acreditava que, pelo argumento lógico, ele conseguiu o equivalente a provar que o mundo necessariamente devia nos aparecer como cor-de-rosa. Ele não só provou que todos estamos usando óculos com lentes cor-de-rosa, como também fez descobertas sobre as várias tonalidades de rosa que esses óculos conferem a toda a experiência.

Depois de responder satisfatoriamente às questões fundamentais sobre nossa relação com a realidade, Kant voltou sua atenção para a filosofia moral.

CAPÍTULO 20

E se todos fizessem isso?

IMMANUEL KANT (2)

VOCÊ ESCUTA UMA BATIDA NA PORTA. Quando abre, depara--se com um rapaz que nitidamente precisa de ajuda: está ferido e sangrando. Você o coloca para dentro e o ajuda a se sentir seguro e confortável, depois chama uma ambulância. Com certeza, essa é a coisa certa a se fazer. De acordo com Kant, se você o ajuda simplesmente porque sente pena dele, esta não seria de jeito nenhum uma ação *moral*. Sua solidariedade é irrelevante para a moralidade da ação. A solidariedade faz parte do seu caráter, mas nada tem a ver com o que é certo ou errado. Para Kant, a moralidade não diz respeito apenas a *o que* fazer, mas também a *por que* fazer. Aqueles que fazem a coisa certa não o fazem só por causa do modo como se sentem: a decisão precisa ser baseada na razão, pois é ela que diz qual é o nosso dever, independentemente de como porventura nos sentimos.

Kant pensava que as emoções não deviam se misturar com a moral. O fato de termos ou não emoções não passa de uma questão de sorte. Algumas pessoas sentem compaixão e empatia, outras não. Algumas são medíocres e acham difícil ser generosas; outras se sentem extremamente alegres por doar dinheiro e posses para ajudar os outros. Mas ser bom é algo que toda pessoa razoável deveria ser capaz de atingir por meio das próprias escolhas. Para Kant, se você ajuda o rapaz porque sabe que é seu dever, está agindo moralmente. Esta é a coisa certa a fazer porque é o que todos fariam se estivessem na mesma situação.

Isso pode soar estranho aos seus ouvidos, pois é provável que pense que o sujeito que sente pena do rapaz e o ajuda por causa disso teria agido moralmente e talvez fosse uma pessoa melhor por sentir essa emoção. Isso é também o que Aristóteles teria pensado (ver Capítulo 2). Mas Kant estava certo. Não estamos agindo moralmente quando fazemos algo simplesmente por causa da maneira como nos sentimos. Imagine alguém que sentisse aversão ao ver o rapaz, mas ainda assim continuasse e o ajudasse por dever. Tal pessoa seria obviamente mais moral aos olhos de Kant do que alguém que agiu por compaixão. A pessoa que sentiu aversão claramente estaria agindo pelo senso de dever, pois na verdade seria impulsionada pelas emoções na direção oposta, sendo encorajada a não ajudar.

Pense na parábola do bom samaritano. Ele ajuda um homem necessitado que vê deitado na beira da estrada. Todos os outros apenas passam e vão embora. O que faz do bom samaritano um homem bom? Se o samaritano ajudasse o homem pensando que com isso iria para o céu, esta não seria, na visão de Kant, uma ação moral. Ele estaria cuidando do homem como uma forma de chegar a algum lugar – um meio para um fim. Se o ajudasse somente por compaixão, não seria nada bom aos olhos de Kant. Contudo, se o ajudasse porque reconhece que faz parte do seu dever e que seria a coisa certa a fazer naquela circunstância, Kant diria que o bom samaritano foi moralmente bom.

A visão de Kant sobre as intenções é mais fácil de ser aceita do que sua visão das emoções. A maioria de nós julga os outros pelo que se tenta fazer, e não pelo sucesso da ação. Pense em como você se sentiria se fosse acidentalmente atingido por um pai que estivesse correndo para impedir que o filho fosse para o meio da rua. Compare com a maneira como você se sentiria se fosse atingido de propósito por alguém que quer apenas se divertir. O pai não queria machucar você, mas o brutamontes sim. No entanto, como mostra o próximo exemplo, ter boas intenções não é o suficiente para uma ação moral.

Ouve-se outra batida na porta. Você abre e vê sua melhor amiga, que parece pálida, preocupada e sem fôlego. Ela diz que está sendo perseguida por um sujeito que quer matá-la. Ele tem uma faca. Você a deixa entrar e ela corre para se esconder no andar de cima. Algum tempo depois, ouve-se outra batida na porta. Dessa vez é o suposto assassino, com um olhar transtornado. Ele quer saber onde está sua amiga. Ela está dentro de casa? Escondida em algum armário? Onde ela está? Na verdade, ela está no andar de cima, mas você mente e diz que ela foi para o parque. Com certeza, você fez a coisa certa ao induzir o suposto assassino a procurá-la no lugar errado e provavelmente salvou a vida da sua amiga. Esta seria uma ação moral, não é mesmo?

Não de acordo com Kant. Ele acreditava que não deveríamos mentir – em nenhuma circunstância. Nem mesmo para proteger uma amiga de um suposto assassino. Mentir é sempre moralmente errado. Sem exceção, sem desculpas – porque não podemos elaborar um princípio moral de que todos devem mentir quando lhes for apropriado. Nesse caso, se você tivesse mentido e sua amiga *tivesse* ido para o parque sem você ter visto, você seria o culpado do assassinato dela. Até certo ponto, a morte dela teria sido sua culpa.

Esse exemplo é um dos que Kant usava e mostra como sua visão era radical. Não havia exceções quanto a dizer a verdade, nem mesmo quanto aos deveres morais. Todos nós temos o dever *absoluto* de dizer a verdade ou, como dizia ele, um imperativo categórico de dizê-la. Um imperativo é uma ordem. Imperativos categóricos diferenciam-se dos imperativos hipotéticos. Os imperativos hipotéticos têm a forma de "Se quiser *x*, faça *y*". "Se não quer ir para a prisão, não roube" é um exemplo de imperativo hipotético. Os imperativos categóricos são diferentes. Eles servem como instruções. Nesse caso, o imperativo categórico seria simplesmente "Não roube!". Trata-se de uma ordem que nos diz qual é o nosso dever. Kant acreditava que a moral era um sistema de imperativos categóricos. O seu dever moral é o seu dever moral, *quaisquer que sejam as consequências, quaisquer que sejam as circunstâncias.*

Kant acreditava que o que faz de nós seres humanos, ao contrário dos outros animais, é o fato de pensarmos reflexivamente sobre nossas escolhas. Seríamos como máquinas se não pudéssemos agir com uma intenção. Quase sempre faz sentido perguntar para um ser humano "Por que você fez isso?". Nós não agimos somente por instinto, mas também baseados na razão. A forma de Kant dizer isso é em termos de "máximas" a partir das quais agimos. A máxima é apenas o princípio subjacente, a resposta à pergunta "Por que você fez isso?". Kant acreditava que a máxima subjacente à nossa ação era o que realmente importava. Ele dizia que deveríamos agir somente sob as máximas universalizáveis. Para que algo seja universal, é preciso ser aplicado a todas as outras pessoas. Isso quer dizer que deveríamos fazer somente aquilo que fizesse sentido para todos os outros na mesma situação. Sempre pergunte a si mesmo: "E se todos fizessem isso?". Não faça uma defesa própria. Kant acreditava que, na prática, isso significava que não deveríamos usar os outros, mas sim tratá-los com respeito, reconhecendo a autonomia das pessoas e sua capacidade como indivíduos de tomar, por conta própria, decisões pensadas. Essa reverência pela dignidade e pelo valor dos seres humanos individuais é o cerne da teoria moderna dos direitos humanos. É a grande contribuição de Kant para a filosofia moral.

É mais fácil entendermos a questão com um exemplo. Imagine que você tenha um comércio que venda frutas. Quando as pessoas compram suas frutas, você sempre as trata educadamente e devolve o troco correto. Talvez você faça isso por julgar que é bom para os negócios e que as pessoas voltarão para gastar mais dinheiro no seu comércio. Se essa é a única razão que o leva a devolver o troco correto, você está tratando as pessoas como um meio para obter o que quer. Kant acreditava que como não podemos sugerir que todas as pessoas tratem os outros dessa maneira, pois essa não era uma forma moral de comportamento. Entretanto, se você devolve o troco correto porque reconhece que é seu dever não enganar os outros, trata-se de uma ação moral, pois é baseada na máxima "Não engane os outros", uma máxima que ele acreditava aplicar-se a todos os casos. Enganar as pessoas é uma forma de usá-las para obtermos o que queremos. Não pode ser um princípio moral. Se todo mundo enganasse a todos, não existiria confiança: ninguém acreditaria no que cada um diz.

Vejamos outro exemplo usado por Kant: imagine que você esteja completamente falido. Os bancos não lhe emprestarão dinheiro, você não tem nada para vender e, se não pagar o aluguel, será despejado. Então encontra uma solução: pedir dinheiro emprestado a um amigo. Sua promessa é pagá-lo ainda que saiba que não conseguirá pagá-lo. Esse é seu último recurso, e você não consegue pensar em outra maneira de pagar o aluguel. Isso seria aceitável? Kant afirma que pedir dinheiro emprestado sem a intenção de devolver *seria* imoral. A razão pode nos mostrar isso. Seria um absurdo para qualquer um pegar dinheiro emprestado e prometer devolvê-lo mesmo sabendo que não seria possível. Esta, mais uma vez, não é uma máxima universalizável. Faça a pergunta: "E se todos fizessem isso?". Se todos fizessem falsas promessas como essa, as promessas se tornariam totalmente inúteis. Portanto, seria errado agir assim.

Essa maneira de pensar sobre o certo e o errado baseada no bom raciocínio, e não na emoção, é bem diferente do que pensava Aristóteles (ver Capítulo 2). Para Aristóteles, uma pessoa verdadeiramente virtuosa sempre tem os sentimentos apropriados e faz a coisa certa como resultado desses sentimentos. Para Kant, os sentimentos apenas obscurecem o problema; torna-se mais difícil perceber se o sujeito está genuinamente fazendo a coisa certa, ou se apenas parece que faz. Kant tornou a moral algo praticável por qualquer pessoa racional, tivesse ou não sorte o suficiente para ter sentimentos que a motivassem a agir bem.

A filosofia moral de Kant contrasta totalmente com a filosofia moral de Jeremy Bentham, assunto do próximo capítulo. Enquanto Kant argumentava que algumas ações eram erradas independentemente das consequências, Bentham afirmava que o importante eram tão somente as consequências.

CAPÍTULO 21

Contentamento prático

JEREMY BENTHAM

SE VOCÊ ALGUM DIA VISITAR A University College London, talvez fique surpreso ao encontrar Jeremy Bentham (1748-1832), ou pelo menos o que sobrou do corpo dele, em uma vitrine. Sentado, ele olha diretamente para nós e mantém apoiada entre os joelhos sua bengala predileta, que ele apelidou de "malhada". A cabeça é feita de cera, mas o restante foi mumificado e é mantido em uma caixa de madeira, embora costumasse estar exposto. Bentham achava que seu corpo real – ele o chamava de autoícone – ficaria melhor como memorial do que como uma estátua. Então, quando morreu, em 1832, deixou instruções sobre como lidar com seus restos mortais. A ideia na verdade nunca se popularizou, embora o corpo de Lênin tenha sido embalsamado e exposto em um mausoléu especial.

Algumas das ideias de Bentham eram mais práticas. Tomemos como exemplo seu projeto de uma prisão circular, o panóptico. Ele o descreveu como "um moinho para transformar vagabundos em honestos". Uma torre de observação colocada no centro permite que poucos guardas vigiem um grande número de prisioneiros sem que eles saibam se estão ou não sendo observados. Esse princípio é usado em algumas prisões modernas e até mesmo em diversas bibliotecas. Foi um de seus grandes projetos para a reforma social.

Mas muito mais importante e influente do que isso foi a teoria de Bentham sobre como deveríamos viver. Essa ideia de Bentham, conhecida como utilitarismo ou princípio da maior felicidade, afirmava que a coisa certa a fazer é a que produziria a maior felicidade. Embora não fosse a primeira pessoa a sugerir essa abordagem à moral (Francis Hutcheson, por exemplo, já havia feito essa proposta), Bentham foi o primeiro a explicar em detalhes como ela poderia ser colocada em prática. Ele queria reformar as leis da Inglaterra para que a maior felicidade pudesse ser mais provável.

Mas o que é felicidade? Diferentes pessoas parecem usar a palavra de diferentes maneiras. A resposta de Bentham era bastante direta. Tudo diz respeito a como nos sentimos. Felicidade é prazer e ausência da dor. Quanto maior for o prazer ou quanto maior a quantidade de prazer sobre a dor, maior será a felicidade. Para ele, os seres humanos eram muito simples. A dor e o prazer são as grandes diretrizes de vida que a natureza nos deu. Nós buscamos experiências prazerosas e evitamos as dolorosas. O prazer é a única coisa boa em si. Queremos todas as outras coisas porque acreditamos que elas nos darão prazer ou ajudarão a evitar a dor. Desse modo, querer um sorvete de creme não é uma coisa boa de ser buscada por si mesma. É provável que o sorvete nos dê prazer quando o saboreemos. De maneira semelhante, você tenta evitar se queimar porque seria muito doloroso.

Mas como fazemos para medir a felicidade? Pense numa época em que foi realmente feliz. Como foi essa época? Você consegue classificar sua felicidade com um número? Por exemplo, o nível de felicidade era de sete ou oito em dez? Eu consigo me lembrar de uma viagem de balsa saindo de Veneza que parecia ser um nove e meio, ou talvez até dez, quando o piloto foi deixando a cidade com o sol se pondo sobre aquela linda paisagem, a água espirrando no meu rosto e minha esposa e meus filhos divertindo-se às risadas. Não parece uma ideia absurda conseguir dar nota para experiências desse tipo. Bentham certamente acreditava que o prazer podia ser quantificado e diferentes prazeres comparados na mesma escala, nas mesmas unidades.

Cálculo felicífico foi o nome que ele deu ao método para calcular a felicidade. Primeiro, descubra o quanto de prazer causará uma ação específica. Leve em consideração quanto tempo o prazer vai durar, sua intensidade e a probabilidade de originar outros prazeres. Depois subtraia quaisquer unidades de dor que possam ser causadas pela ação. O que restar é o valor de felicidade da ação. Bentham chamava isso de "utilidade", pois, quanto mais prazer uma ação ocasionar, mais útil ela será para a sociedade. É por isso que a teoria é conhecida como utilitarismo. Compare a utilidade da ação com a pontuação de outras ações possíveis e escolha a que provocar mais felicidade. Simples.

E quanto a outras fontes de prazer? Com certeza, é melhor ter prazer por algo edificante, como a leitura de poesia, do que brincando de algum jogo ingênuo ou tomando sorvete, certo? Não de acordo com Bentham. Não importa de modo nenhum como o prazer é produzido. Para ele, sonhar acordado seria tão bom quanto ver uma peça de Shakespeare, se as duas ações provocassem igual felicidade. Ele usava o exemplo de um joguinho infantil bobo que usava varetas, muito popular na época, e a poesia. Tudo o que conta é a quantidade de prazer gerado. Se o prazer for o mesmo, o valor da atividade será o mesmo: segundo a visão utilitarista, brincar com varetas pode ser tão moralmente bom quanto ler poesia.

Immanuel Kant, como vimos no Capítulo 20, argumentava que temos deveres, como "nunca minta", que se aplicam a todas as situações. Bentham, no entanto, acreditava que considerar uma ação correta ou incorreta depende dos resultados prováveis. Esses resultados podem ser diferentes conforme as circunstâncias. Mentir nem sempre é necessariamente errado. Pode haver momentos em que mentir é a coisa certa a fazer. Se, no cômputo geral, mentir gera uma felicidade maior do que dizer a verdade, mentir será a ação moralmente correta nessas circunstâncias. Se um amigo pergunta se uma calça jeans nova caiu bem ou não, alguém que segue as ideias de Kant teria de dizer a verdade, mesmo que não fosse o que o amigo quisesse ouvir; um utilitarista calcularia se a maior felicidade resultaria de dizer uma mentira leve. Se sim, a mentira será a resposta certa.

O utilitarismo foi uma teoria radical para ser apresentada no final do século XVIII. Um dos motivos era que, ao calcular a felicidade, a felicidade de todos era igual; nas palavras de Bentham, "todos valem como um, e ninguém vale mais que um". Ninguém tem tratamento especial. O prazer de um aristocrata não valia mais que o prazer de um pobre trabalhador. Mas não era assim que se ordenava a sociedade. Os aristocratas influenciavam amplamente o modo como a terra era usada, e muitos tinham inclusive o direito hereditário de se sentar na Câmara dos Lordes e decidir sobre as leis da Inglaterra. Não é de surpreender que alguns se sentissem desconfortáveis com a ênfase dada por Bentham à igualdade. Talvez ainda mais radical para a época fosse sua crença de que a felicidade dos animais era relevante. Como eles são capazes de sentir prazer e dor, os animais faziam parte de sua equação da felicidade. Não importava que os animais não pudessem raciocinar ou falar (embora para Kant isso importasse), pois essas não eram as características relevantes para a inclusão moral na visão de Bentham. O que importava era sua capacidade para a dor e o prazer. Essa é a base de muitas campanhas atuais em prol do bem-estar dos animais, como a de Peter Singer (ver Capítulo 40).

Para a infelicidade de Bentham, houve uma crítica devastadora à sua abordagem geral por enfatizar que todas as causas possíveis do prazer sejam tratadas igualmente. Robert Nozick (1938-2002) criou o seguinte experimento mental. Imagine um aparelho de realidade virtual que nos dá a ilusão de viver a nossa própria vida, mas sem o risco de sofrer ou sentir dor. Depois de estarmos conectados durante algum tempo a esse aparelho, esqueceremos que não estamos mais experimentando a realidade de modo direto e seremos totalmente tomados pela ilusão. Esse aparelho gera uma grande variedade de experiências que nos são prazerosas. É como um gerador de sonhos – ela pode nos fazer imaginar, por exemplo, que estamos marcando o gol decisivo da Copa do Mundo ou tendo as férias dos nossos sonhos. Tudo o que puder nos proporcionar o maior prazer poderá ser simulado. Ora, como o aparelho nitidamente maximizaria nossos estados mentais de contentamento, nós deveríamos, na análise de Bentham, nos conectar a ele para aproveitar ao máximo a vida. Essa seria a melhor maneira de maximizar o prazer e diminuir a dor. Muitas pessoas, no entanto, por mais que gostem de usar tal aparelho de tempos em tempos, jamais aceitariam ser conectadas para o resto da vida porque valorizam muito mais outras coisas do que uma série de estados mentais de contentamento. Isso parece mostrar que Bentham estava errado ao argumentar que todas as formas de provocar a mesma quantidade de prazer são igualmente valiosas e que nem todos são guiados apenas pelo desejo de maximizar o prazer e diminuir a dor. Isso é um tema que foi retomado por seu excepcional pupilo, e depois crítico, John Stuart Mill.

Bentham estava imerso em sua própria época, ansioso para descobrir soluções para os problemas sociais que o cercavam. Georg Wilhelm Friedrich Hegel alegava ser capaz de recuar e ter uma visão geral de todo o curso da história humana, uma história que se desdobrou segundo um padrão que somente os intelectos mais impressionantes poderiam apreender.

CAPÍTULO 22

A coruja de Minerva

Georg W. F. Hegel

"A coruja de Minerva só voa ao anoitecer." Esta era a visão de Georg Wilhelm Friedrich Hegel (1770-1831). Mas o que isso significa? Na verdade, a pergunta "O que isso significa?" é uma pergunta que os leitores das obras de Hegel se fazem com frequência. Sua escrita é terrivelmente difícil, em parte porque, assim como Kant, Hegel expressava-se em uma linguagem muito abstrata e costumava inventar alguns termos. Talvez ninguém, nem mesmo o próprio Hegel, tenha entendido toda a sua obra. A declaração sobre a coruja é uma das partes mais fáceis de decifrar. É a forma de Hegel nos dizer que a sabedoria e a compreensão no curso da história humana só acontecerão em um estágio mais avançado, quando olharmos para o que já aconteceu, como alguém que revê os acontecimentos do dia quando a noite cai.

Minerva era a deusa romana da sabedoria e costumava estar associada a uma coruja sábia. O fato de Hegel ter sido sábio ou tolo é motivo de debate, mas com certeza ele era influente. Sua visão de que a história se desdobraria de uma maneira particular inspirou Karl Marx (ver Capítulo 27) e certamente mudou o que acontecia, posto que as ideias de Marx incitaram revoluções na Europa no início do século XX. Contudo, Hegel também irritou muitos filósofos. Alguns trataram sua obra como um exemplo do risco de se usar termos de forma imprecisa. Bertrand Russell (ver Capítulo 31) chegou a menosprezá-la, enquanto A. J. Ayer (ver Capítulo 32) declarou que a maior parte das afirmações de Hegel não expressava absolutamente nada. Para Ayer, a escrita de Hegel era mais sem sentido do que informativa e bem menos atraente. Outros, inclusive Peter Singer (ver Capítulo 40), consideravam o pensamento de Hegel extremamente profundo e argumentavam que sua escrita é difícil porque as ideias com que Hegel lutava eram originais demais e difíceis de apreender.

Hegel nasceu em Stuttgart, no que hoje é a Alemanha, em 1770 e cresceu na era da Revolução Francesa, quando a monarquia fora superada, e uma nova república, estabelecida. Ele a chamava de "glorioso amanhecer" e, com seus colegas estudantes, plantou uma árvore para comemorar os acontecimentos. O momento de instabilidade política e transformação radical o influenciaram para o resto da vida. Havia uma sensação real de que as suposições fundamentais podiam ser derrubadas, de que o que parecia ser imutável para todo o sempre na verdade não precisava ser. Isso levou ao entendimento de que as ideias que temos estão diretamente relacionadas à época em que vivemos e não podem ser totalmente compreendidas fora de seu contexto histórico. Hegel acreditava que, na época em que viveu, um estágio importantíssimo na história havia sido atingido. Em nível pessoal, ele progrediu da obscuridade para os holofotes.

Começou a trabalhar como tutor particular de uma família rica antes de se mudar e assumir o cargo de diretor de uma escola. Com o tempo, acabou se tornando professor na Universidade de Berlim. Alguns de seus livros consistiam originalmente de anotações de aulas feitas para ajudar os estudantes a entender sua filosofia. Quando morreu, Hegel era o filósofo mais conhecido e admirado de sua época. Isso é fascinante, dado o quanto sua obra pode ser difícil. Contudo, um grupo de estudantes entusiasmados dedicou-se a entender e discutir o que Hegel ensinou e apresentar as implicações políticas e metafísicas de sua obra.

Profundamente influenciado pela metafísica de Immanuel Kant (ver Capítulo 19), Hegel chegou a rejeitar a visão de Kant de que a realidade numênica subjaz ao mundo dos fenômenos. Em vez de aceitar que a *noumena* esteja além da percepção que causa nossa experiência, Hegel concluiu que a mente que molda a realidade simplesmente *é* realidade. Não há nada além dela. Mas isso não quer dizer que a realidade permanecia em um estado fixo. Para Hegel, tudo está em processo de mudança, e essa mudança toma a forma de um aumento gradual na autoconsciência, nosso estado de autoconsciência estabelecido pelo período em que vivemos.

Pense no todo da história como um longo pedaço de papel dobrado sobre si. Só podemos entender o que há no papel ao desdobrá-lo. Do mesmo modo, só podemos saber o que está escrito no final do papel depois de abri-lo. Há uma estrutura subjacente à forma como ele se desdobra. Para Hegel, a realidade está constantemente movendo-se na direção do seu objetivo de entender a si mesma. A história não é absolutamente aleatória. Ela está indo para algum lugar. Quando a olhamos em retrocesso, vemos que ela tinha de se desdobrar dessa maneira. Essa ideia é estranha quando a ouvimos pela primeira vez, e suspeito que a maioria das pessoas não concordará com Hegel depois de ler isso. Para a maioria de nós, a história está mais próxima de como Henry Ford a descreveu: "Apenas uma desgraça após a outra". A história é uma série de eventos que acontecem sem nenhum planejamento geral. Podemos estudar a história e descobrir as causas prováveis desses eventos e predizer um pouco do que poderia acontecer no futuro, mas isso não significa que ela tenha um padrão inevitável tal como Hegel pensava. Isso não quer dizer que ela esteja indo para algum lugar. E, com certeza, não significa que esteja gradualmente se tornando consciente de si.

O estudo da história feito por Hegel não era uma atividade separada de sua filosofia, mas sim a principal parte de sua filosofia. Para ele, história e filosofia estavam entrelaçadas. E tudo estava direcionando-se para algo melhor. Essa ideia não era original. A religião geralmente explica a história como se levasse a um ponto final, como a segunda vinda de Cristo. Hegel era cristão, porém sua explicação estava longe de ser ortodoxa. Para ele, o resultado final não era a segunda vinda. Hegel acreditava que a história tinha um alvo final que ninguém havia de fato considerado antes: a vinda gradual e inevitável do Espírito pela marcha da razão.

Mas o que é o Espírito? E o que significa o Espírito tornar-se consciente-de-si? A palavra em alemão para Espírito é *Geist*. Os acadêmicos discordam sobre seu significado preciso; algumas pessoas preferem traduzi-la por "Mente". Parece que Hegel quer representar com o termo nada mais que a mente única de toda a humanidade. Hegel era idealista – pensava que o Espírito ou a Mente era fundamental e descobre sua expressão no mundo físico (em contraposição, os materialistas acreditam que a matéria física é o fundamento). Hegel recontou a história do mundo em termos de aumentos graduais da liberdade individual. Graças ao que para uns é liberdade, mas para outros não o é, estamos nos movendo da liberdade individual para um mundo no qual todos são livres, um Estado político que permite a colaboração de todos para a sociedade.

Hegel acreditava que uma das maneiras de progredirmos no pensamento é pelo embate de uma ideia e seu oposto, e que podemos chegar mais perto da verdade seguindo seu método dialético. Primeiro, alguém apresenta uma ideia – uma tese. Essa tese é confrontada com sua contradição, com uma visão que a desafie – sua antítese. Desse confronto entre duas posições surge uma terceira posição mais complexa, que leva em consideração as duas anteriores – uma síntese. E depois, na maioria dos casos, essa síntese começa todo o processo novamente. A nova síntese torna-se uma tese, que é confrontada com uma antítese. Tudo isso continua acontecendo até que ocorra o pleno entendimento-de-si por parte do Espírito.

O principal propósito da história é o entendimento por parte do Espírito de sua própria liberdade. Hegel narrou esse progresso desde aqueles que viviam sob o domínio de governos tiranos na antiga China e Índia, que não sabiam que eram livres, até a época dele. Para esses "orientais", somente o governante todo-poderoso experimentava a liberdade. Na visão de Hegel, as pessoas comuns não tinham absolutamente nenhuma consciência de liberdade. Os persas antigos eram um pouco mais sofisticados no reconhecimento da liberdade. Eles foram derrotados pelos gregos, e isso trouxe progresso. Os gregos, e depois os romanos, tinham mais consciência da liberdade do que aqueles que os antecederam. No entanto, ainda mantinham escravos. Isso mostrava que eles ainda não compreendiam totalmente que a humanidade como um todo devia ser livre, e não só os ricos ou os poderosos. Em uma famosa passagem de seu livro *Fenomenologia do Espírito* (1807), Hegel discutiu a luta entre um mestre e um escravo. O mestre quer ser reconhecido como um indivíduo consciente-de-si e precisa do escravo para atingir esse objetivo, mas não admite que o escravo também mereça reconhecimento. Essa relação desigual leva a uma luta, com a morte de um dos dois, mas a luta é autodestrutiva. Por fim, mestre e escravo acabam reconhecendo que necessitam um do outro e que precisam respeitar a liberdade um do outro.

No entanto, segundo Hegel, foi só com o cristianismo, que desencadeou uma consciência do valor espiritual, que a liberdade genuína tornou-se possível. Em sua própria época, a história realizou seu objetivo. O Espírito tornou-se consciente de sua própria liberdade, e a sociedade era um resultado ordenado pelos princípios da razão. Isso era muito importante para ele: a verdadeira liberdade só surgiu de uma sociedade propriamente organizada. O que preocupa muitos leitores de Hegel é que, no tipo de sociedade ideal imaginada por ele, aqueles que não se encaixam na visão de sociedade dos poderosos organizadores serão forçados, em nome da liberdade, a aceitar esse modo "racional" de vida. Serão eles, na frase paradoxal de Rousseau, "forçados a ser livres" (ver Capítulo 18).

O resultado final de toda a história acabou sendo que o próprio Hegel chegou à consciência da estrutura da realidade. Ele parecia pensar que havia chegado a esse estágio nas páginas finais de um de seus livros. Esse foi o ponto em que o Espírito compreendeu a si mesmo pela primeira vez. Então, assim como Platão (ver Capítulo 1), Hegel conferiu uma posição especial aos filósofos.

Lembre-se de que Platão acreditava que os reis-filósofos deveriam governar sua república ideal. Hegel, ao contrário, acreditava que os filósofos poderiam atingir um tipo particular de autoentendimento que também era o entendimento da realidade e de toda a história, uma outra forma de representar as palavras gravadas no Templo de Apolo em Delfos: "Conhece-te a ti mesmo". São os filósofos, acreditava ele, que acabam percebendo o derradeiro padrão de desdobramento dos eventos humanos. Eles admiram o modo como a dialética produziu um despertar gradual. De repente, tudo se torna claro para eles, e o objetivo do todo da história humana torna-se óbvio. O Espírito entra em uma nova fase do entendimento de si. Essa é a teoria, seja como for.

Hegel tinha muitos admiradores, mas Arthur Schopenhauer não era um deles. Ele pensava que Hegel não era de fato um filósofo, porque lhe faltava seriedade e honestidade na maneira como tratava a filosofia. No que se refere a Schopenhauer, a filosofia de Hegel era desprovida de sentido. Hegel, por sua vez, descreveu Schopenhauer como um sujeito "repulsivo e ignorante".

CAPÍTULO 23

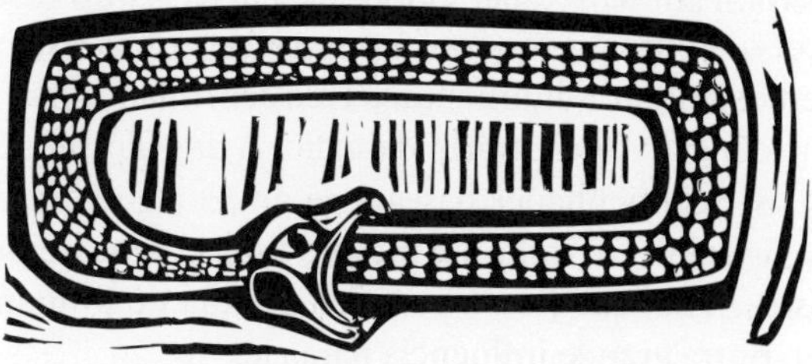

Vislumbres de realidade

ARTHUR SCHOPENHAUER

A VIDA É DOLOROSA, E SERIA MELHOR NÃO TER NASCIDO. Poucas pessoas têm essa perspectiva pessimista como Arthur Schopenhauer (1788-1860). Segundo ele, todos nós estamos presos em um ciclo de querer as coisas, obter as coisas e depois querer mais coisas. Isso só acaba quando morremos. Sempre que parece termos conseguido o que queremos, começamos a querer outra coisa. Talvez você pense que poderia ser feliz se fosse milionário, mas o contentamento não duraria muito tempo. Você desejaria algo que não teria. Nós, seres humanos, somos assim: nunca estamos satisfeitos, nunca deixamos de ter ambição por mais que tenhamos. E tudo isso é muito deprimente.

Porém, a filosofia de Schopenhauer não é tão sombria quanto parece. Ele pensava que, se pudéssemos pelo menos reconhecer a verdadeira natureza da realidade, nós nos comportaríamos de maneira bem diferente e poderíamos evitar algumas das características mais tristes da condição humana. Sua mensagem era bastante parecida com a de Buda. Buda ensinava que toda vida envolve sofrimento, mas que em um nível profundo não há coisas como "si mesmo": se reconhecermos isso, poderemos atingir a iluminação. Essa semelhança não era coincidência. Ao contrário da maioria dos filósofos ocidentais, Schopenhauer baseara-se amplamente na filosofia oriental. Ele tinha até mesmo uma estátua de Buda em sua mesa, que ficava perto da estátua de Immanuel Kant, outra grande influência para ele.

Ao contrário de Buda e Kant, Schopenhauer era um homem soturno, presunçoso e difícil. Quando conseguiu um emprego como professor em Berlim, ele se convenceu tanto de sua própria genialidade que teimou para que suas aulas fossem dadas exatamente no mesmo horário que as de Hegel. Essa não foi uma de suas melhores ideias, pois Hegel era bastante popular entre os estudantes. Quase ninguém aparecia nas aulas de Schopenhauer; as de Hegel, em compensação, ficavam lotadas. Schopenhauer acabou deixando a universidade e passou o resto da vida vivendo de herança.

Seu livro mais importante, *O mundo como Vontade e Representação*, foi publicado em 1818, mas ele continuou trabalhando na obra durante anos, o que gerou uma versão mais longa em 1844. A principal ideia no cerne da obra era bastante simples. A realidade tem dois aspectos. Ela existe tanto como Vontade quanto como Representação. A Vontade é a força propulsora cega, encontrada em absolutamente todas as coisas que existem. É a energia que faz as plantas e os animais crescerem, mas também é a força que faz as bússolas apontarem para o norte e os cristais se formarem nos compostos químicos. Ela está presente em cada parte da natureza. O outro aspecto, o mundo como Representação, é o mundo como o experimentamos.

O mundo como Representação é a nossa construção da realidade em nossa mente. É o que Kant chamou de mundo *fenomênico*. Olhe ao redor. Talvez veja árvores, pessoas ou carros pela janela, ou este livro na sua frente; talvez ouça pássaros, o tráfego ou ruídos no outro quarto. O que você experimenta pelos sentidos é o mundo como Representação. É a sua maneira de dar sentido a tudo, e ela requer a consciência. Sua mente organiza a experiência para dar sentido a toda ela. O mundo como Representação é o mundo no qual vivemos. Contudo, assim como Kant, Schopenhauer acreditava que havia uma realidade mais profunda que existe além da nossa experiência, além do mundo das aparências. Kant chamou esse mundo de numênico e pensava que não temos acesso direto a ele. Para Schopenhauer, o mundo como Vontade era um pouco parecido com o mundo numênico de Kant, embora com diferenças importantes.

Kant escreveu sobre o *noumena*, plural de *noumenon*. Ele acreditava que a realidade tinha mais do que uma parte. Não está claro como Kant sabia disso, visto que ele declarou que o mundo numênico era inacessível para nós. Schopenhauer, em contraste, sustentava que não podemos afirmar de maneira nenhuma que a realidade numênica era dividida, pois esse tipo de divisão requer espaço e tempo, e Kant não acreditava que espaço e tempo existiam na realidade em si, mas sim que eram causados pela mente individual. Já Schopenhauer descrevia o mundo como Vontade como uma força única, unificada e sem direção por trás de tudo o que existe. Podemos ter um vislumbre desse mundo como Vontade por meio de nossas próprias ações e também pela experiência da arte.

Pare de ler e coloque a mão na cabeça. O que aconteceu? Alguém que estivesse observando veria apenas sua mão subindo e encostando em sua cabeça. Você também pode ver isso se olhar no espelho. Essa é uma descrição do mundo fenomênico, o mundo como Representação. Segundo Schopenhauer, no entanto, há um aspecto interno à nossa experiência de movimentar o corpo, algo que podemos sentir de uma maneira diferente da experiência do mundo dos fenômenos em geral. Nós não experimentamos o mundo como Vontade diretamente, mas chegamos bem perto disso quando fazemos ações deliberadas, quando temos *vontade* de ações corporais, quando as fazemos acontecer. Por essa razão, ele escolheu a palavra "Vontade" para descrever a realidade, ainda que seja apenas na situação humana que essa energia tenha qualquer conexão com a ação deliberada – plantas não crescem deliberadamente, nem reações químicas acontecem deliberadamente. Portanto, é importante perceber que a palavra "Vontade" é diferente dos usos comuns do termo.

Quando alguém tem "vontade" de alguma coisa, tem em mente um objetivo: está tentando fazer alguma coisa. Mas isso não é de modo nenhum o que Schopenhauer quer dizer quando descreve a realidade no nível do mundo como Vontade. A Vontade (com inicial maiúscula) é despropositada ou, como ele costuma dizer, "cega". Ela não tenta provocar nenhum resultado em particular. Ela não tem objetivo ou meta. Ela é apenas esse grande surto de energia que está em todos os fenômenos naturais, bem como em nossos atos conscientes de ter vontade das coisas. Para Schopenhauer, não há um Deus que a direcione. Tampouco a Vontade em si é Deus. A situação humana é que nós, como toda a realidade, somos parte dessa força desprovida de sentido.

Contudo, há algumas experiências que podem tornar a vida suportável. Essas experiências basicamente vêm da arte. A arte fornece um ponto de tranquilidade de modo que, durante um curto período, conseguimos escapar do ciclo infinito da luta e do desejo. A música é a melhor forma de arte para isso. De acordo com Schopenhauer, isso ocorre porque a música é uma cópia da Vontade em si. Para ele, isso explicava o poder da música de nos tocar tão profundamente. Se ouvirmos uma sinfonia de Beethoven quando estivermos na disposição correta para isso, além de sermos estimulados emocionalmente, vislumbraremos a realidade como ela verdadeiramente é.

Nenhum outro filósofo atribui um papel tão central às artes; portanto, não é surpresa que Schopenhauer seja benquisto por pessoas criativas de vários tipos. Compositores e músicos o adoram porque ele acreditava que a música era a mais importante das artes. Os romancistas também se sentiam atraídos pelas ideias dele, tais como Leon Tolstói, Marcel Proust, Thomas Mann e Thomas Hardy. Dylan Thomas inclusive escreveu um poema, "The force that through the green fuse drives the flower" [A força que impele a flor pelo verde rastilho], inspirado na descrição de Schopenhauer do mundo como Vontade.

Schopenhauer não descreveu apenas a realidade e nossa relação com ela. Ele também tinha ideias sobre como deveríamos viver. Uma vez que percebemos que todos fazemos parte de uma força energética e que as pessoas enquanto indivíduos existem somente no nível do mundo como Representação, isso devia mudar o que fazemos. Para Schopenhauer, causar mal aos outros é também causar mal a si próprio. Este é o fundamento de toda a moral. Se eu mato você, destruo uma parte da força vital que une todos nós. Quando alguém causa o mal a outra pessoa, é como uma cobra que morde a própria cauda sem saber que está fincando as presas na própria carne. Desse modo, a moral básica que Schopenhauer ensinava era a da compaixão. Dito de forma mais clara, as outras pessoas não são externas a mim. Eu me importo com o que acontece com você porque, de certa maneira, você faz parte daquilo de que todos nós fazemos parte: o mundo como Vontade.

Esse é o verdadeiro posicionamento moral de Schopenhauer. No entanto, é questionável se conseguimos chegar a algo parecido com esse nível de preocupação com as outras pessoas. Certa ocasião, uma mulher que tagarelava na porta da casa de Schopenhauer o irritou tanto que ele a empurrou pelas escadas. Ela se feriu, e a corte ordenou que Schopenhauer pagasse a ela uma pensão pelo resto da vida. Quando ela morreu alguns anos depois, Schopenhauer não demonstrou compaixão; em vez disso, ele rabiscou o trocadilho "*obit anus, abit onus*" (latim para "morreu a velha, acabou-se o fardo") na certidão de óbito dela.

Há outro método mais extremo de lidar com o ciclo do desejo. Para evitar ficar preso desse modo, simplesmente distancie-se do mundo inteiro e torne-se um asceta: viva uma vida de castidade e pobreza. Schopenhauer acreditava que essa seria a forma ideal de enfrentar a existência, a solução pela qual optaram muitos religiosos orientais. Contudo, o próprio Schopenhauer nunca se tornou um asceta, apesar de se retrair da vida social quando envelheceu. Durante quase toda a vida, ele gostou de companhia, teve casos amorosos, alimentou-se bem. É tentador dizer que ele foi um hipócrita. Na verdade, a veia de pessimismo que perpassa sua obra é tão profunda em determinados lugares que alguns leitores pensavam que, se ele tivesse sido sincero, teria se matado.

O grande filósofo vitoriano John Stuart Mill, por outro lado, era um otimista. Ele defendia que o pensamento rigoroso e a discussão podiam incitar a mudança social e produzir um mundo melhor, um mundo em que mais pessoas poderiam ter vidas felizes e satisfatórias.

CAPÍTULO 24

Espaço para crescer

John Stuart Mill

Imagine que você tenha vivido distante de outras crianças durante a maior parte de sua infância. Em vez de passar o tempo brincando, você aprenderia grego e álgebra com um professor particular, ou se envolveria em conversas com adultos extremamente inteligentes. O que você teria se tornado?

Isso foi mais ou menos o que aconteceu com John Stuart Mill (1806-1873). Ele foi um experimento educacional. Seu pai, James Mill, amigo de Jeremy Bentham, tinha a mesma visão de Locke de que a mente das crianças era vazia, como um quadro branco. James Mill estava convencido de que, se criasse uma criança da maneira correta, haveria uma boa chance de ela se tornar um gênio. Por isso, James ensinou seu filho John em casa, garantindo que o menino não perdesse tempo brincando ou aprendendo maus hábitos. Contudo, não se tratava apenas de transmitir conteúdos para aprovação em provas, muito menos de uma memorização forçada ou algo desse tipo. James ensinou John a usar o método de questionamento socrático, encorajando o filho a explorar as ideias que aprendia, em vez de simplesmente repeti-las.

O impressionante resultado foi que, aos três anos de idade, John já estudava grego antigo. Aos seis, escrevera uma história de Roma e aos sete já entendia os diálogos de Platão na língua original. Aos oito, começou a aprender latim. Aos doze, tinha um conhecimento abrangente de história, economia e política, conseguia resolver equações matemáticas e demonstrava um interesse apaixonado e sofisticado por ciência. Ele era um prodígio. Aos vinte anos, já era um dos pensadores mais brilhantes de sua era, embora jamais tenha de fato superado sua estranha infância e permanecido solitário e um pouco distante durante toda a vida.

No entanto, ele *se tornou* um tipo de gênio. Isso quer dizer que o experimento do pai funcionara. Mill tornou-se um ativista contra a injustiça, um dos primeiros feministas (ele foi preso por fomentar o controle de natalidade), político, jornalista e um grande filósofo, talvez o maior filósofo do século XIX.

Mill foi criado como utilitarista, e a influência de Bentham era imensa. A família Mill passava todo verão na casa de campo de Bentham, em Surrey. Mas, embora Mill concordasse com Bentham que a ação correta é sempre aquela que produz a maior felicidade, ele passou a acreditar que a explicação de felicidade como prazer dada por seu professor era muito grosseira. Então, o jovem desenvolveu sua própria versão da teoria, uma versão que distinguia os prazeres mais elevados dos menos elevados.

Se houvesse uma escolha, seria melhor ser um porco feliz chafurdando na lama e enfiando a cara no coxo ou um ser humano infeliz? Mill pensava que era óbvio que escolheríamos ser um humano infeliz em vez de um porco feliz. Mas isso vai contra o pensamento de Bentham. Lembre-se de que Bentham dizia que tudo o que importa são as experiências prazerosas, independentemente de como são produzidas. Mill, por outro lado, achava que podemos ter diferentes tipos de prazer e que alguns são muito melhores que outros, tão melhores que nenhuma quantidade de prazer inferior jamais será equiparável à menor quantidade do prazer superior. Os prazeres inferiores, como aqueles que os animais podem experimentar, jamais seriam um desfio aos prazeres superiores e intelectuais, como ler um livro ou ouvir um concerto. Mill foi mais além e disse que seria melhor ser um Sócrates insatisfeito do que um tolo satisfeito, isso porque o filósofo Sócrates foi capaz de obter prazeres muito mais sutis pelo pensamento do que um tolo jamais conseguiria obter.

Por que acreditar em Mill? Sua resposta era a de que quem experimentasse tanto prazeres superiores quanto inferiores preferiria os superiores. Um porco não pode ler ou escutar música clássica, então sua opinião sobre isso não valeria. Se um porco pudesse ler, ele preferiria ler a rolar na lama.

Isso é o que Mill pensava. No entanto, algumas pessoas apontaram que ele supunha que todos fossem iguais a ele, ou seja, preferiam ler a rolar na lama. Pior ainda: logo que Mill apresentou as diferentes qualidades de felicidade (superior e inferior), assim como as diferentes quantidades, ficou muito mais difícil perceber como poderíamos calcular o que fazer. Uma das grandes virtudes da abordagem de Bentham foi sua simplicidade, com todos os tipos de prazer e dor avaliados na mesma moeda. Mill não apresenta nenhuma maneira de calcular uma taxa de câmbio entre as diferentes ocorrências de prazeres superiores e inferiores.

Mill aplicava seu pensamento utilitarista a todos os aspectos da vida. Ele pensava que os seres humanos se pareciam um pouco com as árvores. Se não damos à árvore o espaço necessário para ela se desenvolver, ela será fraca e retorcida. Todavia, na posição correta, ela pode realizar todo o seu potencial, atingindo uma altura e uma extensão consideráveis. De maneira semelhante, nas circunstâncias corretas, os seres humanos prosperam, e isso gera boas consequências não só para o indivíduo em questão, mas também para toda a sociedade – a felicidade é maximizada. Em 1859, Mill publicou um livro curto, porém inspirador, defendendo sua visão de que dar às pessoas o espaço que julgam ser conveniente para se desenvolverem era a melhor maneira de organizar a sociedade. Esse livro chama-se *Sobre a liberdade* e ainda hoje é amplamente lido.

Paternalismo, termo originado da palavra *pater*, que significa pai, significa forçar alguém a fazer algo para o seu próprio bem (embora pudesse igualmente se chamar maternalismo para *mater*, palavra latina para mãe). Se quando criança você foi forçado a comer vegetais, entenderá muito bem esse conceito. Comer vegetais não transforma ninguém em uma pessoa boa, mas seus pais insistem que é preciso comê-los para o seu próprio bem. Mill acreditava que não havia nenhum problema com o paternalismo quando direcionado às crianças: elas precisam ser protegidas de si próprias e ter seu comportamento controlado de várias maneiras. Contudo, o paternalismo direcionado aos adultos em uma sociedade civilizada era inaceitável. A única justificativa para isso era se um adulto corresse o risco de prejudicar alguém com suas próprias ações, ou se tivesse sérios problemas psiquiátricos.

A mensagem de Mill era simples e ficou conhecida como princípio do dano. Todo adulto deveria ser livre para viver como quiser, desde que ninguém seja prejudicado no processo. Trata-se de uma ideia desafiadora para a Inglaterra vitoriana, quando muitas pessoas supunham que parte do papel do governo era impor bons valores morais às pessoas. Mill discordava. Ele acreditava que a maior felicidade viria dos indivíduos que tivessem uma maior liberdade na forma de se comportar. E não era só o fato de o governo dizer às pessoas o que fazer que preocupava Mill. Ele odiava o que chamou de "tirania da maioria", a forma de as pressões sociais evitarem que a maioria faça o que quer fazer, ou se torne o que quer se tornar.

Os outros até pensam que sabem o que nos torna felizes, e de modo geral estão errados. Nós sabemos melhor do que ninguém o que queremos fazer de nossa vida. E mesmo que não saibamos, pensava Mill, é melhor que cometamos os próprios erros do que sermos forçados a nos adaptar a um modo de vida. Isso está em consonância com o utilitarismo, pois Mill acreditava que aumentar a liberdade individual gera uma felicidade maior para todos do que se essa liberdade for limitada.

Os gênios, de acordo com Mill (que era o próprio gênio), precisam ter mais liberdade do que todos nós para se desenvolverem. Eles raramente correspondem às expectativas da sociedade em relação ao seu modo de comportamento e costumam parecer excêntricos. Todos nós perdemos quando o desenvolvimento deles é tolhido, pois nesse caso não contribuem para a sociedade tal como o fariam se fossem mais livres. Portanto, se quisermos atingir o maior nível possível de felicidade, precisamos não interferir na vida dos gênios, a não ser que, obviamente, eles corram o risco de prejudicar os outros com as próprias ações. Considerar o que eles fazem como algo ofensivo não é motivo para evitar que se comportem de determinado modo. Mill deixou isso bem claro: ofender não deve ser confundido com fazer o mal.

A abordagem de Mill teve algumas consequências perturbadoras. Imagine um homem sem família que decida beber duas garrafas de vodca todas as noites. É fácil perceber que ele está se matando aos poucos pela bebida. A lei deveria interferir nesse caso? Não, dizia Mill, não até que ele corra o risco de prejudicar o próximo. Podemos conversar com ele, tentar convencê-lo de que ele está se destruindo, porém jamais devemos forçá-lo a mudar seus modos; tampouco deve o governo evitar que ele consuma a própria vida. É a livre escolha dele. Não seria livre escolha se ele precisasse cuidar de uma criança, mas, como ninguém depende dele, ele pode fazer o que quiser.

Além da liberdade no modo de vida, Mill acreditava que era vital que todos tivessem liberdade para pensar e falar o que quisessem. Ele sentia que a discussão aberta era um grande benefício para a sociedade, porque forçava as pessoas a pensar arduamente sobre aquilo em que acreditavam. Se não tivermos nossas visões contestadas por visões opostas, provavelmente acabaremos sustentando-as como "dogmas mortos", prejuízos que na verdade não podemos defender. Mill defendia a liberdade de expressão tendo como limite o ponto em que incita a violência. Acreditava que um jornalista deveria ser livre para escrever um editorial no qual declarasse que "os produtores de milho fazem com que os pobres passem fome"; todavia, se ele levantasse uma placa com as mesmas palavras na entrada da casa de um fabricante de milho diante de uma multidão enfurecida, seria o incitamento à violência, algo proibido pelo princípio do dano de Mill.

Muitas pessoas discordavam dele. Algumas pensavam que sua abordagem à liberdade era centrada demais na ideia de que o importante é o que os indivíduos sentem em relação a suas próprias vidas (algo muito mais individualista, por exemplo, que o conceito de liberdade de Rousseau, ver Capítulo 18). Outros acreditavam que ele abria as portas para uma sociedade pessimista que arruinaria para sempre a moral. James Fitzjames

Stephen, contemporâneo de Mill, defendia que muitas pessoas deviam ser forçadas a um caminho estreito e não deviam ter muitas escolhas sobre o modo como viviam, pois muitas delas, dada a liberdade de ação, acabariam tomando decisões ruins e autodestrutivas.

Uma área na qual Mill era particularmente radical em sua época era o feminismo. Na Inglaterra do século XIX, as mulheres casadas não podiam ter propriedades e tinham pouquíssima proteção contra a violência e o estupro pelos maridos. Mill defendeu em *A sujeição das mulheres* (1869) que os sexos deveriam ser tratados igualmente, tanto no Direito quanto na sociedade de modo geral. Algumas pessoas que o cercavam diziam que as mulheres eram naturalmente inferiores aos homens. Ele questionava como era possível afirmar isso quando as mulheres quase sempre foram proibidas de atingir todo o seu potencial: elas eram mantidas afastadas da educação superior e de muitas profissões. Acima de tudo, Mill queria uma maior igualdade entre os sexos. O casamento deveria ser uma relação de amizade entre iguais, dizia ele. Seu próprio casamento com a viúva Harriet Taylor, que aconteceu tardiamente na vida dos dois, era uma relação desse tipo e gerou muita felicidade. Eles eram amigos íntimos (e talvez até amantes) quando o primeiro marido dela ainda estava vivo, mas Mill teve de esperar até 1851 para ser o segundo. Ela o ajudou a escrever tanto *Sobre a liberdade* quanto *A sujeição das mulheres*, embora infelizmente tenha morrido antes de os dois serem publicados.

Sobre a liberdade foi publicado pela primeira vez em 1859. No mesmo ano surgiu outro livro ainda mais importante: *A origem das espécies*, de Charles Darwin.

CAPÍTULO 25

Design não inteligente

CHARLES DARWIN

"VOCÊ É PARENTE DOS MACACOS POR parte dos avós paternos ou maternos?" Essa pergunta debochada foi feita pelo bispo Samuel Wilberforce em um famoso debate com Thomas Henry Huxley no Museu de História Nacional de Oxford em 1860. Huxley estava defendendo as ideias de Charles Darwin (1809-1882). O intuito da pergunta de Wilberforce era ser tanto um insulto quanto uma piada, porém o tiro saiu pela culatra. Huxley murmurou entre os dentes, "Obrigado, Deus, por tê-lo colocado em minhas mãos", e respondeu que preferia ser parente de um primata do que de um ser humano que retardava um debate ridicularizando ideias científicas. Ele poderia muito bem ter explicado que descendia de ancestrais parecidos com macacos dos dois lados – e não recentemente, mas em algum momento o passado. Isso é o que Darwin diria. Todos tinham primatas em sua árvore genealógica.

O furor causado por essa ideia começou praticamente no momento em que o livro *A origem das espécies* foi publicado em 1859. Depois disso, não foi mais possível pensar nos seres humanos como seres totalmente diferentes do reino animal. Os seres humanos não eram mais especiais: eles simplesmente faziam parte da natureza como qualquer outro animal. Isso pode não ser uma surpresa para você, mas foi para a maioria dos vitorianos.

Talvez você pense que só seria preciso alguns minutos na companhia de um chimpanzé ou gorila, ou talvez uma boa olhada no espelho, para perceber nossa proximidade em relação aos primatas. Contudo, na época de Darwin, quase todas as pessoas supunham que os seres humanos eram bem diferentes de qualquer outro animal, e a ideia de que tínhamos parentes distantes em comum com os animais era ridícula. Uma quantidade enorme de pessoas pensou que as ideias de Darwin eram tresloucadas, obra do demônio. Alguns cristãos agarraram-se à crença de que o livro de Gênesis apresentava a verdadeira história de como Deus criara os animais e as plantas em seis dias de muito trabalho. Deus havia projetado o mundo e tudo o que nele existia, cada coisa com seu lugar apropriado para todo o sempre. Esses cristãos acreditavam que todas as espécies de animais e plantas continuavam sendo as mesmas desde a Criação. Até hoje, algumas pessoas relutam em acreditar que a evolução seja o processo que deu origem ao que somos.

Darwin era biólogo e geólogo, não filósofo. Talvez então você se pergunte por que há um capítulo sobre ele neste livro. A razão é que sua teoria da evolução pela seleção natural e suas versões modernas tiveram um profundo impacto na maneira como os filósofos – e os cientistas – pensam sobre a humanidade. Trata-se da teoria científica mais influente de todos os tempos. O filósofo contemporâneo Daniel Dennett a chamou de "a melhor ideia que alguém já teve". A teoria explica como os seres humanos e as plantas e os animais que os cercam vieram a ser o que são e como ainda continuam mudando.

Um dos resultados dessa teoria científica é que ficou mais fácil do que antes de acreditar na não existência de Deus. O zoólogo Richard Dawkins escreveu: "Não consigo imaginar como era ser um ateu antes de 1859, quando *A origem das espécies* de Darwin foi publicado". É claro que havia ateus antes de 1859 – David Hume, de quem falamos no Capítulo 17, provavelmente era um deles –, mas depois da publicação surgiram muito mais. Não é preciso ser ateu para acreditar que a evolução seja verdadeira: muitos religiosos são darwinistas. Mas não é possível ser darwinista *e* acreditar que Deus tenha criado todas as espécies exatamente como elas são hoje.

Quando jovem, Darwin esteve numa viagem cinco estrelas a bordo do HMS *Beagle*, visitando a América do Sul, a África e a Austrália. Foi a aventura da vida dele – como seria para qualquer pessoa. Antes disso, ele não foi um estudante particularmente destacado, e ninguém esperava que ele fizesse uma contribuição tão impressionante para o pensamento humano. Darwin não foi um gênio na escola. Seu pai estava convencido de que ele seria um esbanjador e uma vergonha para a família, pois passava a maior parte do tempo caçando e atirando em ratos. Quando ainda jovem, começou a estudar medicina em Edimburgo, mas, ao perceber que não daria certo, passou a estudar teologia na universidade de Cambridge com o intuito de se tornar vigário. Era um naturalista muito interessado, passava o tempo livre coletando plantas e insetos, mas não havia sinais de que ele seria o maior biólogo da história. Darwin parecia um pouco perdido em muitos aspectos, pois sequer sabia o que queria ser. Mas a viagem a bordo do *Beagle* o transformou.

A viagem foi uma expedição científica ao redor do mundo, em parte para mapear as linhas costeiras dos lugares por onde o barco passava. Apesar da sua falta de qualificações, Darwin assumiu o papel do botânico oficial, mas também fazia observações detalhadas de rochas, fósseis e animais sempre que ancoravam. O pequeno navio logo ficou abarrotado com as amostras que ele coletava. Por sorte, conseguiu mandar a maior parte da coleção de volta para a Inglaterra, onde foi armazenada para investigação.

De longe, a parte mais valiosa da viagem acabou tornando-se a visita às ilhas Galápagos, um grupo de ilhas vulcânicas no oceano Pacífico aproximadamente a oitocentos quilômetros da América do Sul. O *Beagle* chegou às ilhas Galápagos em 1835. Lá havia uma variedade imensa de animais para examinar, inclusive tartarugas gigantes e iguanas-marinhas. Embora não lhe parecesse óbvio na época, o mais importante para a teoria da evolução de Darwin foi uma série de tentilhões de cor opaca. Ele atirou em diversos desses passarinhos e os enviou para casa para futuros estudos. Um exame minucioso feito posteriormente revelou que havia treze espécies distintas. As pequenas diferenças entre eles estavam principalmente nos bicos.

Depois de retornar, Darwin abandonou os planos de se tornar vigário. Enquanto viajava, os fósseis, as plantas e os animais mortos que enviou de volta para casa o tornaram bastante famoso no mundo científico. Darwin tornou-se naturalista em tempo integral e passou muitos anos trabalhando na teoria da evolução, além de se transformar em especialista mundial em cracas, aqueles pequenos animaizinhos parecidos com lapas que se grudam nas rochas e no casco dos navios. Quanto mais ele pensava nisso, mais se convencia de que as espécies evoluíam pelo processo natural e estavam em constante mudança, em vez de estagnadas para sempre. Por fim, ele apresentou a ideia de que as plantas e os animais mais bem-adaptados ao ambiente tinham uma probabilidade maior de sobreviver durante um tempo suficiente para passar adiante para os descendentes algumas de suas características. Durante longos períodos, esse padrão produziu plantas e animais que parecem ter sido criados para viver nos ambientes em que foram encontrados. As ilhas Galápagos forneceram algumas das melhores evidências da evolução em atividade. Por exemplo, em algum momento da história, pensava Darwin, os tentilhões chegaram até lá do continente, talvez levados por fortes ventos. Por milhares e milhares de gerações, os pássaros em cada ilha adaptaram-se gradualmente ao lugar onde viviam.

Nem todos os pássaros da mesma espécie são idênticos. Em geral, há uma variedade bastante grande. Um pássaro pode ter um bico levemente mais pontudo do que outro, por exemplo. Se esse tipo de bico ajudava o pássaro a sobreviver por mais tempo, ele teria uma probabilidade maior de procriar. Por exemplo, um pássaro cujo bico fosse bom para comer sementes viveria bem em uma ilha onde houvesse muitas sementes, mas provavelmente não se adaptaria muito bem a uma ilha onde a principal fonte de comida fossem nozes que precisam ser quebradas. Um pássaro que teve momentos mais complicados para encontrar comida acharia difícil sobreviver o suficiente para acasalar e reproduzir. Então, é menos provável que esse tipo de bico fosse passado adiante. Pássaros com bicos adaptados aos suprimentos de comida disponíveis teriam uma probabilidade maior de passar a característica adiante para seus descendentes. Desse modo, em uma ilha repleta de sementes, os pássaros com bons bicos para comer sementes acabavam dominando. Durante milhares de anos, isso levou à evolução de uma nova espécie muito diferente da original que chegou à ilha pela primeira vez. Os pássaros com o tipo errado de bico teriam morrido aos poucos. Em uma ilha com diferentes condições, um tipo levemente diferente de tentilhão evoluiria. Durante longos períodos de tempo, o bico dos pássaros foi se adaptando cada vez mais ao ambiente. Os diversos ambientes nas diferentes ilhas significavam que os pássaros que prosperaram foram os que melhor se adaptaram ao lugar.

Outras pessoas antes de Darwin, inclusive seu avô, Erasmus Darwin, haviam sugerido que animais e plantas evoluíam. O que Charles Darwin acrescentou a isso foi a teoria da adaptação pela seleção natural, o processo que leva os mais bem-adaptados a sobreviver e passar adiante suas características.

Essa luta por sobrevivência explica tudo. Não se trata somente de uma luta entre os membros de diferentes espécies; os membros da mesma espécie também lutam uns contra os outros. Todos competem para passar suas características para a próxima geração. Foi dessa maneira que se deram as características de animais e plantas que parecem ter sido inventadas por uma mente inteligente.

A evolução é um processo irracional. Não há nenhuma consciência, nenhum Deus por trás dela – ou pelo menos ela não *precisa* ter algo assim por trás dela. É impessoal, como uma máquina que se mantém funcionando automaticamente. É cega no sentido de não saber para onde vai e não pensar nos animais e plantas que produz. Ela tampouco se importa com eles. Quando vemos seus produtos – plantas e animais –, é difícil não pensar que foram projetados por uma mente inteligente. Mas isso seria um erro. A teoria de Darwin fornece uma explicação bem mais simples e elegante. Ela também explica por que existem tantos tipos de vida, com diferentes espécies se adaptando a regiões do ambiente em que vivem.

Em 1858, Darwin ainda não havia decidido publicar suas descobertas. Ele estava trabalhando no livro, pois queria que tudo saísse corretamente. Outro naturalista, Alfred Russel Wallace (1823-1913), escreveu para ele apresentando sua própria teoria, bastante parecida com a teoria da evolução. Essa coincidência foi um empurrão para que Darwin tornasse públicas suas ideias, primeiro com uma apresentação para a Linnean Society of London e depois, no ano seguinte, com o livro *A origem das espécies.* Depois de passar grande parte da vida elaborando sua teoria, Darwin não queria que Wallace a publicasse antes dele. O livro tornou-o famoso na mesma hora.

Algumas pessoas que o leram não se convenceram. O capitão do *Beagle*, Robert FitzRoy, por exemplo, cientista que inventou um sistema de previsão do tempo, era um devoto da história bíblica da criação. Ele ficou com medo de que tivesse participado da destruição da crença religiosa e achou que jamais deveria ter colocado Darwin a bordo do navio. Até hoje, há criacionistas que acreditam que a história contada no Gênesis é verdadeira, uma descrição literal da origem da vida. Contudo, entre os cientistas, há uma segurança praticamente absoluta de que a teoria de Darwin explica o processo básico da evolução. Isso se deve em parte ao fato de que, na época de Darwin, houve uma quantidade gigantesca de observações que apoiavam a teoria e versões posteriores dela. A genética, por exemplo, ofereceu uma explicação detalhada de como a herança funciona. Hoje sabemos sobre genes e cromossomos e sobre os processos químicos envolvidos na passagem de qualidades particulares. As evidências fósseis também são hoje muito mais convincentes do que na época de Darwin. Por todas essas razões, a teoria da evolução pela seleção natural é muito mais do que "apenas uma hipótese": ela é uma hipótese que tem um peso substancial de evidências que lhe deem suporte.

O darwinismo pode ter mais ou menos destruído o tradicional argumento do desígnio e abalado a fé religiosa de muitas pessoas. No entanto, o próprio Darwin parecia ter uma mente aberta em relação à existência ou não de Deus. Em uma carta escrita para um amigo cientista, ele declarou que ainda não estamos preparados para ter uma conclusão sobre o assunto: "A questão toda é profunda demais para o nosso intelecto", explicou ele, acrescentando: "Seria como um cachorro especulando sobre a mente de Newton".

Um pensador que estava preparado para especular sobre a fé religiosa e, ao contrário de Darwin, tornou-a central para sua obra, foi Søren Kierkegaard.

CAPÍTULO 26

Os sacrifícios da vida

SØREN KIERKEGAARD

ABRAÃO RECEBE UMA MENSAGEM DE DEUS, uma mensagem terrivelmente estranha: ele deve sacrificar seu único filho, Isaac. Abraão passa por um tormento emocional. Ele ama o filho, mas também é um homem devoto e sabe que tem de obedecer a Deus. Nessa história do Gênesis no Antigo Testamento, Abraão leva o filho para o topo de uma montanha, o monte Moriá, amarra-o a um altar de pedra e está prestes a matá-lo com uma faca, segundo as instruções de Deus. No último segundo, no entanto, Deus manda um anjo para impedi-lo de cometer o assassinato. Em vez disso, Abraão sacrifica um carneiro apanhado no campo ali perto. Deus recompensa a lealdade de Abraão permitindo que o filho viva.

Essa história tem uma mensagem. Comumente se pensa que a moral é "Tenha fé, faça o que Deus pede e tudo vai melhorar". O propósito é não é duvidar da palavra de Deus. Porém, para o filósofo dinamarquês Søren Kierkegaard (1813-1855), não era tão simples assim. Em seu livro *Temor e tremor* (1842), ele tentou imaginar o que teria se passado na mente de Abraão, as questões, o medo e a angústia, enquanto fez a jornada de três dias de casa até a montanha, onde pensou que teria de matar Isaac.

Kierkegaard era bastante excêntrico e não se encaixava facilmente em Copenhagen, onde vivia. Durante o dia, esse homem magro e baixinho costumava ser visto sempre andando pela cidade conversando com outras pessoas e gostava de se definir como o Sócrates dinamarquês. Ele escrevia à noite – diante da escrivaninha, rodeado de velas. Uma de suas peculiaridades era aparecer no intervalo de uma peça para que todos pensassem que ele estava se divertindo, quando na verdade ele não havia assistido a nada, mas sim estava em casa, ocupado com algum escrito. Ele trabalhava bastante como escritor, mas teve de tomar uma decisão extremamente angustiante.

Kierkegaard apaixonou-se por uma jovem chamada Regine Olsen, e a pediu em casamento. Ela aceitou. Mas ele estava preocupado com o fato de ser melancólico demais e religioso demais para se casar. Talvez ele até fizesse jus ao sobrenome da família, "Kierkegaard", que significa cemitério em dinamarquês. Ele escreveu para Regine dizendo que não poderia se casar com ela e devolveu a aliança de noivado. Ele se sentiu péssimo com a decisão e passou várias noites na cama chorando depois disso. Ela, o que é compreensível, ficou devastada e implorou a ele para voltar. Kierkegaard recusou. Não é coincidência que, depois disso, a maior parte de sua obra seja sobre escolher como viver e sobre a dificuldade de saber se a decisão tomada foi a decisão correta.

A tomada de decisões está incorporada no título de uma de suas principais obras: *Ou/ou*. Esse livro dá ao leitor uma escolha entre uma vida de prazeres e perseguição da beleza *ou* uma vida baseada em regras morais convencionais, uma escolha entre o estético e o ético.

Não obstante, um assunto muito recorrente em sua obra era a fé em Deus. A história de Abraão tem tudo a ver com isso. Para Kierkegaard, não é uma decisão simples acreditar em Deus, mas sim uma decisão que requer uma espécie de salto no escuro, uma decisão tomada na fé e que pode até ir contra as ideias convencionais do que deveríamos fazer.

Se Abraão seguisse adiante e matasse o próprio filho, teria feito algo moralmente errado. Um pai tem o dever básico de cuidar do filho e certamente não deveria amarrá-lo a um altar e cortar sua garganta em um ritual religioso. Deus pediu que Abraão ignorasse a moral e desse um salto de fé. Na Bíblia, Abraão é apresentado como um sujeito admirável por ter ignorado o sentido normal do que é certo e errado e ter se preparado para sacrificar Isaac. Mas não teria ele cometido um erro terrível? E se a mensagem, na verdade, não fosse de Deus? Talvez fosse uma alucinação; talvez Abraão estivesse louco e ouvisse vozes. Como teria certeza disso? Se ele soubesse de antemão que Deus não manteria sua ordem até o fim, teria sido fácil para Abraão. Porém, quando ergueu a faca disposto a derramar o sangue do filho, ele realmente acreditava que iria matá-lo. De acordo com a descrição da cena pela Bíblia, essa é a questão. A fé de Abraão é tão impressionante *porque* ele confia em Deus, e não nas considerações éticas convencionais. Do contrário, não teria sido fé. A fé envolve riscos, mas também é irracional, isto é, não se baseia na razão.

Kierkegaard acreditava que, às vezes, deveres sociais comuns, como o de que um pai deve sempre proteger o filho, não são os valores mais elevados que existem. O dever de obedecer a Deus supera o dever de ser um bom pai, supera na verdade qualquer dever. De uma perspectiva humana, Abraão poderia parecer desumano e imoral sequer por ter considerado sacrificar o filho. Mas é como se o comando de Deus fosse um trunfo que decide o jogo, independentemente de qual seja o comando de Deus. Não há nenhuma carta mais alta no baralho e, portanto, a ética humana deixa de ser relevante. Contudo, a pessoa que abandona a ética em nome da fé toma uma decisão angustiante, arriscando tudo sem saber quais seriam os benefícios possíveis dessa ação ou o que aconteceria, sem saber ao certo se a mensagem era realmente de Deus. Quem escolhe esse caminho está totalmente sozinho.

Kierkegaard era cristão, embora odiasse a Igreja dinamarquesa e não pudesse aceitar a forma como se comportavam os cristãos complacentes com quem convivia. Para ele, a religião era uma opção dolorosa, e não uma desculpa cômoda para cantar na igreja. Na opinião dele, a Igreja dinamarquesa distorcera o cristianismo e não era verdadeiramente cristã. Não é de surpreender que ele não tenha sido bem-visto por conta disso. Assim como Sócrates, ele conseguiu irritar os ânimos de quem não gostava das suas críticas e fazia observações.

Até agora, falei seguramente neste capítulo sobre o que Kierkegaard acreditava, mas interpretar o que ele realmente queria dizer não é tarefa fácil. E essa dificuldade não é à toa. Ele é um escritor que nos incita a pensar por conta própria. Ele raramente escrevia usando o próprio nome, mas sim pseudônimos. Por exemplo, ele escreveu *Temor e tremor* usando o nome Johannes de Silentio – João do Silêncio. Não era apenas um disfarce para evitar que as pessoas descobrissem que Kierkegaard havia escrito os livros – muitas pessoas adivinhavam quem era o autor imediatamente, o que provavelmente era o que ele queria. Os autores inventados de seus livros, na verdade, são personagens com sua própria maneira de ver o mundo. Tratava-se de uma das técnicas de Kierkegaard para nos fazer entender as posições que ele discutia e nos prender à leitura. Nós vemos o mundo pelos olhos do personagem e acabamos criando nossa própria opinião sobre o valor dos diferentes modos de abordar a vida.

Ler Kierkegaard é quase como ler um romance, e ele costuma utilizar-se da narrativa ficcional para desenvolver algumas ideias. Em *Ou/ou* (1843), o editor imaginário do livro, Victor Eremita, descreve a descoberta de um manuscrito na gaveta secreta de uma escrivaninha de segunda mão. O manuscrito é o texto principal do livro, e supostamente foi escrito por duas pessoas diferentes – as quais ele descreve como A e B. A primeira pessoa é um hedonista cujo principal objetivo de vida é evitar o tédio pela busca de novas emoções. Ele conta a história da sedução de uma jovem mulher na forma de um diário que parece um conto e, de certo modo, reflete a relação de Kierkegaard com Regine. O hedonista, ao contrário de Kierkegaard, só está interessado nos próprios sentimentos. A segunda parte de *Ou/ou* é escrita como se fosse um juiz defendendo o modo de vida segundo a moral. O estilo da primeira parte reflete os interesses de A: consiste em pequenos trechos sobre arte, ópera e sedução. É como se o autor não conseguisse se concentrar por muito tempo em um único assunto. A segunda parte é escrita em um estilo mais comedido e prolixo, refletindo a perspectiva de vida do juiz.

Por sinal, se você estiver com pena da pobre e rejeitada Rejine Olsen, depois da difícil relação de términos e voltas com Kierkegaard, saiba que ela se casou com um funcionário público e parece ter tido uma vida bastante feliz pelo resto da vida. Kierkegaard, no entanto, nunca se casou, nem sequer teve uma namorada depois do término definitivo. Ela realmente foi o verdadeiro amor dele, e a relação fracassada foi a fonte de quase tudo o que ele escreveu em sua vida curta e atormentada.

Como vários filósofos, Kierkegaard não foi muito benquisto durante sua breve vida – ele morreu com apenas 42 anos. Entretanto, no século XX, seus livros ficaram famosos entre existencialistas como Jean-Paul Sartre (ver Capítulo 33), que gostava de suas ideias sobre a angústia de escolher o que fazer na falta de diretrizes preexistentes.

Para Kierkegaard, o ponto de vista subjetivo, a experiência do indivíduo em fazer escolhas, era importantíssimo. Karl Marx tinha uma visão mais ampla. Assim como Hegel, ele tinha uma grande visão de como a história se desdobrava e das forças que a direcionavam. Porém, diferentemente de Kierkegaard, não tinha nenhuma esperança de salvação pela religião.

CAPÍTULO 27

Trabalhadores do mundo, uni-vos!

KARL MARX

NO SÉCULO XIX, HAVIA MILHARES DE FIAÇÕES no norte da Inglaterra. As altas chaminés soltavam fumaça negra, poluindo as ruas e cobrindo tudo de fuligem. Nas fiações, homens, mulheres e crianças trabalhavam durante longas horas – geralmente catorze por dia – para manter as máquinas em funcionamento. Não havia muitos escravos, mas os salários eram muito baixos, e as condições eram precárias e muitas vezes perigosas. Se os trabalhadores se desconcentrassem, podiam ficar presos nas máquinas, perder membros ou até ser mortos. O tratamento médico nessas circunstâncias era básico. Contudo, eles quase não tinham escolha: se não trabalhassem, passariam fome. Se fossem embora, talvez não encontrassem outro trabalho. As pessoas que trabalhavam nessas condições não viviam muito tempo, e quase nunca tinham momentos que pudessem chamar de seus.

Enquanto isso, os proprietários das fiações enriqueciam. Sua principal preocupação era obter lucro. Eles detinham o capital (dinheiro que podia ser usado para fazer mais dinheiro); eram donos do prédio e das máquinas e, de certa forma, eram donos dos trabalhadores, que por sua vez não tinham quase nada. Tudo o que podiam fazer era vender sua capacidade de trabalho e ajudar os donos da fiação a enriquecer. Por meio do trabalho, eles tornavam mais valiosa a matéria-prima comprada pelos patrões. Quando o algodão chegava à fábrica, valia muito menos do que quando saía de lá, mas quase todo o valor agregado ia para os proprietários quando vendiam o produto. Quanto aos trabalhadores, recebiam dos patrões um salário o mais baixo possível – apenas o suficiente para sobreviverem – e não tinham segurança no trabalho. Se a demanda pelo que faziam caísse, eles seriam demitidos e morreriam de fome se não conseguissem outro trabalho. Quando o filósofo alemão Karl Marx (1818-1883) começou a escrever, na década de 1830, essas eram as condições que a Revolução Industrial havia produzido não só na Inglaterra, mas em toda a Europa. E isso o deixava furioso.

Marx era igualitário: pensava que os direitos humanos deviam ser tratados igualmente. Todavia, no mundo capitalista, quem tinha dinheiro – geralmente oriundo de uma riqueza herdada – ficava cada vez mais rico. Enquanto isso, aqueles que não tinham nada – exceto o próprio trabalho para vender – viviam de maneira miserável e eram explorados. Para Marx, toda a história humana podia ser explicada como uma luta de classes: a luta entre a classe capitalista rica (a burguesia) e a classe trabalhadora (ou proletariado). Essa relação impedia que os seres humanos atingissem seu potencial e transformava o trabalho em algo doloroso, em vez de um tipo de atividade compensadora.

Marx, homem cheio de energia e com a reputação de um sujeito encrenqueiro, passou grande parte da vida na pobreza e mudou-se da Alemanha para Paris, depois para Bruxelas, fugindo da perseguição. Acabou fixando residência em Londres, onde morou com os sete filhos, a esposa Jenny e uma governanta chamada Helene Demuth, com quem teve um filho bastardo. Seu amigo Friedrich Engels ajudou-o a encontrar trabalho escrevendo para jornais e até adotou o filho ilegítimo de Marx para livrar sua pele. Mas a família quase nunca tinha dinheiro, além de adoecer e passar fome e frio com frequência. Tragicamente, três das crianças morreram antes da idade adulta.

Quando mais velho, Marx ia quase todos os dias à sala de leitura do Museu Britânico em Londres para estudar e escrever, ou então ficava em seu pequeno apartamento no Soho ditando para a esposa, pois sua caligrafia era tão ruim que às vezes nem ele conseguia ler. Nessas condições difíceis, ele produziu um grande número de livros e artigos – todos somam mais de cinquenta grossos volumes. Suas ideias mudaram a vida de milhões de pessoas: algumas para melhor e muitas, sem dúvida, para pior. Na época, no entanto, ele devia parecer uma figura excêntrica, talvez até meio louco. Poucas pessoas conseguiriam prever o quanto ele seria influente.

Marx identificava-se com os trabalhadores. Toda a estrutura da sociedade os oprimia; não podiam viver plenamente como seres humanos. Os donos das fábricas logo perceberam que podiam produzir mais bens se dividissem o processo de produção em pequenas tarefas. Cada trabalhador, portanto, se especializaria em um trabalho específico na linha de produção. Contudo, isso tornou a vida dos trabalhadores ainda mais entediante, pois eram forçados a realizar ações repetitivas o tempo todo. Não viam todo o processo de produção e mal ganhavam o suficiente para se alimentar. Em vez de serem criativos, eles ficavam exauridos e transformavam-se em engrenagens de uma peça gigantesca do maquinário que só existia para fazer os proprietários enriquecerem ainda mais. É como se eles de fato não fossem humanos, mas apenas estômagos que precisavam ser alimentados para manter a linha de produção em andamento e os capitalistas ganhando mais lucro – o que Marx chamou de mais-valia criada pelo trabalho dos operários.

O efeito disso tudo sobre os trabalhadores foi o que Marx chamou de *alienação*. Ele queria dizer várias coisas com essa palavra. Os trabalhadores eram alienados ou distanciados do que verdadeiramente eram como seres humanos. As coisas que eles fabricavam também os alienavam. Quanto mais duro eles trabalhavam e quanto mais produziam, mais lucro geravam para os capitalistas. Os objetos em si pareciam vingar-se dos trabalhadores.

Mas havia esperança para essas pessoas, ainda que suas vidas fossem miseráveis e completamente delimitadas pelas circunstâncias econômicas. Marx acreditava que o destino do capitalismo era destruir a si mesmo. O proletariado estava destinado a assumir o controle de uma revolução violenta. Por fim, de todo esse sangue derramado surgiria um mundo melhor, um mundo em que as pessoas não mais seriam exploradas, mas poderiam ser criativas e cooperar umas com as outras. Cada pessoa contribuiria com o que pudesse para a sociedade, e a sociedade, por sua vez, cuidaria das pessoas: "De todos, segundo sua capacidade; para todos, segundo sua necessidade", era a visão de Marx. Ao assumir o controle das fábricas, os trabalhadores garantiriam que houvesse o suficiente para que todos tivessem o que precisavam. Ninguém precisava passar fome ou não ter o que vestir ou onde se abrigar. Esse futuro era o comunismo, um mundo baseado na partilha dos benefícios da cooperação.

Marx acreditava que seu estudo do modo como se desenvolve a sociedade revelava que esse futuro é inevitável: estava inserido na estrutura da história. Mas ele podia ter alguma ajuda para progredir, e no *Manifesto comunista* de 1848, o qual ele escreveu com Engels, Marx conclamou os trabalhadores do mundo a se unirem e superarem o capitalismo. Refletindo as primeiras linhas de Jean-Jacques Rousseau em *O contrato social* (ver Capítulo 18), eles declararam que os trabalhadores não tinham nada a perder, exceto suas correntes.

As ideias de Marx sobre a história foram influenciadas por Hegel (assunto do Capítulo 22). Hegel, como vimos, declarou que há uma estrutura subjacente a todas as coisas e que estamos gradualmente progredindo para um mundo que, de alguma maneira, será consciente de si mesmo. Marx herdou de Hegel o sentido de que o progresso é inevitável e de que a história, em vez de ser apenas um evento atrás do outro, tem um padrão. Entretanto, na visão de Marx, o progresso acontece por causa das forças econômicas subjacentes.

Em substituição à luta de classes, Marx e Engels prenunciaram onde não haveria propriedade de terras, não haveria herança, a educação seria gratuita e as fábricas públicas produziriam para todos. Também não haveria a necessidade de religião ou moral. A religião, conforme declarou em uma passagem conhecida, era "o ópio do povo": era como uma droga que mantinha as pessoas adormecidas para que não percebessem sua verdadeira condição oprimida. No novo mundo depois da revolução, os seres humanos atingiriam sua humanidade. O trabalho seria significativo, e todos cooperariam de modo a beneficiar a todos. A revolução era a forma de atingir isso – e isso significava violência, pois seria improvável que os ricos abrissem mão de suas riquezas sem lutar.

Marx sentia que os filósofos do passado só tinham descrito o mundo, enquanto ele queria mudá-lo. Isso foi um pouco injusto com os filósofos anteriores a ele, muitos dos quais provocaram reformas políticas e religiosas, porém suas ideias tiveram mais efeito que as ideias da maioria. Elas foram contagiantes e inspiraram revoluções reais na Rússia em 1917 e em outros lugares. Infelizmente, a União Soviética – o gigantesco Estado que surgiu, abarcando a Rússia e alguns países vizinhos – junto com a maioria dos outros países comunistas criados no século XX nas linhas marxistas provaram-se opressores, ineficientes e corruptos. Organizar os processos de produção em escala nacional era muito mais difícil do que se poderia imaginar. Os marxistas afirmam que isso não destrói as ideias marxistas em si – alguns ainda acreditam que Marx estava basicamente certo em relação à sociedade; na verdade, aqueles que governaram os Estados comunistas não o fizeram tendo como base linhas verdadeiramente comunistas. Outros apontam que a natureza humana nos torna mais competitivos e gananciosos do que o normal: na visão deles, não há possibilidade de os seres humanos cooperarem totalmente em um Estado comunista – simplesmente não somos assim.

Quando Marx morreu de tuberculose em 1883, poucas pessoas conseguiriam prever o impacto que ele teria na história. Parecia que suas ideias haviam sido enterradas com ele no cemitério Highgate, em Londres. A declaração de Engels no túmulo do amigo, de que "Seu nome perdurará pelos séculos, bem como sua obra!", parecia ser puro devaneio.

O principal interesse de Marx estava nas relações econômicas, posto que, em sua visão, elas dão forma a tudo aquilo que somos e podemos vir a ser. William James, filósofo pragmático, queria dizer algo bem diferente quando escreveu sobre o "valor prático" de uma ideia – para ele, esse valor dizia respeito apenas a que ação a ideia levava, a qual diferença ela fazia no mundo.

CAPÍTULO 28

E daí?

C. S. Peirce e William James

Um esquilo agarra-se firmemente ao tronco de uma grande árvore. Do outro lado da árvore, bem perto do tronco, está um caçador. Toda vez que o caçador se move para a esquerda, o esquilo também se move, apressando-se para rodear o tronco, preso com as garras. O caçador continua tentando encontrar o esquilo, mas este consegue se manter fora do campo de visão. Isso continua durante horas, e o caçador sequer vê o esquilo de relance. Seria verdadeiro dizer que o caçador está *circundando* o esquilo? Pense nisso. O caçador realmente *circunda* sua presa?

Sua resposta provavelmente será outra pergunta: "O que você quer saber?". O filósofo e psicólogo norte-americano William James (1842-1910) se aproximou de um grupo de amigos perguntando sobre esse exemplo. Os amigos dele não concordaram com uma única resposta, mas discutiram a questão como se houvesse uma verdade absoluta que eles precisavam descobrir. Alguns disseram que sim, o caçador *estava* circundando o esquilo; outros disseram que não, com certeza não. Eles pensaram que James seria capaz de ajudá-los a responder à pergunta de um jeito ou de outro. Sua resposta foi baseada na filosofia *pragmática*.

Ele disse o seguinte: se o que queremos dizer com circundar é que o homem está primeiro a norte, depois a leste, depois a sul e depois a oeste do esquilo, que é um dos sentidos de "circundar", é verdade que o caçador está circundando o esquilo. Ele rodeia o esquilo nesse sentido. Mas se o que queremos dizer é que o homem primeiro está na frente do esquilo, depois à direita dele, depois atrás e depois nas costas, que é outro significado de "circundar", então a resposta é não. Como o esquilo sempre estará de frente para o caçador, o caçador não o circunda nesse sentido. Eles estão o tempo todo um de frente para o outro, com uma árvore no meio, enquanto dançam em círculo, um fora da visão do outro.

O objetivo desse exemplo é mostrar que o pragmatismo preocupa-se com as consequências práticas – o "valor prático" do pensamento. Se não há nada que dependa da resposta, não importa o que decidirmos. Tudo depende de por que queremos saber a resposta e qual a diferença que ela de fato vai fazer. Aqui, não há verdade além do nosso interesse particular em relação à questão e aos sentidos precisos em que usamos o verbo "circundar" em diferentes contextos. Se não há diferença prática, então não há nenhuma verdade da questão. Não é como se a verdade estivesse "lá fora" em algum lugar, esperando ser descoberta. Verdade, para James, era simplesmente o que funciona, o que tem um impacto benéfico em nossa vida.

O pragmatismo é uma abordagem filosófica que se tornou popular nos Estados Unidos no final do século XIX. Ela começou com o filósofo e cientista C. S.

Peirce (pronunciado como no inglês de "purse"), que queria tornar a filosofia mais científica do que era. Peirce (1839-1914) acreditava que, para uma sentença ser verdadeira, tem de haver algum experimento ou observação possível que a apoie. Quando dizemos "o vidro é frágil", isso quer dizer que, se batermos no vidro com um martelo, ele se quebrará em pequenos fragmentos. Isso é o que torna verdadeira a declaração "o vidro é frágil". O vidro não tem nenhuma propriedade invisível de "fragilidade", exceto o que acontece quando o atingimos. "O vidro é frágil" é uma declaração verdadeira por causa dessas consequências práticas. "O vidro é transparente" é verdadeiro porque podemos ver através dele, não por causa de alguma propriedade misteriosa no vidro. Peirce detestava teorias abstratas que não faziam a menor diferença na prática. Ele considerava que todas eram contrassensos. Verdade, para ele, é o que resta depois que fizermos todos os experimentos e investigações que gostaríamos de fazer. Isso se parece bastante com o positivismo lógico de A. J. Ayer, assunto do Capítulo 32.

A obra de Peirce não foi amplamente lida, mas a de William James foi. Ele era um excelente escritor – tão bom quanto ou talvez melhor que seu irmão, o famoso romancista e contista Henry James. William passava longas horas discutindo pragmática com Peirce quando os dois lecionavam na Universidade de Harvard. James desenvolveu sua própria versão da teoria, que popularizou em ensaios e conferências. Para ele, o pragmatismo resume-se a isto: a verdade é o que funciona. No entanto, ele era um pouco vago sobre o que significava "o que funciona". Embora fosse psicólogo desde cedo, ele não se interessava apenas por ciência, mas também por questões sobre o que é certo e errado e sobre religião. Na verdade, sua obra mais controversa foi sobre religião.

A abordagem de James é muito diferente da visão tradicional de verdade. Nesta, a verdade significa correspondência aos fatos. O que torna uma frase verdadeira na teoria da correspondência da verdade é o fato de ela descrever com precisão como o mundo é. "O gato está no tapete" é verdadeira quando o gato de fato está sentado no tapete e falsa quando ele não está lá; por exemplo, é falsa quando o gato está lá fora no jardim procurando ratos. Segundo a teoria pragmática de James, o que torna a frase "o gato está no tapete" verdadeira é acreditar que ela produz resultados práticos úteis para nós. Ela funciona para nós. Então, por exemplo, acreditar que "o gato está no tapete" nos dá o resultado de que sabemos que não podemos brincar com nosso hamster de estimação no tapete até que o gato saia de lá.

Ora, quando usamos um exemplo como "O gato está no tapete", os resultados da teoria pragmática da verdade não parecem particularmente perturbadores ou importantes. Mas tente fazer isso com a frase "Deus existe". O que pensa que James diria sobre isso?

É verdade que Deus existe? O que você acha? As principais respostas são "Sim, é verdade que Deus existe", "Não, não é verdade que Deus existe" e "Eu não sei". Presumivelmente, você deu uma dessas três respostas caso tenha tido a chance de responder antes de continuar a leitura. Essas posições têm nomes: teísmo, ateísmo e agnosticismo. Os que dizem "Sim, é verdade que Deus existe" geralmente querem dizer que há um ser supremo em algum lugar e que a declaração "Deus existe" seria verdadeira mesmo que não houvesse nenhum ser humano vivo e mesmo que nenhum ser humano tivesse existido. "Deus existe" e "Deus não existe" são declarações verdadeiras e falsas. Mas não é o que pensamos delas que as tornam verdadeiras ou falsas, pois isso independe do que pensamos sobre elas. Nós apenas esperamos estar acertando quando pensamos sobre elas.

James fez uma análise bem diferente da frase "Deus existe". Ele pensava que a declaração era verdadeira porque, segundo ele, era uma crença útil. Ao chegar a essa conclusão, ele se concentrou nos benefícios da crença de que Deus existe. Essa questão era importante para ele, e ele escreveu um livro, *As variedades da experiência religiosa* (1902), que examinava uma grande variedade de efeitos que a crença religiosa pode ter. Para James, dizer que "Deus existe" é uma declaração verdadeira é o mesmo que dizer que, de algum modo, é bom acreditar nela. Trata-se de uma posição bastante surpreendente. Ela se parece em parte com o argumento de Pascal que examinamos no Capítulo 12: que os agnósticos se beneficiariam da crença de que Deus existe. Pascal, no entanto, pensava que "Deus existe" era verdadeira por causa da existência real de Deus, e não porque os seres se sentem melhor quando acreditam em Deus. Sua aposta era apenas uma forma de fazer com que os agnósticos acreditassem no que pensava ser verdade. Para James, é o suposto fato de que a crença em Deus "funciona satisfatoriamente" que torna a declaração "Deus existe" verdadeira.

Para esclarecer essa questão, tomemos a frase "Papai Noel existe". Ela é verdadeira? Um homem gordo, bem-humorado e de rosto corado desce pela chaminé toda véspera de Natal com um saco de presentes? Não leia o restante do parágrafo se você acredita que isso realmente acontece. Suponho, contudo, que você *não* acredite que Papai Noel exista, ainda que pense que seria interessante se existisse. O filósofo inglês Bertrand Russell (ver Capítulo 31) ridicularizou a teoria pragmática da verdade de William James dizendo que, segundo a teoria, James tinha de acreditar que "Papai Noel existe" era uma frase verdadeira. Sua razão para dizer isso era que James acreditava que tudo o que torna uma frase verdadeira é o efeito que a crença na verdade dessa frase exerce sobre quem nela acredita. E, ao menos para a maioria das crianças, acreditar em Papai Noel é fantástico. Essa crença torna o Natal um dia muito especial para elas: faz com que se comportem bem e tenham foco nos dias que antecedem o Natal. Funciona para elas. Portanto, como acreditar no Papai Noel funciona de alguma maneira, parece que a crença torna verdadeira a frase "Papai Noel existe", segundo a teoria de James. O problema é que existe uma diferença entre o que seria legal se fosse verdadeiro e o que de fato é verdadeiro. James poderia ter destacado que, embora acreditar em Papai Noel funcione para as crianças, não funciona para todo mundo. Se os pais acreditassem que o Papai Noel entregaria presentes na véspera de Natal, eles não comprariam presentes para os filhos. Bastaria esperar até a manhã de Natal para perceber que algo não estava funcionando com a crença "Papai Noel existe". Isso significa que, para as crianças, é verdade que Papai Noel existe, mas é mentira para os adultos? E isso não torna a verdade subjetiva, uma questão de como nos sentimos em relação às coisas, em vez de como o mundo é?

Pensemos em outro exemplo. Como sei que as outras pessoas realmente têm mentes? Sei pela minha experiência que não sou simplesmente uma espécie de zumbi sem vida interior. Tenho meus pensamentos, minhas intenções etc. Mas como posso saber se as pessoas ao meu redor realmente têm pensamentos? Talvez elas não sejam conscientes. Seriam elas apenas zumbis agindo de modo automático, zumbis sem mente própria? Este é o problema das outras mentes sobre o qual os filósofos se debruçaram durante muito tempo. Trata-se de um enigma difícil de resolver. A resposta de James é que tem de ser verdade que as outras pessoas têm mentes; do contrário, não seríamos capazes de satisfazer nosso desejo de sermos reconhecidos e admirados pelas outras pessoas. Trata-se de um argumento estranho, que faz o seu pragmatismo parecer com um puro devaneio – acreditar no que gostaríamos que fosse verdadeiro, independentemente de ser ou não verdadeiro. Mas só porque é bom acreditar que, quando uma pessoa nos elogia, estamos diante de um ser consciente, e não de um robô, não torna a pessoa um ser consciente. Ela ainda pode não ter vida interior.

No século XX, o filósofo norte-americano Richard Rorty (1931-2007) levou adiante esse estilo de pensamento pragmático. Assim como James, ele acreditava que as palavras eram ferramentas com as quais fazemos as coisas, e não símbolos que de alguma forma refletem o modo como o mundo é. As palavras nos permitem lidar com o mundo, e não copiá-lo. Ele disse que "A verdade é o que seus contemporâneos engolem", ou que nenhum período da história entende a realidade melhor do que qualquer outro. Quando as pessoas descrevem o mundo, acreditava ele, elas são como críticos literários interpretando uma peça de Shakespeare: não há uma única maneira "correta" de lê-la e com a qual todos devemos concordar. Diferentes pessoas de diferentes épocas interpretam o texto de maneira diferente. Rorty simplesmente rejeitava a ideia de que uma visão fosse correta para todas as épocas. Ou, pelo menos, que minha interpretação funcione. Ele presumivelmente acreditava que não havia interpretação correta disso, no mesmo sentido que não há resposta "certa" para a questão do caçador que circunda ou não o esquilo que se move agarrado na árvore.

Se há ou não há uma interpretação correta dos escritos de Friedrich Nietzsche também é uma questão interessante.

CAPÍTULO 29

A morte de Deus

FRIEDRICH NIETZSCHE

"DEUS ESTÁ MORTO." Essa é a citação mais famosa do filósofo alemão Friedrich Nietzsche (1844-1900). Mas como Deus poderia morrer? Supostamente, Deus é imortal. E seres imortais não morrem, mas vivem para sempre. De certa forma, porém, a questão é essa. É por isso que a morte de Deus soa tão estranha: não há como ser diferente. Nietzsche estava deliberadamente brincando com a ideia de que Deus não poderia morrer. Ele não estava dizendo literalmente que Deus estivera vivo em algum momento e que agora não estava mais, e sim que a crença em Deus havia deixado de ser razoável. Em seu livro *A gaia ciência* (1882), Nietzsche colocou a frase "Deus está morto" na boca de um personagem que segura um lampião e procura por Deus em todos os lugares, mas não consegue encontrá-lo. Os habitantes do vilarejo pensam que ele é louco.

Nietzsche foi um homem memorável. Nomeado professor da Universidade da Basileia aos 24 anos, ele parecia decidido a seguir uma distinta carreira acadêmica. Contudo, esse pensador excêntrico e autêntico não se adaptou e parecia gostar de dificultar a própria vida. Ele acabou deixando a universidade em 1879, em parte devido à sua saúde debilitada, e viajou para a Itália, a França e a Suíça, escrevendo livros que quase ninguém lia na época, mas que hoje são famosos como obras tanto literárias quanto filosóficas. Sua saúde mental piorou, e ele passou grande parte do fim da vida em um manicômio.

Em oposição completa à apresentação ordenada das ideias de Kant, Nietzsche arrebata-nos por todos os cantos. Grande parte de seus escritos é na forma de parágrafos curtos e fragmentários, com comentários incisivos de uma única frase, alguns irônicos, outros sinceros, muitos deles arrogantes e provocadores. Às vezes, parece que Nietzsche está gritando conosco; outras vezes, que sussurra algo profundo em nossos ouvidos. Muitas vezes, ele quer que sejamos coniventes com ele, como se dissesse que nós, que o lemos, sabemos como as coisas são, mas aquelas pessoas lá do outro lado estão todas sofrendo de ilusões. Um dos temas recorrentes na obra dele é o futuro da moral.

Se Deus está morto, o que acontece depois? Esta é a questão que Nietzsche faz a si mesmo. Sua resposta é a de que ficamos sem uma base para a moral. Nossas ideias de certo, errado, bem e mal fazem sentido em um mundo onde há um Deus, e não em um mundo sem Deus. Quando tiramos Deus da jogada, tiramos com ele a possibilidade de diretrizes claras sobre como devemos viver e sobre o que devemos valorizar. É uma mensagem dura, algo que a maioria dos contemporâneos de Nietzsche não queria ouvir. Ele descrevia a si mesmo como "imoralista", não alguém que faz o mal deliberadamente, mas alguém que acredita que precisamos ir além de toda a moral: nas palavras do título de um de seus livros, "para além do bem e do mal".

Para Nietzsche, a morte de Deus abriu novas possibilidades para a humanidade, tanto terrificantes quanto estimulantes. A desvantagem é que não havia uma rede de segurança, tampouco regras sobre como as pessoas deveriam ser ou viver. Onde outrora a religião deu um significado à ação moral e impôs limites a ela, a ausência de Deus tornou tudo possível e rompeu todos os limites. A vantagem, ao menos na perspectiva de Nietzsche, era que os indivíduos agora podiam criar seus próprios valores. Podiam transformar suas vidas no equivalente a obras de arte ao desenvolver seu próprio estilo de vida.

Nietzsche concluiu que, quando aceitamos que não há Deus, não podemos simplesmente nos agarrar a uma visão cristã de certo e errado. Isso seria autoenganação. Os valores que sua cultura herdou, como compaixão, bondade e consideração aos interesses dos outros, podiam ser todos recusados. Sua maneira de recusá-los era especular sobre a origem desses valores.

Segundo Nietzsche, as virtudes cristãs de cuidar dos mais fracos e indefesos tinham origens surpreendentes. Podemos pensar que a compaixão e a bondade são obviamente boas. Provavelmente você foi educado para louvar a bondade e desprezar o egoísmo. O que Nietzsche sustentava é que os nossos padrões de pensamento e sentimento têm uma história. Depois que conhecemos a história ou "genealogia" de como passamos a ter os conceitos que temos, fica difícil pensar neles como conceitos fixos o tempo inteiro, como fatos de alguma forma objetivos sobre como deveríamos agir.

No livro *Genealogia da moral*, ele descreve a situação na Grécia antiga, quando poderosos heróis aristocratas construíam suas vidas tendo como base as ideias de honra, vergonha e heroísmo na batalha, e não as ideias de bondade, generosidade e culpa por agir errado.

Esse é o mundo descrito pelo poeta grego Homero na *Odisseia* e na *Ilíada*. Nesse mundo de heróis, quem tinha menos poder, ou seja, os escravos e os fracos, invejava os poderosos. Os escravos canalizavam a inveja e o ressentimento para os poderosos. Eles usavam os valores dos aristocratas de uma maneira bastante equivocada. Em vez de celebrar a força e o poder como os aristocratas, os escravos transformavam a generosidade e o cuidado com os mais fracos em virtudes. Essa moral escrava, como Nietzsche a chama, tratava os atos dos poderosos como maus e os sentimentos dos companheiros como bons.

A ideia de que uma moral da bondade teve início no sentimento de inveja foi desafiadora. Nietzsche demonstrou uma forte preferência pelos valores dos aristocratas, a celebração dos heróis fortes e guerreiros, em relação à moral cristã da compaixão pelos fracos. O cristianismo e a moral derivada dele supõem que todos os indivíduos têm o mesmo valor; Nietzsche considerava que isso era um grande erro. Seus heróis da arte, como Beethoven e Shakespeare, eram muito mais superiores do que o rebanho. A mensagem parece ser a de que os valores cristãos, que surgiram da inveja em primeiro lugar, estavam refreando a humanidade. Talvez o custo disso fosse que os fracos seriam pisoteados, mas valia a pena pagar esse preço pela glória e pela realização que isso daria aos mais poderosos.

Em *Assim falou Zaratustra* (1883-1892), Nietzsche escreveu sobre o *Übermensch* ou "Sobre-homem". O termo descreve uma pessoa imaginada no futuro que não está presa aos códigos morais convencionais, mas vai além deles, criando novos valores. Talvez influenciado pelo próprio entendimento da teoria da evolução de Charles Darwin, Nietzsche tenha visto o *Übermensch* como o próximo passo no desenvolvimento da humanidade. Isso é um pouco preocupante, porque parece dar suporte às pessoas que se veem como heroicas e querem seguir o próprio caminho sem pensar nos interesses dos outros. E, pior ainda, foi uma ideia que os nazistas tiraram da obra de Nietzsche e usaram para sustentar suas visões deformadas sobre uma raça dominante, embora a maioria dos acadêmicos diga que os nazistas distorceram o que Nietzsche realmente escreveu.

Nietzsche foi infeliz no que se refere ao fato de sua irmã Elisabeth ter controlado o destino de sua obra depois de perder a sanidade e ainda por mais 35 anos depois de sua morte. Ela era uma nacionalista alemã do pior tipo, além de antissemita. Ela passou em revista os cadernos do irmão, selecionando as ideias com as quais ela concordava e deixando de fora tudo o que criticava a Alemanha ou não servisse de base para o seu ponto de vista racista. Sua versão das ideias de Nietzsche, publicada como *Vontade de potência*, transformou sua obra em uma propaganda para o nazismo, e Nietzsche tornou-se um autor permitido no Terceiro Reich. É altamente improvável que, se tivesse vivido mais tempo, ele tivesse alguma relação com o nazismo. Contudo, é inegável que há diversas linhas em sua obra que defendem o direito dos mais fortes de destruírem os mais fracos. Segundo ele, não é à toa que os carneiros odeiam aves de rapina. Mas isso não significa que devemos desprezar as aves de rapina por capturarem e devorarem os carneiros.

Ao contrário de Immanuel Kant, que celebrava a razão, Nietzsche sempre enfatizou como as emoções e as forças irracionais exercem um papel importante na construção dos valores humanos. É quase certo que suas visões tenham influenciado Sigmund Freud, cuja obra explorou a natureza e o poder dos desejos inconscientes.

CAPÍTULO 30

Pensamentos disfarçados

SIGMUND FREUD

PODEMOS REALMENTE CONHECER A NÓS MESMOS? Os antigos filósofos acreditavam que sim. Mas e se estivessem errados? E se houver partes da mente que não podemos alcançar diretamente, como quartos permanentemente fechados de modo que nunca conseguimos entrar neles?

As aparências podem ser enganadoras. Quando vemos o sol de manhã, ele parece surgir além do horizonte. Durante o dia, ele se move pelo céu e depois finalmente se põe. É tentador pensar que ele viaja ao redor da Terra. Durante muitos séculos, as pessoas estavam convencidas disso. Mas estavam erradas. No século XVI, o astrônomo Nicolau Copérnico percebeu isso, embora outros astrônomos tivessem tido suas suspeitas antes dele. A revolução copernicana, ideia de que nosso planeta não é o centro do sistema solar, foi recebida como um choque.

Eis que em meados do século XIX surge outra surpresa, como vimos no Capítulo 25. Até então, parecia provável que os seres humanos eram completamente diferentes dos animais e que haviam sido criados por Deus. Contudo, a teoria da evolução pela seleção natural, elaborada por Charles Darwin, mostrou que os seres humanos têm ancestrais comuns com os primatas e que não havia necessidade de supor que Deus havia nos criado. Um processo impessoal era o responsável por nossa existência. A teoria de Darwin explicou como descendemos de criaturas parecidas com macacos e o quanto estamos próximos deles. Os efeitos da revolução darwiniana são sentidos até hoje.

De acordo com Sigmund Freud (1856-1939), a terceira grande revolução no pensamento humano havia sido causada por sua própria descoberta: o inconsciente. Ele percebeu que grande parte das nossas ações é movida por desejos escondidos de nós. Não podemos acessá-los diretamente, mas isso não impede que eles afetem o que fazemos. Há coisas que queremos fazer e não percebemos que queremos fazê-las. Esses desejos inconscientes exercem uma influência profunda em nossa vida e na maneira como organizamos a sociedade. Eles são a fonte dos melhores e piores aspectos da civilização humana. Freud foi responsável por essa descoberta, embora uma ideia semelhante possa ser encontrada em alguns escritos de Friedrich Nietzsche.

Freud, psiquiatra que começou a carreira como neurologista, morava em Viena quando a Áustria ainda fazia parte do Império Austro-Húngaro. Filho de um pai judeu da classe média, Freud era típico de muitos jovens bem-educados e estabelecidos nessa cidade cosmopolita no final do século XIX. Seu trabalho com diversos pacientes jovens, no entanto, direcionou sua atenção cada vez mais para partes da psique que ele acreditava estarem regendo o comportamento dos pacientes, criando problemas por meio de mecanismos dos quais eles não tinham consciência. Freud era fascinado pela histeria e por outros tipos de neurose. Essas pacientes histéricas, mulheres em sua maioria, geralmente eram sonâmbulas, alucinavam e até desenvolviam paralisias. Porém, não se sabia o que causava tudo isso: os médicos não conseguiam encontrar uma causa física para os sintomas. Por meio de uma atenção cuidadosa voltada para as descrições que os pacientes davam de seus problemas e munido das histórias pessoais desses pacientes, Freud propôs a ideia de que a verdadeira fonte dos problemas dessas pessoas era um tipo de memória ou desejo perturbador. Essa memória ou desejo era inconsciente, e as pessoas não faziam ideia de que os tinham.

Freud pedia que seus pacientes se deitassem em um divã e falassem tudo o que lhes viesse à mente, e isso costumava fazê-los se sentir muito melhor à medida que liberavam suas ideias. Essa "livre associação", que permite um fluxo de ideias, gerou resultados surpreendentes, tornando consciente o que antes era inconsciente. Ele também pedia que os pacientes relatassem seus sonhos. De alguma maneira, essa "cura pela fala" destravava os pensamentos problemáticos e eliminava alguns dos sintomas. Era como se o ato da fala liberasse a pressão causada pelas ideias com as quais os pacientes não queriam se confrontar. Foi o nascimento da psicanálise.

Mas não são apenas os pacientes neuróticos e histéricos que têm desejos e memórias inconscientes. Segundo Freud, todos nós temos. É por conta disso que a vida em sociedade é possível. Escondemos de nós mesmos o que realmente sentimos e queremos fazer. Alguns desses pensamentos são violentos, e muitos deles, sexuais. São perigosos demais para serem liberados. Muitos se formam quando ainda somos crianças. Acontecimentos muito antigos na vida da criança podem reaparecer na idade adulta. Por exemplo, Freud pensava que todos os homens têm o desejo inconsciente de matar o pai e fazer sexo com a mãe. Trata-se do famoso complexo de Édipo, que recebe esse nome por causa de Édipo, que na mitologia grega cumpriu a profecia de que mataria o pai e se casaria com a mãe (sem saber que estava fazendo as duas coisas). Para algumas pessoas, esse estranho desejo precoce modela completamente sua vida sem que elas percebam. Algo na mente delas impede que esses pensamentos mais obscuros surjam de uma forma reconhecível. Contudo, o que quer que impeça que esses e outros desejos inconscientes se tornem conscientes não é de todo bem-sucedido. Os pensamentos conseguem escapar, mas disfarçados. Eles surgem nos sonhos, por exemplo.

Para Freud, os sonhos eram "a estrada real para o inconsciente", uma das melhores maneiras de descobrir pensamentos escondidos. As coisas que vemos e vivenciamos nos sonhos não são o que parecem. Há o conteúdo de superfície, o que parece estar acontecendo, mas o conteúdo *latente* é o verdadeiro significado do sonho. É isso que o psicanalista tenta entender. Aquilo que encontramos nos sonhos são símbolos que representam os desejos escondidos em nossa mente inconsciente. Sendo assim, por exemplo, um sonho que envolve uma cobra, um guarda-chuva ou uma espada geralmente é um sonho sexual disfarçado. A cobra, o guarda-chuva e a espada são clássicos "símbolos freudianos" – representam o pênis. De modo semelhante, a imagem de uma bolsa ou de uma caverna em um sonho representa a vagina. Se você acha essa ideia chocante ou absurda, Freud provavelmente lhe diria que isso ocorre porque sua mente está protegendo-o de reconhecer os pensamentos sexuais que habitam sua mente.

Podemos também vislumbrar desejos inconscientes por meio dos atos falhos, ou deslizes freudianos, quando acidentalmente revelamos desejos que não percebemos que temos. Muitos apresentadores de jornais televisivos tropeçam em um nome ou frase e acidentalmente falam uma obscenidade. Um freudiano diria que isso acontece com frequência demais para que seja apenas obra do acaso.

Nem todos os desejos inconscientes são sexuais ou violentos. Alguns revelam um conflito fundamental. Podemos querer algo em nível consciente, e não quer em nível inconsciente. Imagine que você precise passar numa prova importantíssima para ingressar na universidade. Conscientemente, você se esforça como pode para se preparar para a prova. Estuda os assuntos relevantes que caíram em provas passadas, rascunha respostas para possíveis perguntas e verifica se colocou o relógio para despertar cedo, de modo que não se atrase. Tudo parece correr bem. Você acorda no horário, toma o café da manhã, pega o ônibus e percebe que vai chegar um pouco adiantado. Nesse momento, você dorme sem querer dentro do ônibus. Porém, quando acorda, percebe que, para seu horror, você passou do ponto onde deveria descer e agora está em uma parte da cidade completamente diferente e que não há chance de chegar ao lugar certo a tempo de fazer a prova. O seu medo das consequências de passar no exame parece ter sobrepujado seus esforços conscientes. Em um nível profundo, você não quer ter sucesso. Seria assustador demais admitir esse desejo para si mesmo, mas é ele que seu inconsciente está lhe mostrando.

Freud aplicava essa teoria não só aos pacientes neuróticos, mas também a crenças culturais comuns. Em particular, ele deu uma explicação psicanalítica do motivo de as pessoas serem tão atraídas pela religião. Talvez você acredite em Deus e até sinta a presença dele em sua vida. Mas Freud tinha uma explicação para o lugar de onde vinha sua crença em Deus. Talvez você pense que acredita em Deus porque ele existe, mas Freud achava que você acredita em Deus porque ainda sente a necessidade de proteção que sentia quando era criança. Na visão de Freud, todas as civilizações basearam-se nessa ilusão – a ilusão de que existe uma forte figura paterna em algum lugar lá fora que irá satisfazer suas necessidades não satisfeitas de proteção. Contudo, esse pensamento é ilusório – acreditar que existe um Deus porque temos no coração um grande desejo de que ele exista. Tudo isso procede do desejo inconsciente de ser protegido e cuidado que surge no início da infância. A ideia de Deus é reconfortante para os adultos que ainda têm esses sentimentos trazidos da infância, muito embora não percebam de onde vieram esses sentimentos e efetivamente reprimam a ideia de que sua religião origina-se inteiramente de uma necessidade psicológica não satisfeita e profunda, e não da existência de Deus.

De um ponto de vista psicológico, a obra de Freud colocou em questão muitas suposições que pensadores como René Descartes fizeram sobre a mente. Descartes acreditava que a mente era transparente para si mesma. Ele acreditava que, quando temos um pensamento, somos de fato capazes de ter consciência dele. Depois de Freud, a possibilidade da atividade mental inconsciente teve de ser reconhecida.

A base das ideias de Freud não é aceita por todos os filósofos, embora muitos aceitem que ele estava certo sobre a possibilidade do pensamento inconsciente. Alguns argumentaram que as teorias de Freud não eram científicas. Mais notavelmente, Karl Popper (cujas ideias são discutidas em mais detalhes no Capítulo 36) descreveu muitas das ideias da psicanálise como "não refutáveis", o que não era um elogio, mas sim uma crítica. Para Popper, a essência da pesquisa científica era o fato de ela poder ser testada, ou seja, de poder haver alguma observação possível que mostraria que ela era falsa. No exemplo de Popper, as ações de um homem que empurrava uma criança em um rio e de um homem que entrava na água para salvar uma criança do afogamento eram, como todo comportamento humano, igualmente abertas à explicação freudiana. Independentemente de alguém tentar afogar ou salvar uma criança, a teoria de Freud poderia explicar tal atitude. Ele provavelmente diria que o primeiro homem estava reprimindo algum aspecto de seu conflito edípico, o que o levaria a um comportamento violento, enquanto o segundo homem havia "sublimado" seus desejos inconscientes, ou seja, conseguiu direcioná-los para ações socialmente úteis. Popper acreditava que, se toda observação possível é tomada como evidência de que a teoria é verdadeira – qualquer que seja a observação – e se nenhuma evidência imaginável pudesse demonstrá-la como falsa, a teoria não poderia ser científica de maneira nenhuma. Freud, por outro lado, teria argumentado que Popper tinha algum tipo de desejo reprimido que o tornou agressivo em relação à psicanálise.

Bertrand Russell, que tinha um estilo de pensamento muito diferente do de Freud, compartilhava o desgosto pela religião e acreditava que ela era a principal fonte da infelicidade humana.

CAPÍTULO 31

O atual rei da França é careca?

BERTRAND RUSSELL

AS PRINCIPAIS PREOCUPAÇÕES DE BERTRAND RUSSELL quando jovem eram o sexo, a religião e a matemática – tudo na esfera teórica. Em sua longa vida (ele morreu em 1970 aos 97 anos), ele acabou sendo controverso em relação ao primeiro item, atacou o segundo e fez contribuições importantes para o terceiro.

As visões de Russell sobre o sexo causaram-lhe problemas. Em 1929, ele publicou *Casamento e moral*, livro no qual questionou as visões cristãs sobre a importância de ser fiel ao parceiro. Ele não concordava com a fidelidade. Muitas pessoas torceram o nariz na época. Não que isso incomodasse Russell. Ele já havia passado seis meses na prisão de Brixton por falar abertamente contra a Primeira Guerra Mundial em 1916. No final da vida, ajudou a fundar a Campanha pelo Desarmamento Nuclear (CDN), um movimento internacional em oposição às armas de destruição em massa. Esse velhinho alegre e jovial lideraria comícios na década de 1960 ainda em oposição à guerra como havia sido quando jovem, cerca de cinquenta anos antes. Nas palavras dele: "Ou os homens abolirão a guerra, ou a guerra abolirá os homens". Até agora, nenhuma das duas coisas aconteceu.

Ele foi igualmente franco e provocador em relação à religião. Para Russell, não havia nenhuma chance de Deus intervir para salvar a humanidade: nossa única chance consiste em usarmos o poder da razão. Segundo ele, as pessoas eram atraídas pela religião porque tinham medo de morrer. A religião as confortava. Era muito reconfortante acreditar na existência de um Deus que puniria as pessoas más, mesmo que se livrassem de um assassinato e de coisas piores na Terra. Mas isso não é verdade. Deus não existe. E a religião quase sempre produziu mais miséria do que felicidade. Russell reconhecia que o budismo era diferente de todas as outras religiões, mas o cristianismo, o islamismo, o judaísmo e o hinduísmo tinham de se responsabilizar por muita coisa. No decorrer da história, tais religiões foram a causa de guerras, ódio e sofrimento. Milhões de pessoas morreram por causa delas.

Disso deve ficar claro que, apesar de ser um pacifista, Russell estava preparado para enfrentar e lutar (ao menos com ideias) por aquilo que acreditava ser correto e justo. Mesmo como pacifista, ele ainda pensava que em casos raros, como a Segunda Guerra Mundial, lutar seria a opção mais válida.

Russell nasceu como aristocrata inglês em uma família distinta: seu título oficial era o de Terceiro Conde Russell. Tinha um tipo de aparência notavelmente esnobe, sorriso extrovertido e olhos cintilantes. Sua voz o denunciava como membro das classes mais altas. Em gravações, ele soa como alguém de outro século – o que não deixava de ser: nasceu em 1872, então era verdadeiramente um vitoriano. Seu avô por parte de pai, lorde John Russell, foi primeiro-ministro.

O "padrinho" não religioso de Bertrand foi o filósofo John Stuart Mill (assunto do Capítulo 24). Infelizmente eles não se conheceram, pois Mill morreu quando Russell ainda era bebê, mas ele exerceu grande influência no desenvolvimento de Russell. Ler a *Autobiografia* (1873) de Mill foi o que levou Russell a rejeitar Deus. Antes, ele acreditava no argumento da primeira causa. Esse argumento, usado por Tomás de Aquino e outros, afirma que tudo deve ter uma causa e que a causa de tudo, a primeira de todas as causas na cadeia de causa e efeito, deve ser Deus. Mas quando Mill fez a pergunta "O que causou Deus?", Russell percebeu o problema lógico do argumento da primeira causa. Se existe algo que não tem uma causa, então não pode ser verdade que "tudo tem uma causa". Para Russell, fazia mais sentido pensar que até mesmo Deus teve uma causa, em vez de acreditar que algo simplesmente pudesse existir sem ser causado por outra coisa.

Assim como Mill, Russell teve uma infância incomum e não particularmente feliz. Seus pais morreram quando ele era muito jovem, e sua avó, que cuidava dele, era rigorosa e um pouco distante. Educado em casa por professores particulares, afundou-se nos estudos e tornou-se um matemático brilhante, vindo a lecionar na Universidade de Cambridge. Mas o que realmente o fascinava era o que tornava a matemática verdadeira. Por que 2 + 2 = 4? Sabemos que isso é verdade. Mas por quê? Esse questionamento levou-o quase imediatamente para a filosofia.

Como filósofo, seu verdadeiro amor era a lógica, assunto que ficava no limiar entre a filosofia e a matemática. Os lógicos estudam a estrutura do raciocínio, geralmente usando símbolos para expressar suas ideias. Ele ficou fascinado pelo ramo da matemática e da lógica chamado teoria dos conjuntos. A teoria dos conjuntos parecia ser a promessa para explicar a estrutura de todo o nosso raciocínio, mas Russell descobriu um grande problema nessa ideia: ela levava à contradição. Ele demonstrou esse problema em um famoso paradoxo nomeado em sua homenagem.

Vejamos um exemplo do paradoxo de Russell. Imagine um vilarejo onde há um barbeiro cujo trabalho seja barbear todas (e somente) as pessoas que não se barbeiam. Se eu morasse lá, eu provavelmente me barbearia – não acho que seria organizado o suficiente para ir ao barbeiro todos os dias e eu posso me barbear perfeitamente bem. Além disso, ir ao barbeiro provavelmente ficaria muito caro pra mim. Mas se eu decidisse que não quero me barbear, o barbeiro seria aquele que o faria para mim. Como fica o barbeiro nessa história? Ele tem permissão para barbear somente quem não se barbeia. Por essa regra, ele sequer poderia barbear *a si mesmo*, pois só pode barbear quem não se barbeia. A situação ficaria difícil para ele. De modo geral, se alguém não pudesse se barbear no vilarejo, procuraria o barbeiro. Todavia, a regra não permitiria que o barbeiro fizesse isso, porque isso o colocaria na situação de alguém que barbeia a si próprio – mas o barbeiro só pode barbear aqueles que não barbeiam a si próprios.

Essa situação parece levar a uma contradição direta – dizer que algo é tanto verdadeiro quanto falso. Um paradoxo é isso. Algo bastante complicado. Russell descobriu que, quando um conjunto refere-se a si próprio, surge esse tipo de paradoxo. Vejamos outro famoso exemplo: "Esta frase é falsa". Isso também é um paradoxo. Se as palavras

"Esta frase é falsa" significam o que parecem significar (e são verdadeiras), então a frase é falsa – o que significa que o que ela declara é verdadeiro! Isso parece sugerir que a frase é verdadeira e falsa ao mesmo tempo. Esta é uma parte básica da lógica. Portanto, eis o paradoxo.

Esses enigmas são interessantes em si mesmos. Não há uma solução fácil para eles, o que parece estranho. Contudo, eles eram muito mais importantes ainda para Russell, pois revelavam que algumas das suposições básicas feitas pelos lógicos no mundo todo a respeito da teoria dos conjuntos estavam equivocadas. Seria preciso começar de novo.

Outro interesse importante para Russell era como o que dizemos se relaciona com o mundo. Ele sentia que, se conseguisse descobrir o que tornava uma declaração verdadeira ou falsa, estaria fazendo uma contribuição significativa para o conhecimento humano. Mais uma vez, ele estava interessado nas questões abstratas por trás de todo o nosso conhecimento. Grande parte de sua obra dedicava-se a explicar a estrutura lógica que subjaz às declarações que fazemos. Ele sentia que nossa linguagem era muito menos precisa do que a lógica. A linguagem comum precisava ser analisada – desmembrada – para que revelasse sua forma lógica subjacente. Ele estava convencido de que o segredo para avançar em todas as áreas da filosofia era esse tipo de análise lógica da linguagem, que envolvia traduzi-la em termos mais precisos.

Por exemplo, tomemos a frase "A montanha de ouro não existe". É provável que todos concordem que a sentença é verdadeira porque não há montanha feita de ouro em nenhum lugar do mundo, ou seja, a frase parece estar dizendo algo sobre uma coisa que não existe. O sintagma "a montanha de ouro" parece referir-se a algo real, mas sabemos que não. Trata-se de um quebra-cabeça para os lógicos. Como podemos falar de maneira significativa sobre coisas que não existem? Por que a frase não é de todo sem sentido? Uma resposta, dada pelo lógico austríaco Alexius Meinong, era a de que todas as coisas nas quais podemos pensar e das quais podemos falar de modo significativo *existem*. Nessa visão, a montanha de ouro deve existir, mas de um modo especial que ele chamou de "subsistência". Ele também pensava que unicórnios e o número 27 "subsistem" dessa maneira.

O modo de pensar de Meinong a respeito da lógica não parecia correto para Russell, pois era muito estranho. Significava que o mundo era cheio de coisas que existem em um sentido, mas não em outro. Russell concebeu uma maneira mais simples de explicar como aquilo que dizemos se relaciona com o que existe. A isso damos o nome de teoria das descrições. Tomemos como exemplo a estranha frase (uma das prediletas de Russell) "O atual rei da França é careca". Mesmo no início do século XX, quando Russell escrevia, não havia rei na França, que se livrara de todos os reis e rainhas durante a Revolução Francesa. Então, como ele podia dar sentido a essa frase? A resposta de Russell foi que, como a maioria das frases na linguagem comum, ela não era na verdade o que parecia.

Eis o problema. Se quisermos dizer que a frase "O atual rei da França é careca" é falsa, parece que estaremos comprometidos a dizer que existe um atual rei na França que não é careca. Mas isso certamente não é o que queremos dizer. Não acreditamos que haja um atual rei da França. A análise de Russell foi a seguinte. Uma declaração do tipo "O atual rei da França é careca" na verdade é uma espécie de descrição oculta. Quando falamos sobre "O atual rei da França é careca", a forma lógica subjacente à nossa ideia é esta:

Existe algo que é o atual rei da França.
Só existe uma coisa que é o atual rei da França.
Qualquer coisa que for o atual rei da França é careca.

Essa complicada forma de esclarecer as coisas permitiu que Russell mostrasse que "O atual rei da França é careca" pode fazer algum sentido mesmo que não exista um rei atual da França. Faz sentido, mas é falso. Diferentemente de Meinong, ele não precisava imaginar que o atual rei da França existisse de fato (ou subsistisse) para falar nele e pensar sobre ele. Para Russell, a frase "O atual rei da França é careca" é falsa porque o atual rei da França não existe. A frase sugere que ele exista; portanto, a sentença é falsa, e não verdadeira. A frase: "O atual rei da França *não* é careca" também é falsa pela mesma razão.

Russell começou o que às vezes é chamado de "virada linguística" na filosofia, um movimento no qual os filósofos começaram a pensar profundamente sobre a linguagem e sua forma lógica subjacente. A. J. Ayer fez parte desse movimento.

CAPÍTULO 32

Boo! Hooray!

ALFRED JULES AYER

NÃO SERIA MARAVILHOSO SE TIVÉSSEMOS uma maneira de saber quando alguém estivesse falando besteiras? Jamais seríamos enganados de novo. Poderíamos dividir tudo o que ouvíamos ou líamos em declarações que fazem sentido e declarações que não passam de contrassensos e não valem o tempo perdido com elas. A. J. Ayer (1910-1989) acreditava ter descoberto uma maneira de fazer isso. Ele a chamava de princípio de verificação.

Depois de passar alguns meses na Áustria no início da década de 1930 frequentando reuniões de um grupo de cientistas e filósofos brilhantes conhecido como Círculo de Viena, Ayer voltou para Oxford, onde trabalhava como professor assistente. Aos 24 anos, ele escreveu um livro no qual declarou que a maior parte da história da filosofia era uma tagarelice sem nexo – um completo contrassenso mais ou menos inútil. O livro, publicado em 1936, chamava-se *Linguagem, verdade e lógica*. Fazia parte de um movimento conhecido como positivismo lógico, um movimento que celebrava a ciência como o maior dos feitos humanos.

"Metafísica" é uma palavra usada para descrever o estudo de qualquer realidade subjacente aos nossos sentidos, o tipo de coisa na qual Kant, Schopenhauer e Hegel acreditavam. Para Ayer, no entanto, "metafísica" era uma palavra suja; ele era contra ela. Ayer só estava interessado no que podia ser conhecido por meio da lógica ou dos sentidos. Contudo, a metafísica muitas vezes ia além disso e descrevia realidades que não podiam ser investigadas científica ou conceitualmente. No que se refere a Ayer, isso significava que ela não tinha absolutamente uso nenhum e deveria ser descartada.

Não é de surpreender que *Linguagem, verdade e lógica* tenha irritado tanta gente. A maioria dos filósofos mais velhos em Oxford odiou o livro, e ficou mais difícil para Ayer arranjar emprego. Todavia, irritar os outros é algo que os filósofos vêm fazendo há centenas de anos, numa tradição que começou com Sócrates. Mesmo assim, escrever um livro que atacava tão abertamente a obra de alguns dos maiores filósofos da história era uma atitude muito corajosa.

A maneira que Ayer encontrou de distinguir frases com sentido de frases sem sentido foi a seguinte. Pegue qualquer frase e faça essas duas perguntas:

Ela é verdadeira por definição?
É empiricamente verificável?

Se não fosse nenhuma das duas coisas, não fazia sentido. Este era seu duplo teste da significação. Somente declarações verdadeiras por definição ou empiricamente variáveis teriam utilidade para os filósofos. Precisamos explicar isso melhor. Exemplos de declarações verdadeiras por definição são "Todas as avestruzes são aves" ou "Todos os irmãos são do sexo masculino". São juízos *analíticos* na terminologia de Kant (ver Capítulo 19). Não é preciso ir lá fora analisar avestruzes para saber que são pássaros – isso faz parte da definição de avestruz. E é óbvio que não seria possível ter um irmão do sexo feminino – ninguém jamais descobrirá um irmão assim, podemos ter certeza; não sem uma mudança de sexo em algum momento da vida. Declarações verdadeiras por definição trazem à tona o que está implícito nos termos que usamos.

Declarações empiricamente verificáveis (juízos "sintéticos" nos termos de Kant), em contrapartida, podem nos dar um conhecimento genuíno. Para que uma declaração seja empiricamente verificável, tem de haver algum teste ou observação que mostre se ela é verdadeira ou falsa. Por exemplo, se alguém diz "todos os golfinhos comem peixe", poderíamos pegar alguns golfinhos, oferecer-lhes peixes e ver se eles comem. Se descobrirmos que um golfinho nunca come peixe, saberemos que a declaração era falsa. Para Ayer, ainda assim ela seria uma declaração verificável, pois ele usava a palavra "verificável" para se referir tanto a "verificável" quanto a "refutável" (ou "falsificável"). Declarações empiricamente verificáveis eram todas declarações factuais: referem-se ao modo como o mundo é. Deve haver alguma observação que dê suporte a elas ou as destrua. A ciência é nossa melhor maneira de examiná-las.

Segundo Ayer, se a frase não fosse nem verdadeira por definição, nem empiricamente verificável (ou refutável), ela não faria sentido. Simples assim. Esse aspecto da filosofia de Ayer foi tomado diretamente da obra de David Hume. Hume disse, não de maneira tão séria, que deveríamos queimar os livros de filosofia que não passaram no teste porque continham nada além de "sofística e ilusão". Ayer retrabalhou as ideias de Hume para o contexto do século XX.

Desse modo, se tomamos a frase "Alguns filósofos têm barba", fica plenamente claro que não se trata de uma frase verdadeira por definição, pois não faz parte da definição de filósofo que alguns deles precisam ter pelos no rosto. Mas é empiricamente verificável, pois é algo de que podemos obter evidências. Tudo o que precisamos fazer é olhar para uma série de filósofos. Se encontrarmos alguns com barba, o que é bem provável de acontecer, então podemos concluir que a sentença é verdadeira. Ou se, depois de olhar para muitas centenas de filósofos, não encontrarmos nenhum que tenha barba, poderemos concluir que a frase "Alguns filósofos têm barba" é provavelmente falsa, portanto não podemos ter certeza sem examinar todos os filósofos que existem. De todo modo, sendo verdadeira ou falsa, a frase é significativa.

Compare com a frase "Meu quarto está cheio de anjos invisíveis que não deixam rastros". Isso também não é verdadeiro por definição. Mas é empiricamente verificável? Parece que não. Não há maneira imaginável de detectar esses anjos invisíveis se eles não deixarem rastros. Não podemos tocá-los ou cheirá-los. Eles não deixam pegadas, não fazem barulho. Por isso, a frase é um contrassenso, mesmo que pareça fazer sentido. É uma frase gramaticalmente correta; porém, como declaração sobre o mundo, não é nem verdadeira, nem falsa. É sem sentido.

Isso pode ser bastante difícil de entender. A frase "Meu quarto está cheio de anjos que não deixam rastros" parece dizer algo. Todavia, para Ayer, ela não contribui com absolutamente nada para o conhecimento humano, embora talvez soe poética ou possivelmente possa contribuir para uma obra de ficção.

Ayer não atacava somente a metafísica: a ética e a religião também eram alvos. Por exemplo, uma de suas conclusões mais contestadoras foi o fato de que os juízos morais são literalmente um contrassenso. Parecia um ultraje dizer isso, mas essa será a conclusão resultante se usarmos o duplo-teste de Ayer nos juízos morais. Segundo ele, quando dizemos "torturar é errado" estamos apenas dizendo "tortura, boo!". Estamos revelando nossas emoções pessoais sobre a questão, em vez de fazer uma declaração que poderia ser verdadeira ou falsa, porque "torturar é errado" não é verdadeira por definição, tampouco é algo que poderíamos provar ou refutar como um fato. Não há um teste que possamos fazer para decidir a questão, acreditava Ayer – algo que utilitaristas como Jeremy Bentham e John Stuart Mill teriam contestado, pois teriam medido a felicidade resultante.

Na análise de Ayer, portanto, não faz o menor sentido dizer "torturar é errado", pois esse é o tipo de frase que nunca será verdadeira nem falsa. Quando dizemos "A compaixão é um bem", estamos apenas mostrando como nos sentimos: é o mesmo que dizer "compaixão, hooray!". Não é de surpreender que a teoria de Ayer sobre a ética, chamada emotivismo, costume ser descrita como teoria do "boo/hooray!". Algumas pessoas interpretam Ayer como se ele estivesse dizendo que a moral não importa, que podemos escolher fazer o que quisermos. Mas a questão não é essa. Ele queria dizer que não pode ter nenhuma conversa significativa sobre essas questões em termos de valores, mas acreditava que, na maioria dos debates sobre o que deveríamos fazer, fatos eram discutidos, e são empiricamente verificáveis.

Em outro capítulo de *Linguagem, verdade e lógica*, Ayer atacou a ideia de que podíamos falar significativamente sobre Deus. Ele argumentava que a declaração "Deus existe" não era nem verdadeira, nem falsa; outra vez, ele pensava que não fazia sentido. Por essa razão, não seria verdadeira por definição (por mais que algumas pessoas, na esteira de Santo Anselmo, usem o argumento ontológico para dizer que Deus necessariamente existe). E não havia um teste que pudéssemos fazer para provar a existência ou a não existência de Deus – posto que ele rejeitava o argumento do desígnio. Desse modo, Ayer não era nem teísta (quem acredita em Deus), tampouco ateísta (quem acredita que Deus não existe). Ao contrário, ele pensava que "Deus existe" não passava de mais uma declaração sem sentido – algumas pessoas dão a essa postura o nome de "ignosticismo". Ayer, então, era um "ignótico", tipo especial de pessoa que pensa que todos os discursos sobre a existência ou não existência de Deus são um completo contrassenso.

Apesar disso, Ayer teve um choque muito grande já no fim da vida, quando teve uma experiência de quase morte depois de engasgar com uma espinha de salmão e perder a consciência. O coração dele parou por quatro minutos. Durante esse tempo, ele teve a clara visão de uma luz vermelha e de dois "mestres do universo" conversando um com o outro. Essa visão não o fez acreditar em Deus, longe disso, mas o fez questionar sua certeza sobre se a mente poderia continuar a existir depois da morte.

O positivismo lógico de Ayer, para sua infelicidade, deu as ferramentas para sua própria destruição. A teoria em si não parecia passar em seu próprio teste. Primeiro, não está claro que a teoria seja verdadeira por definição. Segundo, não há nenhuma observação que possa prová-la ou contestá-la. Então, por seus próprios critérios, ela é insignificante.

Para aqueles que recorreram à filosofia buscando uma ajuda para responder às perguntas de como viver, a filosofia de Ayer foi de muito pouco uso. Mais promissor em vários aspectos foi o existencialismo, movimento que surgiu na Europa durante e imediatamente após a Segunda Guerra Mundial.

CAPÍTULO 33

A angústia da liberdade

Jean-Paul Sartre, Simone de Beauvoir e Albert Camus

Se pudéssemos voltar no tempo até 1945 e entrar num café em Paris chamado Les Deux Magots [Os dois sábios], perceberíamos um homem estrábico sentado perto de nós, fumando cachimbo e escrevendo em um caderno. Esse homem é Jean-Paul Sartre (1905-1980), o mais famoso dos filósofos existencialistas. Ele também foi romancista, dramaturgo e biógrafo. Passou a maior parte da vida morando em hotéis e escreveu grande parte da sua obra em cafés. Ele não parecia uma figura cultuada, mas foi o que se tornou em pouquíssimos anos.

Muitas vezes, Sartre juntava-se a uma mulher bonita e extremamente inteligente, Simone de Beauvoir (1908-1986). Eles se conheciam desde a universidade, e ela foi a companheira de Sartre por toda a vida, embora eles não tenham se casado, nem morado juntos. Eles tinham outras relações, mas a deles foi a mais duradoura delas – eles a descreviam como "essencial" e todas as outras como "contingentes" (ou "não necessárias"). Assim como Sartre, ela era filósofa e romancista. Simone escreveu um importante livro chamado *O segundo sexo* (1949), uma das primeiras obras feministas da história.

Durante a maior parte da Segunda Guerra Mundial, que havia acabado de terminar, Paris foi ocupada pelas forças nazistas. A vida foi muito difícil para os franceses. Algumas pessoas conseguiram se juntar aos soldados da Resistência francesa e lutaram contra os alemães. Outras colaboravam com os nazistas e traíam os amigos para salvar a si próprias. A comida era escassa, havia tiroteios nas ruas. As pessoas desapareciam e nunca mais eram vistas. Os judeus de Paris foram mandados para campos de concentração, onde a maioria foi assassinada.

Quando os aliados derrotaram a Alemanha, chegou a hora de começar de novo. Houve tanto um alívio pelo término da guerra quanto a sensação de que o passado havia sido deixado para trás. Era o momento de refletir sobre que tipo de sociedade deveria existir. Depois das coisas terríveis que aconteceram na guerra, todas as pessoas faziam-se as mesmas perguntas que os filósofos faziam, como "Qual o propósito da vida?", "Deus existe?" ou "Devo sempre fazer o que esperam que eu faça?".

Sartre já havia escrito um longo livro, de difícil leitura, chamado *O ser e o nada* (1943), publicado durante a guerra. O tema central do livro era a liberdade. Os seres humanos são livres, uma mensagem estranha para a França ocupada, onde a maioria dos franceses sentia-se – ou realmente era – prisioneira no próprio país. No entanto, Sartre queria dizer que, diferentemente de um canivete, por exemplo, o ser humano não havia sido criado para fazer nada em particular. Sartre não acreditava haver um Deus que pudesse nos ter criado, então rejeitou a ideia de que Deus tinha um propósito para nós. O canivete era feito para cortar. Essa era sua essência, o que o fazia ser o que era. Mas o ser humano era criado para quê? Seres humanos não têm essência. Sartre acreditava que não estamos aqui por alguma razão. Não há um modo particular de ser para que sejamos humanos. O ser humano pode escolher o que fazer, o que se tornar. Todos nós somos livres. Ninguém, além de nós mesmos, decide o que fazemos de nossas próprias vidas. Até mesmo quando deixamos os outros decidirem como devemos viver, estamos escolhendo. Seria uma escolha ser o tipo de pessoa que os outros esperam que sejamos.

É claro que nem sempre é possível ter sucesso quando você escolhe fazer alguma coisa, e o motivo do fracasso pode ser algo totalmente fora do seu controle. Mas você é responsável por querer fazê-la, por tentar fazê-la e por como reage ao fracasso por não ter sido capaz de fazê-la.

É difícil lidar com a liberdade, e a maioria de nós foge dela. Uma das formas de se esconder é fingir que não somos livres. Se Sartre está correto, não podemos ter desculpas: somos completamente responsáveis pelo que fazemos todos os dias e pela maneira como nos sentimos pelo que fazemos. Em última análise, pelas emoções que temos. Segundo Sartre, é sua escolha estar triste neste momento, caso esteja. Você não precisa estar triste. Se estiver, é responsável pela tristeza. Mas isso é assustador, e algumas pessoas prefeririam não encarar tal fato por ser doloroso demais. Ele fala sobre estarmos "condenados a ser livres". Estamos presos à liberdade, quer gostemos ou não.

Sartre dá o exemplo de um garçom em um café. O garçom movimenta-se de forma bem estilizada, como se fosse um tipo de marionete. Todos os seus traços sugerem que ele se vê como alguém totalmente definido pelo papel de garçom, como se não tivesse escolha sobre nada. O modo como segura a bandeja, o modo como anda entre as mesas, tudo faz parte de uma espécie de dança que é coreografada pelo trabalho como garçom, e não pelo ser humano que o executa. Sartre diz que esse sujeito age de "má-fé". Má-fé é fugir da liberdade, um tipo de mentira que contamos para nós mesmos e na qual quase acreditamos: a mentira de que não somos realmente livres para escolher o que fazemos com nossas vidas, quando na verdade, segundo Sartre, quer gostemos ou não, nós somos.

Em uma conferência dada logo depois da guerra, "O existencialismo é um humanismo", Sartre descreveu a vida humana como repleta de angústia. A angústia surge da compreensão de que não podemos dar desculpas, já que somos responsáveis por tudo o que fazemos. Mas a angústia é pior porque, segundo Sartre, tudo o que faço com a minha vida deve servir de modelo para que o outro faça com a própria vida. Se decido me casar, estou sugerindo que todos devem se casar; se decido ser um preguiçoso, é isso o que todos deveriam fazer na minha visão da existência humana. Pelas escolhas que faço na vida, pinto um quadro de como penso que o ser humano devia ser. Fazer isso com sinceridade é uma grande responsabilidade.

Sartre explicou o que queria dizer com a angústia da escolha por meio da história de um estudante que lhe pediu um conselho durante a guerra. Esse rapaz tinha de tomar uma decisão muito difícil. Poderia ficar em casa e cuidar da mãe, ou poderia sair de casa, tentar juntar-se à Resistência francesa e lutar para salvar o país dos alemães. Essa era a decisão mais difícil da vida dele, e ele não sabia o que fazer. A mãe ficaria vulnerável sem ele, caso a abandonasse. Ele poderia não conseguir se juntar aos soldados da Resistência antes de ser pego pelos alemães, então toda a tentativa de fazer algo nobre seria perda de energia e de uma vida. Porém, se ficasse em casa com a mãe, deixaria que outros lutassem para ele. O que deveria fazer? O que você faria? Que conselho daria ao rapaz?

O conselho de Sartre foi um pouco frustrante. Ele disse ao estudante que ele era livre e deveria escolher por si mesmo. Se Sartre desse um conselho prático sobre o que o rapaz deveria fazer, o estudante ainda teria de decidir se seguia ou não o conselho. Não havia como escapar do peso da responsabilidade atrelado à existência humana.

"Existencialismo" foi o nome que outras pessoas deram à filosofia de Sartre. O nome veio da ideia de que todos nós nos encontramos primeiro como *existentes* no mundo e depois temos de decidir o que faremos de nossa vida. Poderia ser o contrário: podíamos ser como um canivete, feito com um propósito específico, mas Sartre acreditava que não somos assim. Nos termos usados por ele, nossa existência precede nossa essência, enquanto a essência dos objetos criados vem antes da existência deles.

Em *O segundo sexo*, Simone de Beauvoir deu um novo significado ao existencialismo ao afirmar que as mulheres não nascem mulheres: elas se tornam mulheres. O que queria dizer era que as mulheres tendem a aceitar a visão dos homens do que é uma mulher. Ser o que os homens esperam que uma mulher seja é uma escolha. Mas as mulheres, por serem livres, podem decidir o que querem ser. Elas não têm nenhuma essência, nenhuma maneira de ser dada pela natureza.

Outro tema importante do existencialismo era o absurdo da nossa existência. A vida só tem significado quando atribuímos a ela um sentido por meio das nossas escolhas, e em pouco tempo a morte vem e acaba com todo esse sentido. A versão dada por Sartre a essa ideia foi descrever o ser humano como "uma paixão inútil": não há absolutamente nenhum propósito em nossa existência, só há o sentido criado por cada um de nós por meio das escolhas. Albert Camus (1913-1960), romancista e filósofo que também era ligado ao existencialismo, usava o mito grego de Sísifo para explicar a absurdidade humana. A punição de Sísifo por ter enganado os deuses foi arrastar uma pedra gigantesca até o topo de uma montanha. Quando ele chegava ao topo, a pedra rolava para baixo e ele tinha de começar tudo desde o início. Na verdade, Sísifo teve de fazer isso eternamente. A vida humana é como a tarefa de Sísifo, pois é totalmente desprovida de significado. Não há sentido nela: não há respostas que expliquem tudo. É absurda. Mas Camus não achava que deveríamos perder as esperanças, nem cometer suicídio. Em vez disso, temos de admitir que Sísifo é feliz. Por quê? Porque há algo em relação a essa luta estúpida de subir a montanha com uma pedra que fazia a sua vida valer a pena. Ainda é preferível viver a morrer.

O existencialismo tornou-se cult. Milhares de jovens se sentiram atraídos por ele e discutiam o absurdo da existência humana até de madrugada. Ele inspirou romances, peças e filmes. Era uma filosofia que as pessoas podiam adotar e aplicar em suas decisões. O próprio Sartre tornou-se mais politicamente engajado e participativo do movimento esquerdista quando ficou mais velho e tentou combinar ideias do marxismo com suas primeiras posições – uma tarefa complicada. Seu existencialismo da década de 1940 era centrado nos indivíduos que faziam escolhas para si próprios; mas, numa fase posterior de sua obra, ele tentou entender como nos tornamos parte de um grupo maior de pessoas e como os fatores sociais e econômicos desempenham um papel em nossa vida. Infelizmente, sua escrita ficou cada vez mais difícil de entender, talvez porque grande parte dela tenha sido produzida enquanto usava altas doses de anfetamina.

Sartre provavelmente foi o filósofo mais conhecido do século XX. Contudo, se perguntarmos aos filósofos quem foi o pensador mais importante do século passado, muitos dirão que foi Ludwig Wittgenstein.

CAPÍTULO 34

Enfeitiçado pela linguagem

LUDWIG WITTGENSTEIN

SE VOCÊ TIVESSE ASSISTIDO A UM DOS seminários de Ludwig Wittgenstein (1889-1951) ministrados em Cambridge em 1940, perceberia rapidamente que estava na presença de um sujeito bastante incomum. Muita gente que o conhecia achava que era um gênio. Bertrand Russell descreveu-o como "apaixonado, profundo, intenso e dominador". Esse pequeno vienense de olhos azuis e brilhantes, extremamente sério, andava de cima para baixo questionando os estudantes e parava de tempos em tempos como se estivesse perdido em pensamentos. Ninguém ousava interrompê-lo. Ele não usava nada preparado previamente durante as aulas, mas sim pensava nas questões diante dos alunos, usando uma série de exemplos para elucidar o que estivesse em jogo. Ele dizia para os alunos não perderem tempo lendo livros de filosofia: se levassem os livros a sério, deveriam atirá-los do outro lado da sala e prosseguir pensando arduamente nas questões que suscitavam.

Seu primeiro livro, *Tractatus Logico-Philsophicus* (1922), foi escrito em sessões curtas e numeradas, sendo que muitas delas parecem mais ser poesia do que filosofia. Sua ideia principal era a de que as questões mais importantes sobre ética e religião estão além dos limites do nosso entendimento; se não podemos falar nada de significativo sobre elas, que fiquemos em silêncio.

Um tema central da sua obra posterior foi o "enfeitiçamento pela linguagem". Ele acreditava que a linguagem coloca os filósofos em todos os tipos de confusão. Eles são enfeitiçados por ela. Wittgenstein via a si mesmo como um terapeuta que levaria embora grande parte dessa confusão. A ideia era que seguíssemos a lógica de seus vários exemplos cuidadosamente escolhidos e, enquanto fizéssemos isso, nossos problemas filosóficos desapareceriam. O que parecia terrivelmente importante não seria mais um problema.

Uma das causas da confusão filosófica, defendia ele, era a suposição de que toda linguagem funciona da mesma maneira – a ideia de que as palavras simplesmente nomeiam as coisas. Ele queria demonstrar para os leitores que havia muitos "jogos de linguagem", diferentes atividades que executamos usando palavras. Não há uma "essência" da linguagem, nenhuma característica comum que explique toda a gama de seus usos.

Se vemos um grupo de pessoas relacionadas umas às outras, como em um casamento, seremos capazes de reconhecer os membros da família a partir das semelhanças físicas entre eles. Isso é o que Wittgenstein queria dizer com "semelhança de família". Desse modo, você deve parecer um pouco com sua mãe – talvez tenham o mesmo cabelo e a mesma cor dos olhos – e um pouco com seu pai – são magros e altos. Talvez sua irmã também tenha a mesma cor de cabelo e o mesmo formato dos olhos que você, mas a cor dos olhos pode ser diferente da dos seus olhos e da sua mãe. Não há uma única característica compartilhada por todos os membros da família que torne imediata a identificação de todos eles como parte de uma mesma família aparentada geneticamente. Em vez disso, há um padrão de semelhanças sobrepostas, ou seja, alguns membros da família compartilham algumas características, enquanto outros compartilham outras. Esse padrão de semelhanças que se sobrepunham é o que interessava a Wittgenstein. Ele usava essa metáfora de semelhança de família para explicar algo importante sobre como a linguagem funciona.

Pense na palavra "jogo". Há várias coisas diferentes que chamamos de jogos: jogos de tabuleiro como xadrez, jogos de carta como bridge e paciência, esportes como futebol etc. Também há outras coisas que chamamos de jogos, como jogo de esconde-esconde ou jogos de faz de conta. Muitas pessoas acham que, pelo fato de usarmos a mesma palavra – "jogo" – para se referir a todos esses, deve haver uma única característica que todos tenham em comum, a "essência" do conceito de "jogo". Mas, em vez de simplesmente assumir que haja tal denominador comum, Wittgenstein nos pede para "olhar e ver". Podemos achar que todos os jogos têm um ganhador e um perdedor, mas e o jogo de paciência, ou a atividade de jogar uma bola no muro e pegá-la em seguida? Ambos são jogos, mas obviamente não há um perdedor. E que tal a ideia de que todos tenham regras? Porém, alguns jogos de faz de conta não parecem ter regras. Para todas as características que possivelmente sejam comuns a todos os jogos, Wittgenstein dá um contraexemplo, uma atividade que é um jogo, mas não parece compartilhar da "essência" sugerida a todos os jogos. Em vez de pressupor que todos os jogos têm uma única característica em comum, ele acredita que deveríamos ver palavras como "jogo" em "termos de semelhança de família".

Quando Wittgenstein descreveu a linguagem como uma série de "jogos de linguagem", ele chamou a atenção para o fato de que usamos a linguagem para muitas finalidades, e de que os filósofos se confundiram porque pensavam basicamente que toda linguagem tem o mesmo tipo de função. Em uma de suas famosas descrições sobre o seu objetivo como filósofo, ele disse que queria mostrar à mosca a saída da garrafa. Um filósofo típico ficaria zunindo dentro da garrafa como uma mosca presa batendo no vidro. A maneira de "solucionar" um problema filosófico seria tirar a rolha e deixar a mosca sair. Isso significa que ele queria mostrar ao filósofo que estava se fazendo as perguntas erradas, ou que havia sido enganado pela linguagem.

Tomemos como exemplo a descrição de Santo Agostinho de como ele teria aprendido a falar. Em *Confissões*, Agostinho sugeriu que as pessoas mais velhas com quem ele convivia apontavam para os objetos e os nomeavam. Ele vê uma maçã, alguém aponta e diz "maçã". Pouco a pouco, Agostinho entendeu o que as palavras queriam dizer e conseguiu usá-las para dizer a outras pessoas o que queria. Wittgenstein toma esse exemplo como um caso de alguém que supõe que toda linguagem tem uma essência, uma única função. A função única seria nomear objetos. Para Agostinho, toda palavra tem um significado correspondente. No lugar dessa figura de linguagem, Wittgenstein nos incentiva a ver o uso da linguagem como uma série de atividades associadas à vida prática dos falantes. Devemos pensar na linguagem mais como uma caixa de ferramentas com os mais variados tipos de ferramentas, e não como, por exemplo, servindo à função à qual serve uma chave de fenda.

Talvez lhe pareça óbvio que, quando você sente dor e fala sobre isso, está usando palavras que designam a sensação particular que está tendo. Wittgenstein tenta romper com essa visão da linguagem da sensação. Isso não quer dizer que você não tenha uma sensação, mas sim que, logicamente, suas palavras não podem ser nomes das sensações. Se todos nós tivéssemos uma caixa com um besouro que nunca mostramos para ninguém, não faria a menor diferença o que estivesse dentro da caixa quando falássemos uns para os outros sobre o "besouro". A linguagem é pública e requer meios publicamente acessíveis de se verificar que estamos fazendo sentido. Quando uma criança aprende a "descrever" sua dor, diz Wittgenstein, o que acontece é que os pais encorajam a criança a fazer várias coisas, como dizer "está doendo" – o equivalente em muitos aspectos à expressão bastante natural "Aaargh!". Parte da mensagem, nesse caso, é que não deveríamos pensar nas palavras "estou sentindo dor" como uma forma de nomear uma sensação privada. Se dores e outras sensações fossem realmente privadas, precisaríamos de uma linguagem privada especial para descrevê-las. Mas Wittgenstein pensava que essa ideia não fazia sentido. Vejamos outro exemplo que pode ajudar a explicar por que ele pensava isso.

Um homem decide que manterá um registro de todas as vezes em que tiver um tipo particular de sensação para a qual não haja nome – talvez um tipo específico de formigamento. Ele escreve "S" no diário toda vez que tem essa sensação especial de formigar. "S" é uma palavra em sua linguagem particular – ninguém mais sabe o que ele quer dizer com isso. Parece ser possível. Não é difícil imaginar um homem fazendo isso. Porém, reflita um pouco mais. Quando sente um formigamento, como ele sabe que se trata realmente de mais um exemplo do tipo "S" que ele decidiu registrar e não outro tipo de formigamento? Ele não pode retroceder e verificar, exceto pela memória de ter experimentado um formigamento "S" anterior. Mas isso não é muito bom, porque ele poderia se confundir completamente. Essa não é uma forma confiável de dizer que se está usando a palavra da mesma maneira.

O que Wittgenstein queria mostrar com esse exemplo do diário era que o modo como usamos as palavras para descrever nossas experiências não pode ser baseado em uma ligação privada da experiência com o mundo. Deve haver algo público em relação a ele. Não podemos ter nossa própria linguagem privada. Se isso for verdade, a ideia de que a mente é como um teatro fechado no qual ninguém pode entrar é um equívoco. Para Wittgenstein, portanto, a ideia de uma linguagem particular das sensações não faz absolutamente nenhum sentido. Isso é importante – e também difícil de entender – porque muitos filósofos antes dele pensavam que a mente de cada indivíduo era completamente privada.

Embora fosse de religião cristã, a família de Wittgenstein foi considerada judia sob as leis nazistas. Ludwig passou parte da Segunda Guerra Mundial trabalhando como assistente em um hospital de Londres, mas sua família estendida teve muita sorte de escapar de Viena. Se não tivessem conseguido, Adolf Eichmann teria supervisionado sua deportação para os campos de extermínio. O envolvimento de Eichmann no holocausto e seu posterior julgamento pelos crimes contra a humanidade foram o centro das reflexões de Hannah Arendt sobre a natureza do mal.

CAPÍTULO 35

O homem que não fazia perguntas

HANNAH ARENDT

O NAZISTA ADOLF EICHMANN FOI UM administrador esforçado. A partir de 1942, esteve no comando do transporte dos judeus da Europa para os campos de concentração na Polônia, incluindo Auschwitz. Isso fazia parte da "solução final" de Adolf Hitler: o plano de matar todos os judeus que viviam em terras ocupadas pelas forças alemãs. Eichmann não era responsável pela política da matança sistemática – não foi ideia dele. Porém, ele estava profundamente envolvido na organização do sistema ferroviário que tornou essa política possível.

A partir da década de 1930, os nazistas introduziram leis que acabavam com os direitos do povo judeu. Hitler culpara os judeus por quase tudo o que estava errado na Alemanha e tinha um desejo cruel de se vingar deles. Essas leis impediam que os judeus frequentassem escolas estaduais, forçava-os a ceder dinheiro e propriedades e os fazia usar uma estrela amarela. Os judeus foram cercados e forçados a morar em guetos – partes superpopulosas das cidades que se tornaram prisões para eles. A comida era escassa, e a vida era difícil. Mas a solução final chegou com um novo nível de maldade. A decisão de Hitler de matar milhões de pessoas simplesmente por causa da sua raça significava que os nazistas precisavam de uma maneira de transferir os judeus das cidades para lugares onde podiam ser mortos em grande quantidade. Os campos de concentração existentes foram transformados em fábricas para intoxicar com gás e queimar centenas de pessoas por dia. Como muitos desses campos ficavam na Polônia, alguém precisava organizar os trens que transportavam os judeus para a morte.

Enquanto Eichmann ficava sentado em um escritório organizando papéis e dando telefonemas importantes, milhões de judeus morriam como resultado do que ele fazia. Alguns pereciam de febre tifoide ou de fome, enquanto outros eram obrigados a trabalhar até morrer, mas a maioria era morta com gás. Na Alemanha nazista, os trens andavam no horário – Eichmann e pessoas como ele garantiam isso. Sua eficiência mantinha os vagões cheios. Dentro deles, homens, mulheres e crianças, todos em uma longa e dolorosa jornada para a morte, geralmente sem comida ou água, muitas vezes sentindo intenso frio ou calor. Muitos morriam no caminho, principalmente os velhos e doentes.

Os sobreviventes chegavam fracos e aterrorizados apenas para serem forçados a entrar em câmaras de gás disfarçadas de chuveiros, onde todos deviam entrar despidos. As portas eram trancadas. Era ali que os nazistas os matavam com gás Zyklon. Os corpos eram queimados, e seus pertences, saqueados. Os mais fortes, quando não eram escolhidos para morrer assim que chegavam, eram forçados a trabalhar em condições atrozes e com pouca comida. Os guardas nazistas batiam ou atiravam neles por diversão.

Eichmann teve um papel significativo nesses crimes. Contudo, depois da Segunda Guerra Mundial, conseguiu escapar das forças aliadas e acabou chegando à Argentina, onde morou alguns anos em segredo. Em 1960, no entanto, ele foi encontrado e capturado em Buenos Aires por membros do Mossad, a polícia secreta israelense. Ele foi drogado e enviado para Israel para julgamento.

Seria Eichmann um sujeito maligno, um sádico que se deleitava com o sofrimento dos outros? Isso era o que todos acreditavam antes de o julgamento começar. Teria outro motivo para participar desse holocausto? Durante muitos anos seu trabalho fora encontrar formas eficazes de enviar as pessoas para a morte. Certamente só um monstro seria capaz de dormir à noite depois desse tipo de trabalho.

A filósofa Hannah Arendt (1906-1975), judia alemã que emigrou para os Estados Unidos, relatou o julgamento de Eichmann para a revista *New Yorker*. Ela queria ficar cara a cara com um produto do Estado totalitário nazista, uma sociedade em que não havia espaço para o indivíduo pensar por si próprio. Ela queria entender esse homem, ter uma ideia de como ele era e entender como ele podia ter feito coisas tão terríveis.

Eichmann estava muito distante do primeiro nazista que Arendt conheceu. Ela mesma fugiu dos nazistas, deixou a Alemanha pela França, mas por fim se tornou uma cidadã dos Estados Unidos. Ainda jovem, quando estudava na Universidade de Marburg, tivera aula com o filósofo Martin Heidegger. Eles foram amantes durante um curto período, apesar de ele ser casado e ela ter apenas dezoito anos. Heidegger estava ocupado escrevendo *Ser e tempo* (1962), livro inacreditavelmente complexo que muitas pessoas tomam como uma grande contribuição à filosofia, e outras como uma obra propositalmente obscura. Depois ele viria a se envolver com o Partido Nazista, apoiando políticas antissemitas. Ele chegou a retirar o nome de um antigo amigo, o filósofo Edmund Husserl, da dedicatória de *Ser e tempo*.

Agora, em Jerusalém, Arendt estava prestes a conhecer um tipo bem diferente de nazista. Ali estava um homem comum que escolheu não pensar muito no que fazia. Sua negação do pensamento teve consequências desastrosas, mas ele não era o sádico perverso que ela esperava encontrar. Era um sujeito comum, porém igualmente perigoso: um homem que não pensa. Em uma Alemanha onde as piores formas de racismo tornaram-se leis, era muito fácil para ele se convencer de que estava fazendo a coisa certa. As circunstâncias deram-lhe a oportunidade de ter uma carreira de sucesso, e ele a aceitou. A solução final de Hitler foi uma oportunidade de Eichmann sair-se bem, de mostrar que podia fazer um bom trabalho. Isso é difícil de conceber, e muitos críticos de Arendt não consideram que ela estava certa, mas ela sentia que ele havia sido sincero quando afirmou que estava cumprindo seu dever.

Diferentemente de alguns nazistas, Eichmann não parecia movido por um forte ódio aos judeus. Ele não tinha nada da malignidade de Hitler. Havia muitos nazistas que ficariam felizes em bater em um judeu nas ruas até a morte por se recusar a fazer o cumprimento "Heil Hitler!", mas ele não era um deles. No entanto, aceitou o cargo oficial nazista e, o que é muito pior que isso, ajudou a enviar milhões para a morte. Mesmo enquanto ouvia o relato das evidências contra ele, Eichmann parecia não considerar tão errado o que tinha feito. Na opinião dele, como não havia agido contra nenhuma lei e não matara diretamente ninguém, nem pediu que ninguém o fizesse em seu lugar, ele havia se comportado de maneira razoável. Ele foi criado para obedecer à lei e treinado para seguir ordens, e todas as pessoas à sua volta estavam fazendo a mesma coisa. Ao executar ordens de outras pessoas, ele evitava se sentir responsável pelos resultados do seu trabalho diário.

Não havia necessidade nenhuma de Eichmann ver as pessoas amontoadas dentro dos vagões ou visitar os campos de concentração, então ele não fazia isso. Esse homem disse à corte que jamais poderia se tornar um médico porque tinha medo de ver sangue. No entanto, o sangue continuava nas mãos dele. Ele era o produto de um sistema que de certa forma o impediu de pensar criticamente nas próprias ações e nos resultados que elas teriam para pessoas reais. Era como se ele realmente não pudesse imaginar o sentimento das outras pessoas. Prosseguiu com a crença ilusória em sua inocência durante todo o julgamento. Ou era isso, ou ele tinha concluído que a melhor maneira de se defender era dizer que estava apenas obedecendo a ordens; se o caso foi esse, ele convenceu Arendt.

Arendt usou as palavras "a banalidade do mal" para descrever o que viu em Eichmann. Se algo é "banal", é comum, entediante e sem originalidade. Segundo ela, o mal de Eichmann era banal no sentido de ser o mal de um burocrata, de um gerente, e não de uma pessoa má. Ele era o exemplo de um tipo de homem comum que permitiu que as visões nazistas afetassem tudo o que fazia.

A filosofia de Arendt foi inspirada pelos eventos que aconteciam à sua volta. Ela não foi o tipo de filósofa que passou a vida pensando sobre ideias puramente abstratas, ou debatendo incessantemente sobre o significado preciso de uma palavra. Sua filosofia estava ligada à história recente e à própria experiência. O que escreveu em seu livro *Eichmann em Jerusalém* foi baseado em suas observações de um homem e dos tipos de linguagem e justificativas que ele dava. A partir do que viu, ela desenvolveu explicações mais gerais sobre o mal em um Estado totalitário e seus efeitos sobre aqueles que não resistiram a seus padrões de pensamento.

Eichmann, assim como muitos nazistas daquele período, não conseguia enxergar os fatos pela perspectiva dos outros. Não era corajoso o suficiente para questionar as regras que lhe eram dadas: apenas buscava a melhor maneira de segui-las. Carecia de imaginação. Arendt descreveu-o como raso e desmiolado – embora isso também pudesse ser uma atuação. Fosse ele um monstro, teria sido horripilante. Mas pelo menos os monstros são raros e geralmente muito fáceis de identificar. O que talvez fosse ainda mais horripilante era o fato de ele parecer tão normal. Ele era um homem comum que, por não questionar o que fazia, fez parte de um dos atos mais malignos conhecido pela humanidade. É pouco provável que se tornasse um homem mau caso não tivesse vivido na Alemanha nazista. As circunstâncias estavam contra ele. Ele obedecia a ordens imorais. E obedecer a ordens nazistas, na opinião de Arendt, era o mesmo que apoiar a solução final. Ao não questionar o que lhe diziam para fazer e ao aceitar aquelas ordens, Eichmann participou do assassinato em massa, mesmo que, do ponto de vista dele, estivesse apenas criando tabelas de horário para as partidas de trem. Em determinado momento do julgamento, ele chegou a dizer que agia de acordo com a teoria do dever moral de Immanuel Kant – como se tivesse feito a coisa certa por seguir ordens. Ele não conseguiu entender de jeito nenhum que Kant acreditava que tratar os seres humanos com respeito e dignidade era fundamental para a moral.

Karl Popper foi um intelectual vienense que teve sorte suficiente para escapar do holocausto e dos trens bem organizados de Eichmann.

CAPÍTULO 36

Aprendendo com os erros

Karl Popper e Thomas Kuhn

Em 1666, um jovem cientista estava sentado em um jardim quando uma maçã caiu no chão. Isso o levou a pensar por que as maçãs caíam diretamente para baixo em vez de irem para o lado ou para cima. O cientista era Isaac Newton, e o incidente inspirou-o a elaborar a teoria da gravidade, uma teoria que explicava o movimento tanto dos planetas quanto das maçãs. Mas o que aconteceu depois? Você acha que Newton reuniu evidências que *provavam* sem sombra de dúvidas que sua teoria era verdadeira? Não, segundo Karl Popper (1902-1994).

Os cientistas, assim como todos nós, aprendem com seus erros. A ciência avança quando percebemos que determinado modo de pensar sobre a realidade é falso. Isso, em duas frases, era a visão de Karl Popper de como funciona a melhor esperança da humanidade em relação ao conhecimento sobre o mundo. Antes de Popper desenvolver suas ideias, a maioria das pessoas acreditava que os cientistas partem de um pressentimento sobre como o mundo funciona e depois reúnem evidências que mostram que o pressentimento estava correto.

O que os cientistas fazem, segundo Popper, é tentar provar que suas teorias são *falsas*. Para testar uma teoria, é preciso ver se ela pode ser *refutada* (apresentada como falsa). Um cientista típico começa com um corajoso palpite ou conjuntura que ele tenta destruir com uma série de experimentos ou observações. A ciência é um empreendimento criativo e estimulante, mas não prova que algo é verdadeiro – tudo o que ela faz é se livrar de falsas visões e, espera-se, aproximar-se gradativamente da verdade nesse processo.

Popper nasceu em Viena em 1902. Embora sua família tenha se convertido ao cristianismo, ele era descendente de judeus. Quando Hitler subiu ao poder na década de 1930, Popper sabiamente saiu do país, mudando-se para a Nova Zelândia e depois para a Inglaterra, onde se estabeleceu e assumiu um cargo na Escola de Economia de Londres. Quando jovem, interessava-se amplamente por ciência, psicologia, política e música, mas a filosofia era sua verdadeira paixão. Ao fim da vida, Popper havia feito importantes contribuições tanto para a filosofia da ciência quanto para a filosofia política.

Até Popper começar a escrever sobre o método científico, muitos cientistas e filósofos acreditavam que a maneira de fazer ciência era procurar evidências que dessem suporte a suas hipóteses. Se quiséssemos provar que todos os cisnes são brancos, teríamos de fazer uma série de observações de cisnes brancos. Se todos os cisnes que observássemos fossem brancos, seria razoável presumir que a hipótese "Todos os cisnes são brancos" fosse verdadeira. Esse tipo de raciocínio vai de "Todos os cisnes que vi são brancos" para a conclusão "Todos os cisnes são brancos".

Mas certamente um cisne que não foi observado poderia ser negro. Há cisnes negros na Austrália, por exemplo, e em muitos zoológicos do mundo inteiro. Então, a declaração "Todos os cisnes são brancos" não segue logicamente da evidência. Mesmo que você tenha visto milhares de cisnes e todos fossem brancos, a hipótese ainda poderia ser falsa. A única maneira de provar conclusivamente que todos são brancos é vendo todos os cisnes. Se pelo menos um cisne negro existe, a conclusão "Todos os cisnes são brancos" terá sido refutada.

Essa é uma versão do problema da indução, sobre o qual David Hume escreveu no século XVIII. É a fonte do problema. A dedução é um tipo de argumento lógico no qual, se as premissas (suposições iniciais) são verdadeiras, a conclusão deve ser verdadeira. Então, para tomar um exemplo famoso, "Todos os homens são mortais" e "Sócrates é um homem" são duas premissas verdadeiras a partir das quais se deduz a conclusão "Sócrates é mortal". Seria uma contradição se disséssemos que "Todos os homens são mortais" *e* que "Sócrates é um homem", mas negássemos a verdade da declaração "Sócrates é mortal". Seria como dizer "Sócrates é e não é mortal". Uma das maneiras de pensar na questão é que, com a dedução, a dedução da verdade da conclusão está de alguma forma contida nas premissas, e a lógica simplesmente a revela. Vejamos outro exemplo de dedução:

Primeira premissa: Todos os peixes têm guelras.
Segunda premissa: John é um peixe.
Conclusão: Logo, John tem guelras.

Seria absurdo dizer que a primeira e a segunda premissas são verdadeiras, mas a conclusão é falsa. Seria completamente ilógico.

A indução é muito diferente disso. A indução normalmente parte de uma seleção de observações para uma conclusão geral. Se percebemos que nas últimas quatro semanas choveu toda terça-feira, podemos generalizar a partir disso que sempre chove às terças-feiras. Esse seria um caso de indução. Só seria preciso uma terça-feira sem chuva para destruir a afirmação de que sempre chove às terças-feiras. Quatro terças-feiras chuvosas consecutivas são uma amostra pequena de todas as terças-feiras possíveis. Mas mesmo que fizéssemos muitas e muitas observações, como faríamos com os cisnes brancos, poderíamos nos frustrar pela existência de um único caso que não se encaixasse na generalização: uma terça-feira seca ou um cisne que não fosse branco, por exemplo. Esse é o problema da indução, o problema da justificativa baseada no método da indução quando parece tão duvidosa. Como sabemos que o próximo copo d'água que bebermos não vai nos envenenar? Resposta: todos os copos d'água que bebemos no passado eram normais. Desse modo, presumimos que o de agora também será. Usamos esse tipo de raciocínio o tempo todo, embora pareça que não estamos completamente embasados para acreditar nele. Pressupomos padrões na natureza que tanto podem quanto não podem ser reais.

Se você acha que a ciência avança pela indução, como muitos filósofos pensavam, então precisa encarar o problema da indução. Como a ciência pode se basear em um estilo de raciocínio tão duvidoso? A visão de Popper de como a ciência se desenvolve primorosamente se esquiva desse problema. Segundo ele, a ciência não confia na indução. Os cientistas partem de uma hipótese, um palpite inteligente sobre a natureza da realidade. Um exemplo poderia ser "Todos os gases se expandem quando aquecidos". Essa é uma hipótese simples, mas a ciência da vida real envolve muita criatividade e imaginação nesse estágio. Os cientistas encontram suas ideias em muitos lugares: o químico August Kekulé, por exemplo, teve um sonho famoso no qual uma cobra mordia o próprio rabo, o que deu a ele a ideia para a hipótese de que a estrutura da molécula de benzeno é um anel hexagonal – hipótese que, desde então, sobrevive às tentativas da ciência de prová-la como falsa.

Os cientistas, então, encontram um modo de testar tais hipóteses – nesse caso, pegando uma quantidade enorme de diferentes gases e aquecendo-os. Entretanto, "testar" não significa encontrar evidências para *sustentar* a hipótese; testar significa tentar provar que a hipótese pode sobreviver a tentativas de *refutá-la*. Teoricamente, os cientistas procurarão um gás que não se encaixe na hipótese. Lembre-se de que, no caso dos cisnes, só seria preciso um cisne negro para arruinar a generalização de que todos os cisnes são brancos. De maneira semelhante, só seria preciso um único gás que não expandisse quando aquecido para destruir a hipótese de que "Todos os gases se expandem quando aquecidos".

Se um cientista refuta uma hipótese – ou seja, mostra que ela é falsa –, isso resulta em um conhecimento novo: o conhecimento de que a hipótese é falsa. A humanidade avança porque aprendemos alguma coisa. Observar vários gases que se *expandem* quando aquecidos não nos dará conhecimento – exceto, talvez, um pouco mais de confiança em nossa hipótese. Mas um contraexemplo realmente nos ensina algo. Para Popper, a característica principal de qualquer hipótese é ter de ser *refutável*. Ele usava essa ideia para explicar a diferença entre ciência e o que chamava de "pseudociência". Uma hipótese científica é aquela que pode ser provada como errada: ela faz predições que podem ser mostradas como falsas. Se eu digo "Há fadas invisíveis e indetectáveis me fazendo digitar esta frase", não há nenhuma observação que possamos fazer para provar que a minha declaração é falsa. Se as fadas são invisíveis e não deixam rastro nenhum, não há como mostrar que a afirmação de que elas existem seja falsa. Ela não é refutável e, por isso não, pode ser uma declaração científica.

Popper pensava que muitas declarações feitas sobre a psicanálise (ver Capítulo 30) não podiam ser refutadas dessa forma. Para ele, não era possível testá-las. Por exemplo, se alguém diz que todos são motivados por desejos inconscientes, não há um teste que prove isso. Toda e qualquer evidência, inclusive a negação das pessoas de que são motivadas por desejos inconscientes, são, segundo Popper, meramente aceitas como provas de que a psicanálise é válida. O psicanalista dirá: "O fato de negarmos o inconsciente demonstra que temos um forte desejo inconsciente de contestar o pai". Contudo, essa declaração não pode ser testada, pois não há evidência imaginável que mostre que ela é falsa. Consequentemente, argumentava Popper, a psicanálise não era uma ciência. Ela não pode nos dar conhecimento tal como pode a ciência. Popper atacou as explicações marxistas da história da mesma maneira, argumentando que todo resultado possível contaria como mais um elemento a favor da visão de que a história da humanidade é uma história de luta de classes. Outra vez, a história era baseada em hipóteses não refutáveis.

Em contraste, a teoria de Albert Einstein de que a luz era atraída pelo sol *era* refutável. Isso fez dela uma teoria científica. Em 1919, observações da aparente posição das estrelas durante um eclipse solar não conseguiram refutá-la. Mas poderiam ter refutado. A luz das estrelas não era normalmente visível; porém, sob as condições raras de um eclipse, os cientistas conseguiram ver que as aparentes posições dos planetas eram as posições previstas pela teoria de Einstein. Se os planetas parecessem estar em outro lugar, isso destruiria a teoria de Einstein de como a luz é atraída por corpos muito pesados. Popper não pensava que essas observações provavam que a teoria de Einstein era verdadeira. Mas o fato de a teoria poder ser testada e o fato de que os cientistas foram incapazes de mostrar que ela era falsa contam a seu favor. Einstein fez previsões que poderiam estar erradas, mas não estavam.

Muitos cientistas e filósofos ficaram profundamente abalados com a descrição de Popper do método científico. Peter Medawar, ganhador do Prêmio Nobel de Medicina, por exemplo, disse: "Penso que Karl Popper é incomparavelmente o maior filósofo da ciência de todos os tempos". Os cientistas gostavam particularmente da descrição de sua atividade como criativa e imaginativa; eles também sentiam que Popper havia entendido como eles de fato realizavam seu trabalho. Os filósofos também ficaram encantados pelo modo como Popper contornou o difícil problema da indução. Em 1962, no entanto, o historiador da ciência e físico norte-americano Thomas Kuhn publicou um livro chamado *A estrutura das revoluções científicas*, que contava uma história diferente a respeito dos avanços científicos, sugerindo que Popper tinha entendido tudo errado. Kuhn acreditava que Popper não havia examinado o bastante a história da ciência. Se o tivesse, teria visto surgir um padrão.

Na maior parte do tempo, ocorre o que chamamos de "ciência normal". Os cientistas trabalham de acordo com um quadro de referência ou "paradigma" compartilhado pelos cientistas da mesma época. Então, por exemplo, antes de as pessoas entenderem que a Terra gira ao redor do sol, o paradigma era de que o sol girava ao redor da Terra. Os astrônomos pesquisavam de acordo com esse quadro de referência e tinham explicações para todas as evidências que não se encaixavam nesse quadro. Trabalhando conforme esse paradigma, um cientista como Copérnico, que propôs a ideia de que a Terra girava ao redor do sol, teria sido visto como alguém que errou nos cálculos. Segundo Kuhn, lá fora não há fatos esperando serem descobertos; ao contrário, o quadro de referência ou paradigma, até certo ponto, determina o que podemos pensar.

As coisas ficam interessantes quando acontece o que Kuhn chamava de "mudança de paradigma". Uma mudança de paradigma acontece quando todo um modo de pensamento é derrubado. Isso pode acontecer quando os cientistas encontram fatos que não se encaixam no paradigma existente – como observações que não fazem sentido no paradigma de que o sol gira ao redor da Terra. Mesmo assim, pode levar um bom tempo para que as pessoas abandonem seu antigo modo de pensar. Os cientistas que passaram a vida trabalhando segundo um paradigma geralmente não recebem com tanta facilidade um modo diferente de olhar o mundo. Quando por fim eles mudam para um novo paradigma, um novo período de ciência normal pode começar, dessa vez trabalhando-se de acordo com o quadro de referência. E assim tudo prossegue. Foi isso o que aconteceu quando a visão de que a Terra era o centro do universo foi superada. Quando as pessoas começaram a pensar sobre o sistema solar dessa maneira, foi preciso fazer muita ciência normal para entender o caminho dos planetas ao redor do sol.

Não é de surpreender que Popper não tenha concordado com essa explicação da história da ciência, embora concordasse que o conceito de "ciência normal" fosse útil. Uma questão intrigante é se ele foi um cientista com um paradigma ultrapassado ou se chegou mais perto da verdade sobre a realidade do que Kuhn.

Os cientistas usam experimentos reais; os filósofos, por outro lado, tendem a criar experimentos mentais para tornar seus argumentos plausíveis. As filósofas Philippa Foot e Judith Jarvis Thomson desenvolveram vários experimentos mentais cuidadosamente construídos que revelam importantes características do nosso pensamento moral.

CAPÍTULO 37

O trem desenfreado e o violinista indesejado

PHILIPPA FOOT E JUDITH JARVIS THOMSON

UM DIA, VOCÊ SAI PARA PASSEAR E VÊ UM TREM desenfreado indo na direção de cinco trabalhadores. O maquinista está inconsciente, provavelmente por ter sofrido um infarto. Se nada for feito, todos morrerão. O trem passará por cima deles, pois está indo rápido demais e não haverá tempo de saírem do caminho. No entanto, há uma esperança. Há uma bifurcação nos trilhos pouco antes de onde estão os cinco homens, e na outra linha há apenas um trabalhador. Você está bem perto da chave que muda o sentido dos trilhos, de modo que o trem mude de direção e mate apenas um trabalhador em vez de cinco. Matar esse homem inocente é a coisa certa a fazer? Em termos de quantidade, claramente é: você salva cinco pessoas e mata apenas uma. Isso maximizaria a felicidade. Para a maioria das pessoas, essa é a coisa certa a fazer. Na vida real, seria muito difícil virar a chave e ver uma pessoa morrer como resultado, mas seria ainda pior não fazer nada e ver nada menos que cinco pessoas serem mortas.

Esta é uma versão de um experimento mental originalmente criado pela filósofa britânica Philippa Foot (1920-2010). Ela estava interessada em saber por que salvar cinco pessoas nos trilhos era aceitável e por que, em outros casos, sacrificar uma pessoa para salvar muitas não era aceitável. Imagine uma pessoa saudável entrando na ala de um hospital. Lá dentro há cinco pessoas que precisam desesperadamente de vários órgãos. Se uma delas não receber um transplante de coração, certamente morrerá. A outra precisa de um fígado, outra de um rim e assim por diante. Seria aceitável matar o paciente saudável e fatiar o corpo dele para fornecer os órgãos para os pacientes não saudáveis? Dificilmente. Ninguém acredita que seria aceitável matar a pessoa saudável, tirar o coração, os pulmões, o fígado, os rins e implantá-los nas outras cinco. No entanto, esse é um caso de sacrificar um para salvar cinco. Qual a diferença desse caso para o exemplo do trem?

Um experimento mental é uma situação imaginária criada para despertar sentimentos, ou o que os filósofos chamam de "intuições", sobre determinada questão. Os filósofos fazem amplo uso deles. Os experimentos mentais permitem que nos concentremos bem mais no que está em jogo. Aqui, a questão filosófica é: "Quando é aceitável sacrificar uma vida para salvar mais vidas?". A história sobre o trem permite-nos pensar sobre isso. Ela isola os principais fatores e também nos mostra se sentimos ou não que tal ação seja errada.

Algumas pessoas diriam que você jamais deveria virar a chave nesse exemplo porque seria o mesmo que "brincar de Deus": decidir quem morre e quem deve viver. A maioria das pessoas, no entanto, acha que você deveria sim virar a chave.

Agora imagine um caso relacionado. A filósofa norte-americana Judith Jarvis Thomson criou outra versão do problema original. O trem agora corre numa única linha que vai direto até os cinco infelizes trabalhadores que certamente serão mortos, a não ser que você faça alguma coisa. Você está em cima de uma ponte, e perto de você há um homem bem gordo. Ele é pesado o suficiente para que o trem desacelere e pare antes de atingir os cinco homens, mas para isso você precisa empurrá-lo da ponte. Supondo que você consiga empurrá-lo na frente do trem, você o faria?

A maioria das pessoas acha que esse é um caso mais difícil e tende a dizer "não", apesar do fato de que, tanto nesse caso quanto no da bifurcação e da chave que pode alterar a direção dos trilhos, a consequência das suas ações é a morte de uma pessoa, e não de cinco. Na verdade, empurrar o homem da ponte assemelha-se a um assassinato. Se as consequências são as mesmas nos dois casos, então não deveria ser um problema. Se no primeiro exemplo for correto mudar a chave, certamente deveria ser correto empurrar o homem na frente do trem no segundo exemplo. Isso parece confuso.

Se a situação imaginária de empurrar alguém sobre uma ponte sugere dificuldades físicas, ou se você é impedido pela brutalidade de ter empurrar o homem para a morte, o caso pode ser revisto de modo que haja um alçapão na ponte. Usando o mesmo tipo de alavanca que no primeiro caso com a chave de troca dos trilhos, você pode jogar o homem no caminho do trem com o mínimo esforço. Basta encostar a mão na alavanca. Muitas pessoas veem esse exemplo como moralmente distante da bifurcação nos trilhos. Por quê?

A chamada lei do duplo efeito é uma explicação de por que pensamos que o caso da bifurcação nos trilhos é diferente do caso do homem gordo. Trata-se da crença de que não há problemas, por exemplo, em bater em alguém até a morte desde que seja para se defender quando nada pode proteger você. Os efeitos colaterais previsíveis de uma ação com boa intenção (nesse caso, salvar a si mesmo) podem ser aceitáveis, mas o mal proposital não. Não é certo envenenar alguém que está planejando matar você. No primeiro caso, há uma intenção aceitável, só que executar a ação causará a morte de uma pessoa. No segundo caso, você pretende matar alguém, o que não é aceitável. Para algumas pessoas, isso resolve o problema. Outras pessoas já pensam que o princípio do duplo efeito é um erro.

Talvez esses casos pareçam muito forçados e não tenham nenhuma relação com a vida cotidiana. Em certo sentido, é verdade. Esses casos não pretendem ser reais. São apenas experimentos mentais feitos para esclarecer nossas crenças. Porém, de tempos em tempos, surgem situações na vida real que levam a decisões semelhantes. Por exemplo, durante a Segunda Guerra Mundial, os nazistas atiraram bombas em determinadas partes de Londres. Um espião alemão tornou-se agente duplo. Os britânicos tinham a chance de enviar informações equivocadas para os alemães, dizendo que os foguetes estavam caindo bem a norte dos alvos pretendidos. O efeito disso seria que os alemães mudariam o alvo e, em vez de os foguetes caírem em áreas muito populosas de Londres, eles cairiam mais ao sul, sobre o povo de Kent e Surrey. Em outras palavras, isso causaria a morte de menos pessoas. Nesse caso, os britânicos decidiram não brincar de Deus.

Em um tipo diferente de situação real, os participantes *decidiram* agir. No desastre de Zeebrugge em 1987, quando uma embarcação afundou e dezenas de passageiros lutavam para sair do mar gélido, um rapaz que subia numa escada de cordas buscando segurança ficou paralisado de tanto medo e não conseguia continuar. Ele ficou parado na mesma posição por pelo menos dez minutos, impedindo que todos os outros saíssem do mar. Se as pessoas não saíssem do mar rapidamente, ou se afogariam ou morreriam de frio. Por fim, quem estava na água o puxou da escada e conseguiu escapar em segurança. O rapaz caiu na água e morreu afogado. Deve ter sido angustiante tomar a decisão de puxar o rapaz da escada, mas nessas condições extremas, como no exemplo do trem, sacrificar uma pessoa para salvar muitas provavelmente foi a coisa certa a fazer.

Os filósofos ainda estão discutindo o exemplo do trem e sobre como ele deveria ser resolvido. Eles também discutem um outro experimento mental que foi elaborado por Judith Jarvis Thomson (nascida em 1929). Ela queria mostrar que uma mulher que engravidou mesmo usando contraceptivos não tinha o dever moral de dar seguimento à gravidez e ter o bebê. Abortar, nesse caso, não seria agir de forma moralmente errada. Ter o bebê nessas circunstâncias seria um ato de caridade, mas não um dever. Tradicionalmente, os debates sobre a moralidade do aborto concentraram-se no ponto de vista do feto. O argumento dela foi relevante por ter dado grande importância à perspectiva da mulher. Vejamos o exemplo.

Imagine um famoso violinista que tem um problema no rim. Sua única chance de sobreviver é ser conectado a uma pessoa que tem o mesmo tipo raro de sangue. Você tem o mesmo tipo de sangue. Uma manhã, você acorda e descobre que, enquanto dormia, os médicos conectaram ele aos seus rins. Thomson diz que, nessa situação, você não tem o dever de mantê-lo ligado a você, muito embora saiba que ele morrerá se você puxar os tubos. Da mesma maneira, sugere ela, se uma mulher engravida mesmo usando contraceptivos, o feto em desenvolvimento não tem o direito automático de usar o corpo dela. O feto é como o violinista.

Antes de Thomson apresentar esse exemplo, muitas pessoas achavam que a questão central era "O feto é uma pessoa?". Acreditava-se que, se pudesse ser mostrado que um feto *era* uma pessoa, então o aborto obviamente seria imoral em qualquer caso. O experimento mental de Thomson sugere que, mesmo sendo o feto uma pessoa, isso não resolve a questão.

Obviamente, nem todos concordam com essa resposta. Algumas pessoas ainda acreditam que não devemos brincar de Deus se acordarmos com um violinista conectado aos nossos rins. Seria uma vida difícil, a não ser que realmente amássemos o som do violino. Mas ainda seria errado matar o violinista mesmo que não tenhamos escolhido ajudá-lo. Do mesmo modo, muitas pessoas acreditam que jamais uma gravidez saudável deveria ser interrompida se a mulher não tivesse a intenção de engravidar e usasse contraceptivos. Esse inteligente experimento mental, entretanto, traz à tona os princípios que subjazem a esses desacordos.

O filósofo político John Rawls também usou um experimento mental, em seu caso para investigar a natureza da justiça e os melhores princípios para organizar a sociedade.

CAPÍTULO 38

Justiça por meio da ignorância

JOHN RAWLS

TALVEZ VOCÊ SEJA RICO. TALVEZ SEJA SUPER-RICO. Mas a maioria de nós não é rica, e algumas pessoas são tão pobres que passam a maior parte de sua curta vida famintas e doentes. Isso não parece justo ou correto – e certamente não o é. Se houvesse a verdadeira justiça no mundo, nenhuma criança estaria faminta enquanto outras têm tanto dinheiro que sequer sabem o que fazer com ele. Todos os doentes teriam acesso a bons tratamentos médicos. Os pobres da África não seriam piores do que os pobres dos Estados Unidos ou da Grã-Bretanha. Os ricos do Ocidente não seriam milhares de vezes mais ricos do que aqueles nascidos em desvantagem sem ter culpa por isso. Justiça diz respeito a tratar as pessoas de maneira razoável. Há pessoas ao nosso redor cuja vida é repleta de coisas boas, e outras que, sem ter culpa, têm poucas escolhas sobre o modo como sobrevivem: não podem escolher o próprio trabalho, nem mesmo a cidade onde querem viver. Algumas pessoas que pensam nessas desigualdades simplesmente dizem "Ah, sim, a vida não é justa" e balançam os ombros. Em geral, essas pessoas foram particularmente sortudas; outras passarão o tempo pensando em como a sociedade poderia ser mais bem organizada e talvez até tentem melhorá-la.

John Rawls (1921-2002), acadêmico tranquilo e modesto de Harvard, escreveu um livro que mudou o modo de as pessoas pensarem nessas coisas. O livro chama-se *Uma teoria da justiça* (1971) e foi o resultado de quase vinte anos de duras reflexões. Trata-se de um texto feito por um professor para outros professores e escrito em um estilo acadêmico bastante seco. Diferentemente da maioria das obras desse tipo, no entanto, ele não ficou juntando poeira numa biblioteca – longe disso. Tornou-se um campeão de vendas. De certa forma, é impressionante que tantas pessoas o tenham lido. Contudo, suas ideias principais eram tão interessantes que o livro foi rapidamente declarado um dos mais influentes do século XX, tendo sido lido por filósofos, advogados, políticos e muitos outros – algo que o próprio Rawls jamais teria sonhado ser possível.

Rawls lutou na Segunda Guerra Mundial e estava no Pacífico no dia 6 de agosto de 1945 quando a bomba atômica foi lançada sobre a cidade japonesa de Hiroshima. Rawls foi profundamente afetado pelo que vivenciou na guerra e acreditava ter sido errado o uso de armas nucleares. Como muitos que viveram naquele período, ele queria criar um mundo melhor, uma sociedade melhor. Mas essa maneira de provocar a mudança estava no pensamento e na escrita, e não em se engajar a causas ou grupos políticos. Enquanto escrevia *Uma teoria da justiça*, a guerra do Vietnã estava em fúria, e imensos protestos antiguerra – nem sempre pacíficos – aconteciam nos Estados Unidos. Rawls escolheu escrever acerca de questões abstratas gerais sobre justiça em vez de se enredar pelas questões do momento. No coração de sua obra estava a ideia de que precisamos saber claramente como viver juntos e as maneiras pelas quais o Estado influencia nossas vidas. Para que nossa existência seja suportável, precisamos cooperar. Mas como?

Imagine que você tenha de criar uma sociedade nova e melhor. Uma das perguntas a fazer poderia ser "Quem fica com o quê?". Se você mora numa bela mansão com piscina e empregados e tem um jatinho particular pronto para levá-lo a uma ilha tropical, provavelmente imagina um mundo em que algumas pessoas são muito ricas – talvez as que trabalharam mais – e outra são muito mais pobres. Se você está vivendo na pobreza agora, provavelmente pensará numa sociedade em que ninguém pode ser milionário, uma sociedade em que todos ganham uma parcela igual do que está disponível: jatinhos particulares não são permitidos, mas há melhores chances para as pessoas desafortunadas. A natureza humana é assim: as pessoas tendem a pensar em sua posição quando descrevem um mundo melhor, quer percebam isso ou não. Esses pré-juízos e preconceitos distorcem o pensamento político.

A ideia brilhante de Rawls foi criar um experimento mental – que ele chamou de "a posição original" – que subestima alguns dos preconceitos egoístas que temos. A ideia central é bastante simples: criar uma sociedade melhor, mas sem saber qual posição nessa sociedade você ocupará. Você não sabe se será rico, pobre, deficiente, de boa aparência, homem, mulher, feio, burro ou inteligente, talentoso ou sem habilidades, homossexual, bissexual ou heterossexual. Ele acredita que, desse modo, você escolherá princípios mais justos por trás desse imaginário "véu da ignorância", pois não sabe em qual posição estaria ou que tipo de pessoa seria. A partir desse simples recurso de escolher sem saber o seu próprio lugar, Rawls desenvolveu sua teoria da justiça. Tal teoria era baseada em dois princípios: liberdade e igualdade. Ele acreditava que ambos seriam aceitos por qualquer pessoa razoável.

O primeiro princípio era o da liberdade. Segundo ele, todas as pessoas deveriam ter o direito a uma margem de liberdades básicas que não pudessem ser tiradas delas, como a liberdade de crença, do voto nos líderes e a ampla liberdade de expressão. Mesmo que restringir algumas dessas liberdades melhorasse a vida da maioria das pessoas, Rawls acreditava que elas eram tão importantes que deveriam ser protegidas acima de tudo. Como todos os liberais, Rawls atribuía um alto valor a essas liberdades básicas, que deveriam ser um direito de todos, um direito que ninguém poderia tirar de ninguém.

O segundo princípio de Rawls, o princípio da diferença, trata da igualdade. A sociedade deveria ser organizada para dar oportunidades e riquezas mais iguais para os mais desprovidos. Se as pessoas recebessem diferentes quantidades de dinheiro, essa desigualdade só seria permitida se ajudasse diretamente os que mais precisavam. Um banqueiro só pode ganhar 10 mil vezes mais do que o trabalhador que ganha menos se este se beneficiar diretamente e receber uma quantidade maior de dinheiro que não teria se o banqueiro recebesse menos. Se Rawls estivesse no governo, ninguém ganharia bônus altos, exceto se os mais pobres ganhassem mais dinheiro como resultado. Rawls acredita que esse é o tipo de mundo que as pessoas razoáveis escolheriam se não soubessem se seriam pobres ou ricas.

Antes de Rawls, filósofos e políticos que pensaram sobre quem deveria ter o que muitas vezes defenderam uma situação que produziria a *média* mais alta de riqueza. Quer dizer, algumas pessoas poderiam ser super-ricas, outras moderadamente ricas e poucas muito pobres. Mas, para Rawls, essa situação seria pior que aquela em que não houvesse super-ricos, mas sim em que todos tivessem uma parcela mais igual, mesmo que a quantidade média de riqueza fosse menor.

Essa é uma ideia desafiadora – principalmente para quem é capaz de ganhar altos salários no mundo como é hoje. Robert Nozick (1938-2002), outro importante filósofo político norte-americano, mais voltado para o politicamente correto do que Rawls, questionou essa ideia. Certamente, os fãs que vão assistir a um brilhante jogador de basquete deveriam ser livres para dar uma pequena parte do dinheiro do ingresso para aquele jogador. É direito delas gastar seu dinheiro dessa maneira. E, se milhões de pessoas forem vê-lo, o jogador acabará ganhando milhões – honestamente, pensava Nizick. Rawls discordava totalmente dessa visão. A não ser que o mais pobre fique mais rico como resultado desse acordo, argumentava Rawls, não seria permitido que os ganhos pessoais do jogador de basquete chegassem a tais níveis. De maneira controversa, Rawls acreditava que ser um atleta talentoso ou um sujeito extremamente inteligente não dá automaticamente direito de obter ganhos altíssimos porque, em parte, ele acreditava que atributos como habilidades esportivas e inteligência fossem uma questão de boa sorte. Você não merece mais simplesmente porque teve sorte suficiente para ser o corredor mais rápido ou um grande jogador de futebol ou muito esperto. Ter o talento de um atleta ou ser inteligente é o resultado de ter ganhado na "loteria natural". Muitas pessoas discordam enfaticamente de Rawls e acreditam que a excelência deveria ser recompensada. No entanto, Rawls pensava que não havia ligação direta entre ser bom em alguma coisa e merecer ganhar mais.

Mas e se por trás do véu da ignorância algumas pessoas preferissem se arriscar? E se pensassem que a vida era uma loteria e quisessem ter certeza de que há algumas posições atraentes a serem ocupadas na sociedade? Supostamente, os apostadores correriam o risco de acabar na pobreza se tivessem a chance de ser extremamente ricos. Portanto, eles prefeririam um mundo com uma variedade mais ampla de possibilidades econômicas àquele descrito por Rawls. Rawls acreditava que as pessoas razoáveis não apostariam a própria vida dessa maneira. Talvez estivesse errado quanto a isso.

Durante grande parte do século XX, as pessoas perderam o contato com os grandes filósofos do passado. *Uma teoria da justiça*, de Rawls, foi uma das pouquíssimas obras de filosofia política escrita no século que vale a pena ser mencionada com o mesmo fôlego que as obras de Aristóteles, Hobbes, Locke, Rousseau, Hume e Kant. O próprio Rawls teria sido muito modesto para concordar com isso. Seu exemplo, no entanto, inspirou uma geração de filósofos que escrevem hoje, inclusive Michael Sandel, Thomas Pogge, Martha Nussbaum e Will Kymlicka: todos acreditam que a filosofia deveria envolver-se com questões profundas e difíceis sobre como podemos e devemos viver juntos. Ao contrário de alguns filósofos da geração anterior, eles não têm medo de tentar respondê-las e de estimular a mudança social. Eles acreditam que a filosofia, na verdade, deveria mudar nossa maneira de viver, e não apenas mudar nosso modo de discutir como vivemos.

Outro filósofo que sustenta esse tipo de visão é Peter Singer. Ele é o assunto do último capítulo deste livro. Porém, antes de examinarmos suas ideias, exploraremos uma questão que vem se tornando muito pertinente nos dias de hoje: “Os computadores podem pensar?”.

CAPÍTULO 39

Os computadores podem pensar?

ALAN TURING E JOHN SEARLE

VOCÊ ESTÁ SENTADO NUMA SALA. Nela há uma porta com uma caixa de correio. De vez em quando, uma tira de papel com um rabisco desenhado passa pela porta e cai no tapete. Sua tarefa é procurar o desenho em um livro que está sobre a mesa da sala. Cada rabisco tem um símbolo correspondente no livro. Você precisa encontrar o rabisco no livro, olhar o símbolo que lhe corresponde e depois encontrar uma tira de papel com o mesmo símbolo em uma caixa. Cuidadosamente você coloca essa tira de papel para fora da sala pela caixa de correio. É isso. Você faz isso durante um tempo e então se pergunta o que está acontecendo.

Este é o experimento do quarto chinês, criação do filósofo norte-americano John Searle (nascido em 1932). Trata-se de uma situação imaginária para mostrar que um computador não pode realmente pensar, mesmo que pareça estar pensando. Para entender o que está acontecendo, é preciso entender o teste de Turing.

Alan Turing (1912-1954) foi um destacado matemático de Cambridge que ajudou a inventar o computador moderno. Suas máquinas de processamento numérico construídas durante a Segunda Guerra Mundial em Bletchley Park, Inglaterra, decifraram o código "Enigma" usado pelos comandantes de submarinos alemães. Desse modo, os aliados conseguiam interceptar as mensagens e saber o que os nazistas estavam planejando.

Intrigado pela ideia de que um dia os computadores poderiam fazer mais do que simplesmente decifrar códigos e de que poderiam ser genuinamente inteligentes, em 1950 ele sugeriu um teste pelo qual qualquer computador teria de passar. Esse teste ficou conhecido como teste de Turing para inteligência artificial, mas ele o chamou originalmente de jogo da imitação. O teste vem de sua crença de que o interessante do cérebro não é o fato de ter a consistência de um mingau frio. Sua função importa muito mais do que sua flacidez quando removido da cabeça ou o fato de ser cinza. Os computadores podem ser duros e feitos de componentes eletrônicos, mas mesmo assim podem fazer muitas coisas que os cérebros fazem.

Quando julgamos se uma pessoa é ou não inteligente, julgamos com base nas respostas que elas dão a determinadas perguntas, e não abrindo seu cérebro para ver como os neurônios estão reunidos. Portanto, é justo que, quando julguemos os computadores, prestemos atenção nas evidências externas, e não no modo como são construídos. Devemos procurar inputs e outputs, e não sangue e nervos ou os fios e transistores dentro deles. Eis o que Turing sugeriu. Um examinador fica em uma sala, digitando uma conversa na tela. O examinador não sabe se está conversando pela tela ou não com alguém que esteja em outra sala, ou se é o computador que gera as respostas. Se durante a conversa o examinador não conseguir perceber se há um ser humano respondendo, o computador passa no teste de Turing. Se um computador passa no teste, então é razoável dizer que é inteligente – não só de maneira metafórica, como também da maneira que um ser humano pode ser inteligente.

O exemplo do quarto chinês de Searle – o cenário com os rabiscos escritos nas tiras de papel – quer mostrar que, mesmo se um computador passasse no teste de Turing para a inteligência artificial, ficaria provado que ele não entende genuinamente nada. Lembre-se de que você está nesse quarto com símbolos estranhos que passam pela caixa de correio e que depois você passa outros símbolos de volta pela mesma caixa e é guiado por um livro de regras. Para você, a tarefa não tem sentido, e você não faz ideia de por que a está executando. Contudo, sem perceber, você está respondendo perguntas em chinês. Você só fala português e não sabe absolutamente nada de chinês, mas os sinais que chegam à sala são perguntas em chinês, e os sinais que você devolve são respostas plausíveis para as perguntas. O quarto chinês no qual você está ganha o jogo da imitação. Você dá respostas que levariam quem está lá fora a pensar que você realmente entende o que está falando. Assim, isso leva a crer que um computador que passa no teste de Turing não é necessariamente inteligente, posto que na sala você não tem a menor ideia do que está sendo discutido.

Searle acha que os computadores são como alguém dentro do quarto chinês. Eles não são inteligentes e não conseguem pensar. Tudo o que fazem é reorganizar símbolos seguindo regras programadas neles por seus criadores. Os processos que usam estão incorporados no software. Mas isso é muito diferente de entender verdadeiramente alguma coisa ou de ter uma inteligência genuína. Em outras palavras, as pessoas que programam o computador dão a ele uma *sintaxe*: ou seja, fornecem regras sobre a ordem correta em que devem processar os símbolos. Porém, os programadores não dão ao computador uma *semântica*: não atribuem *significados* aos símbolos. Os seres humanos *querem dizer* coisas quando falam – seus pensamentos relacionam-se com o mundo de diversas maneiras. Os computadores que parecem querer dizer coisas estão apenas imitando o pensamento humano, como se fossem um papagaio. Por mais que um papagaio possa imitar a fala, ele jamais compreenderá o que está dizendo. De maneira semelhante, de acordo com Searle, os computadores não podem de fato entender ou pensar sobre nada: não se pode obter a semântica somente a partir da sintaxe.

O fato de levar em conta a questão de a pessoa na sala entender ou não o que está acontecendo é um dos motivos de crítica ao experimento mental de Searle, pois a pessoa é apenas uma parte de todo o sistema. Mesmo que ela não entenda o que está acontecendo, talvez todo o sistema (inclusive a sala, o livro de códigos, os símbolos etc.) entenda. A resposta de Searle a essa objeção foi mudar o experimento mental. Em vez de imaginar uma pessoa em uma sala reorganizando símbolos, imagine que a pessoa tenha memorizado o livro inteiro de regras e esteja lá fora no meio de um campo entregando os papéis com os símbolos apropriados. A pessoa continuaria sem entender as perguntas individuais, ainda que desse as respostas corretas para as perguntas feitas em chinês. Entender requer muito mais do que dar as respostas certas.

Alguns filósofos, no entanto, continuam convencidos de que a mente humana *é* exatamente como um programa de computador: eles acreditam que os computadores realmente podem pensar e pensam. E, se estiverem certos, então talvez um dia seja possível transferir a mente dos cérebros das pessoas para os computadores. Se sua mente é um programa, só pelo fato de neste momento estar funcionando na massa pastosa do tecido cerebral dentro da cabeça não significa que não pudesse funcionar em um grande e brilhante computador em algum momento futuro. Se com a ajuda de computadores superinteligentes alguém conseguir mapear os bilhões de conexões funcionais que compõem nossa mente, então talvez um dia seja possível sobreviver à morte. Nossa mente poderia ser transferida para um computador para que continuasse funcionando durante muito tempo depois que o corpo fosse enterrado ou cremado. Se essa seria uma boa maneira de existir é uma outra questão. Se Searle estiver certo, porém, não haveria garantia de que a mente transferida fosse consciente tal como somos agora, mesmo que desse respostas que parecessem mostrar que fosse consciente.

Escrevendo há mais de sessenta anos, Turing já estava convencido de que os computadores podiam pensar. Se estiver certo, talvez não demore tanto para que vejamos os computadores pensando sobre filosofia. Isso é mais provável de acontecer do que serem capazes de fazer nossa mente sobreviver à morte. Talvez um dia os computadores realmente tenham algo de interessante a dizer sobre as questões fundamentais de como deveríamos viver e sobre a natureza da realidade – tipos de questões com as quais os filósofos lidam há milhares de anos. Enquanto isso, precisamos confiar nos filósofos de carne e osso para esclarecer nosso pensamento nessas áreas. Um dos mais influentes e controversos desses filósofos é Peter Singer.

CAPÍTULO 40

O moscardo moderno

Peter Singer

Imagine-se em um parque onde você sabe que há um lago. Você ouve um barulho na água e depois alguém gritando. Então percebe que uma criança caiu e talvez esteja se afogando. O que você faz? Faz de conta que não percebeu? Ainda que tivesse prometido encontrar um amigo e que parar no caminho fosse um atraso, você certamente consideraria a vida da criança mais importante do que estar no horário. O lago é bem raso, mas muito turvo. Se ajudar a criança, vai destruir o seu melhor sapato. Mas não espere que os outros entendam se você não pular. Trata-se de agir como um ser humano e de valorizar a vida. A vida de uma criança vale muito mais do que qualquer par de sapatos, mesmo que seja muito caro. Qualquer pessoa que pense diferente é um monstro. Você pularia na água, não pularia? É claro que sim. Mas, por outro lado, você provavelmente é rico o bastante para evitar que uma criança morra de fome ou de uma doença tropical incurável na África. É provável que isso não custe muito mais que o preço do sapato que você está prestes a estragar por salvar a criança no lago.

Por que você não ajudou as outras crianças – supondo que não tenha ajudado? Doar um pouco de dinheiro para caridade salvaria pelo menos uma vida. Há diversas doenças infantis que podem facilmente ser evitadas com uma quantia relativamente pequena de dinheiro para pagar vacinas e outros medicamentos. Mas por que você não sente por alguém que morre na África a mesma coisa que sente por uma criança que se afoga diante de você? Se você *sente* a mesma coisa, é alguém incomum. A maioria de nós não sente, mesmo que fiquemos levemente envergonhados por isso.

O filósofo australiano Peter Singer (nascido em 1946) defendeu que a criança que se afoga diante de você e a criança que passa fome na África não são tão diferentes. Devemos nos importar mais do que nos importamos com aqueles que podemos salvar no mundo inteiro. Se não fizermos algo, as crianças que poderiam viver certamente vão morrer. Isso não é um palpite. Sabemos que é verdade. Sabemos que milhares de crianças morrem todos os anos de causas relacionadas à pobreza. Algumas morrem de fome enquanto nós, em países desenvolvidos, jogamos fora alimentos que apodrecem no refrigerador antes de serem consumidos. Alguns sequer têm água potável para beber. Portanto, deveríamos abrir mão de alguns luxos de que realmente não precisamos para ajudar as pessoas que não tiveram sorte de nascer nos lugares em que nasceram. É uma filosofia difícil de seguir. Mas isso não significa que Singer estava errado sobre o que *devemos* fazer.

Talvez você diga que, se não der dinheiro para caridade, provavelmente alguém dará. O risco nesse caso é de todos nós virarmos espectadores, cada um partindo do pressuposto de que o outro fará o que é necessário.

Há tantas pessoas no mundo inteiro vivendo na extrema pobreza e indo para a cama todos os dias famintas que, se deixarmos a caridade para poucos, dificilmente essas pessoas terão suas necessidades satisfeitas. É claro que é muito mais fácil perceber uma pessoa ao ajudarmos uma criança que se afoga diante de nós. Como o sofrimento das outras crianças acontece em países distantes, pode ser mais difícil perceber os efeitos do que fazemos e os efeitos das ações de outras pessoas. Mas isso não significa que não fazer nada seja a melhor solução.

Relacionado a esse ponto está o medo de dar dinheiro para auxiliar países estrangeiros, o que torna os pobres dependentes dos ricos e impede que encontrem seu caminho para produzir os próprios alimentos e construir as próprias moradias. Com o passar do tempo, isso pode deixar as coisas ainda piores do que se não dermos nada. Há exemplos de países inteiros que se tornaram dependentes da ajuda estrangeira. No entanto, isso não quer dizer que não devemos colaborar com a caridade, mas sim que devemos pensar seriamente nos tipos de ajuda que essas instituições oferecem. Alguns tipos de ajuda médica básica podem dar aos pobres uma boa chance de se tornarem independentes do auxílio estrangeiro. Há programas que são muito bons em ensinar as pessoas nativas a ajudarem umas às outras, construindo poços que fornecem água potável ou fornecendo educação em saúde. O argumento de Singer não quer dizer que simplesmente devemos dar dinheiro para ajudar os outros, mas sim que deveríamos contribuir com as instituições de caridade que mais provavelmente beneficiarão os mais frágeis economicamente de modo que ganhem forças para viver de maneira independente. A mensagem dele é clara: é quase certo que você *possa* ter uma influência genuína na vida de outras pessoas. E *deveria.*

Singer é um dos filósofos vivos mais conhecidos, em parte por ter desafiado diversas ideias amplamente aceitas. Algumas de suas crenças são extremamente controversas. Muitas pessoas acreditam no absoluto caráter sagrado da vida humana – que é sempre errado matar outro ser humano. Singer não. Se alguém está em um estado vegetativo persistente e irreversível, por exemplo – ou seja, se a pessoa só está viva como corpo, não tem estados conscientes significativos nem chance de recuperação ou esperança para o futuro –, Singer acredita que a eutanásia ou o assassinato misericordioso possam ser apropriados. Não há tanto propósito em manter a pessoa viva nesse estado, acredita ele, pois ela não tem capacidade de ter prazer nem escolher como quer viver. Não tem um forte desejo para continuar vivendo, já que é incapaz de ter qualquer desejo.

Essas visões fizeram dele um sujeito malquisto em vários lugares, chegando a ser chamado de nazista por defender a eutanásia nessas circunstâncias específicas – apesar do fato de seus pais serem judeus vienenses que fugiram dos nazistas. Esse insulto refere-se ao fato de que os nazistas mataram milhares de doentes e de pessoas física e mentalmente incapazes, alegando que suas vidas não valiam a pena ser vividas. No entanto, seria errado chamar o programa nazista de "assassinato misericordioso" ou "eutanásia", pois ele não tinha o intuito de evitar o sofrimento desnecessário, mas sim de se livrar daqueles que os nazistas descartavam como "bocas inúteis" porque eram incapazes de trabalhar e porque supostamente estavam contaminando a raça ariana. Não havia nenhum senso de "misericórdia" nisso. Singer, ao contrário, está interessado na qualidade de vida dessas pessoas e certamente jamais teria apoiado as políticas nazistas em qualquer nível – por mais que alguns de seus oponentes caricaturem suas visões para que pareçam semelhantes às ideias nazistas.

Singer ficou famoso por causa de seus influentes livros sobre o tratamento dos animais, principalmente *Libertação animal*, publicado em 1975. No início do século XIX, Jeremy Bentham defendia a necessidade de levarmos a sério o sofrimento animal, mas na década de 1970, quando Singer começou a escrever sobre o assunto, poucos filósofos viam a questão dessa maneira. Singer, assim como Bentham e Mill (ver Capítulos 21 e 24), é um consequencialista. Isso quer dizer que ele acredita que a melhor ação é aquela que produz o melhor resultado. E, para calcular o melhor resultado, precisamos levar em conta quais são os melhores interesses de todas as pessoas envolvidas, inclusive os interesses dos animais. Assim como Bentham, Singer acredita que a característica mais relevante para a maioria dos animais é a sua capacidade de sentir dor. Como seres humanos, muitas vezes vivenciamos um sofrimento maior do que um animal sofreria em situação semelhante porque temos a capacidade de raciocinar e entender o que nos acontece. Isso também precisa ser levado em conta.

Singer chamou as pessoas que não dão muita importância para os interesses dos animais de "especistas". É como ser racista ou sexista. O racista trata os membros de sua própria raça de maneira especial. Ele não dá aos membros de outras raças o que merecem. Um racista branco, por exemplo, oferece trabalho para outra pessoa branca, mesmo que haja uma pessoa negra mais bem qualificada concorrendo ao cargo. Isso é nitidamente errado e injusto. O especismo é como o racismo. Surge do fato de só vermos a perspectiva da própria espécie, ou de sermos extremamente preconceituosos a favor dela.

Como seres humanos, muitos de nós só pensam nos outros seres humanos quando decidimos o que fazer. Mas isso é errado. Os animais podem sofrer, e seu sofrimento deveria ser levado em conta.

Dar igual respeito não significa tratar toda espécie animal exatamente da mesma forma. Isso não faria nenhum sentido. Se batermos no lombo de um cavalo com a mão aberta, provavelmente ele não sentirá muita dor, pois os cavalos têm a pele grossa. Contudo, se fizermos o mesmo com um ser humano, provocaremos uma dor intensa. Mas se batêssemos no cavalo com força suficiente para causar nele a mesma dor que causaríamos ao bater em um bebê dormindo, as duas atitudes seriam moralmente erradas. Obviamente, não deveríamos praticar nenhuma delas.

Singer acredita que todos nós deveríamos ser vegetarianos, e seu argumento baseia-se no fato de que facilmente poderíamos viver muito bem sem comer animais. A maior parte da produção de alimentos que usa animais provoca sofrimento, e algumas atividades agropecuárias são tão cruéis que causam uma dor intensa aos animais. Galinhas criadas em fábricas, por exemplo, são mantidas em gaiolas minúsculas, alguns porcos crescem em estábulos tão pequenos que não conseguem se virar e o processo de matar o gado costuma ser extremamente perturbador e doloroso para eles. Singer afirma que não pode ser moralmente correto deixar que esse tipo de atividade continue. Além disso, outras formas humanas de criar animais são desnecessárias, pois podemos facilmente viver sem comer carne. Fiel a seus princípios, Singer chegou a publicar em um dos seus livros uma receita de *dahl* para encorajar os leitores a buscar alternativas à carne.

Animais de granja não são os únicos que sofrem nas mãos dos seres humanos. Os cientistas usam animais em suas pesquisas. E não são só ratos e porquinhos-da-índia – gatos, cães, macacos e até chimpanzés podem ser encontrados em laboratórios, muitos deles passando por sofrimentos terríveis enquanto são drogados ou recebem eletrochoques. Singer tem um teste para ver se qualquer pesquisa é moralmente aceitável: estaríamos prontos para executar o mesmo experimento em um ser humano com lesão cerebral? Se não, acredita ele, não é correto fazer o experimento com um animal em nível semelhante de consciência mental. Trata-se de um teste rígido, e pouquíssimos experimentos passariam por ele. Na prática, então, Singer é duramente contra o uso de animais em pesquisas.

Toda a abordagem de Singer às questões morais é baseada na ideia de consistência, ou seja, tratar casos semelhantes da mesma maneira. É uma questão de lógica: se é errado maltratar seres humanos porque isso provoca dor, então a dor dos outros animais também deveria afetar nosso modo de agir. Se maltratar um animal provoca mais dor do que maltratar um ser humano, então é melhor maltratar o ser humano se tivermos de escolher.

Singer corre riscos quando torna públicas declarações segundo as quais deveríamos viver tal como Sócrates há muitos anos. Houve protestos contra algumas de suas conferências, e ele já foi ameaçado de morte. No entanto, Singer representa a melhor tradição em filosofia e está constantemente desafiando suposições amplamente aceitas. Sua filosofia afeta a maneira como vive, e ele está sempre preparado tanto para contestar as opiniões das pessoas de quem discorda quanto para se envolver em discussões públicas.

Mais importante do que isso é o fato de Singer defender suas conclusões com argumentos fundamentados e apoiados por fatos bem pesquisados. Você não precisa concordar com as conclusões dele para perceber sua sinceridade como filósofo. A filosofia, afinal de contas, prospera com o debate. Ela avança quando as pessoas assumem posições contrárias e argumentam usando a lógica e a evidência. Se você discorda das visões de Singer sobre o status moral dos animais, por exemplo, ou sobre as circunstâncias em que a eutanásia é moralmente aceita, ainda há uma grande chance de a leitura dos livros dele levar você a pensar profundamente sobre suas próprias crenças e em como elas são apoiadas por fatos, razões e princípios.

A filosofia começa com questões delicadas e desafios complicados; com moscardos como Peter Singer na filosofia, há uma grande chance de que o espírito de Sócrates continue moldando seu futuro.

Índice remissivo

A

B

C

D

E

F

G

H

I

N

O

P

Q

R

S

T

Leia na série
Uma breve história

Uma breve história da arqueologia – Brian Fagan
Uma breve história da ciência – William Bynum
Uma breve história da economia – Niall Kishtainy
Uma breve história da filosofia – Nigel Warburton
Uma breve história da literatura – John Sutherland
Uma breve história da religião – Richard Holloway
Uma breve história dos Estados Unidos – James West Davidson

Coleção L&PM POCKET

ÚLTIMOS LANÇAMENTOS

930.**Aulete de bolso**
931.**Hora Zero** – Agatha Christie
932.**Morte na Mesopotâmia** – Agatha Christie
934.**Nem te conto, João** – Dalton Trevisan
935.**As aventuras de Huckleberry Finn** – Mark Twain
936(21).**Marilyn Monroe** – Anne Plantagenet
937.**China moderna** – Rana Mitter
938.**Dinossauros** – David Norman
939.**Louca por homem** – Claudia Tajes
940.**Amores de alto risco** – Walter Riso
941.**Jogo de damas** – David Coimbra
942.**Filha é filha** – Agatha Christie
943.**M ou N?** – Agatha Christie
945.**Bidu: diversão em dobro!** – Mauricio de Sousa
946.**Fogo** – Anaïs Nin
947.**Rum: diário de um jornalista bêbado** – Hunter Thompson
948.**Persuasão** – Jane Austen
949.**Lágrimas na chuva** – Sergio Faraco
950.**Mulheres** – Bukowski
951.**Um pressentimento funesto** – Agatha Christie
952.**Cartas na mesa** – Agatha Christie
954.**O lobo do mar** – Jack London
955.**Os gatos** – Patricia Highsmith
956(22).**Jesus** – Christiane Rancé
957.**História da medicina** – William Bynum
958.**O Morro dos Ventos Uivantes** – Emily Brontë
959.**A filosofia na era trágica dos gregos** – Nietzsche
960.**Os treze problemas** – Agatha Christie
961.**A massagista japonesa** – Moacyr Scliar
963.**Humor do miserê** – Nani
964.**Todo o mundo tem dúvida, inclusive você** – Édison de Oliveira
965.**A dama do Bar Nevada** – Sergio Faraco
969.**O psicopata americano** – Bret Easton Ellis
970.**Ensaios de amor** – Alain de Botton
971.**O grande Gatsby** – F. Scott Fitzgerald
972.**Por que não sou cristão** – Bertrand Russell
973.**A Casa Torta** – Agatha Christie
974.**Encontro com a morte** – Agatha Christie
975(23).**Rimbaud** – Jean-Baptiste Baronian
976.**Cartas na rua** – Bukowski
977.**Memória** – Jonathan K. Foster
978.**A abadia de Northanger** – Jane Austen
979.**As pernas de Úrsula** – Claudia Tajes
980.**Retrato inacabado** – Agatha Christie
981.**Solanin (1)** – Inio Asano
982.**Solanin (2)** – Inio Asano
983.**Aventuras de menino** – Mitsuru Adachi
984(16).**Fatos & mitos sobre sua alimentação** – Dr. Fernando Lucchese
985.**Teoria quântica** – John Polkinghorne
986.**O eterno marido** – Fiódor Dostoiévski
987.**Um safado em Dublin** – J. P. Donleavy
988.**Mirinha** – Dalton Trevisan
989.**Akhenaton e Nefertiti** – Carmen Seganfredo e A. S. Franchini
990.**On the Road – o manuscrito original** – Jack Kerouac
991.**Relatividade** – Russell Stannard
992.**Abaixo de zero** – Bret Easton Ellis
993(24).**Andy Warhol** – Mériam Korichi
995.**Os últimos casos de Miss Marple** – Agatha Christie
996.**Nico Demo: Aí vem encrenca** – Mauricio de Sousa
998.**Rousseau** – Robert Wokler
999.**Noite sem fim** – Agatha Christie
1000.**Diários de Andy Warhol (1)** – Editado por Pat Hackett
1001.**Diários de Andy Warhol (2)** – Editado por Pat Hackett
1002.**Cartier-Bresson: o olhar do século** – Pierre Assouline
1003.**As melhores histórias da mitologia: vol. 1** – A.S. Franchini e Carmen Seganfredo
1004.**As melhores histórias da mitologia: vol. 2** – A.S. Franchini e Carmen Seganfredo
1005.**Assassinato no beco** – Agatha Christie
1006.**Convite para um homicídio** – Agatha Christie
1008.**História da vida** – Michael J. Benton
1009.**Jung** – Anthony Stevens
1010.**Arsène Lupin, ladrão de casaca** – Maurice Leblanc
1011.**Dublinenses** – James Joyce
1012.**120 tirinhas da Turma da Mônica** – Mauricio de Sousa
1013.**Antologia poética** – Fernando Pessoa
1014.**A aventura de um cliente ilustre *seguido de* O último adeus de Sherlock Holmes** – Sir Arthur Conan Doyle
1015.**Cenas de Nova York** – Jack Kerouac
1016.**A corista** – Anton Tchékhov
1017.**O diabo** – Leon Tolstói
1018.**Fábulas chinesas** – Sérgio Capparelli e Márcia Schmaltz
1019.**O gato do Brasil** – Sir Arthur Conan Doyle
1020.**Missa do Galo** – Machado de Assis
1021.**O mistério de Marie Rogêt** – Edgar Allan Poe
1022.**A mulher mais linda da cidade** – Bukowski
1023.**O retrato** – Nicolai Gogol
1024.**O conflito** – Agatha Christie
1025.**Os primeiros casos de Poirot** – Agatha Christie
1027(25).**Beethoven** – Bernard Fauconnier
1028.**Platão** – Julia Annas
1029.**Cleo e Daniel** – Roberto Freire
1030.**Til** – José de Alencar
1031.**Viagens na minha terra** – Almeida Garrett
1032.**Profissões para mulheres e outros artigos feministas** – Virginia Woolf
1033.**Mrs. Dalloway** – Virginia Woolf
1034.**O cão da morte** – Agatha Christie

1035.**Tragédia em três atos** – Agatha Christie
1037.**O fantasma da Ópera** – Gaston Leroux
1038.**Evolução** – Brian e Deborah Charlesworth
1039.**Medida por medida** – Shakespeare
1040.**Razão e sentimento** – Jane Austen
1041.**A obra-prima ignorada *seguido de* Um episódio durante o Terror** – Balzac
1042.**A fugitiva** – Anaïs Nin
1043.**As grandes histórias da mitologia greco-romana** – A. S. Franchini
1044.**O corno de si mesmo & outras historietas** – Marquês de Sade
1045.**Da felicidade *seguido de* Da vida retirada** – Sêneca
1046.**O horror em Red Hook e outras histórias** – H. P. Lovecraft
1047.**Noite em claro** – Martha Medeiros
1048.**Poemas clássicos chineses** – Li Bai, Du Fu e Wang Wei
1049.**A terceira moça** – Agatha Christie
1050.**Um destino ignorado** – Agatha Christie
1051(26).**Buda** – Sophie Royer
1052.**Guerra Fria** – Robert J. McMahon
1053.**Simons's Cat: as aventuras de um gato travesso e comilão – vol. 1** – Simon Tofield
1054.**Simons's Cat: as aventuras de um gato travesso e comilão – vol. 2** – Simon Tofield
1055.**Só as mulheres e as baratas sobreviverão** – Claudia Tajes
1057.**Pré-história** – Chris Gosden
1058.**Pintou sujeira!** – Mauricio de Sousa
1059.**Contos de Mamãe Gansa** – Charles Perrault
1060.**A interpretação dos sonhos: vol. 1** – Freud
1061.**A interpretação dos sonhos: vol. 2** – Freud
1062.**Frufru Rataplã Dolores** – Dalton Trevisan
1063.**As melhores histórias da mitologia egípcia** – Carmem Seganfredo e A.S. Franchini
1064.**Infância. Adolescência. Juventude** – Tolstói
1065.**As consolações da filosofia** – Alain de Botton
1066.**Diários de Jack Kerouac – 1947-1954**
1067.**Revolução Francesa – vol. 1** – Max Gallo
1068.**Revolução Francesa – vol. 2** – Max Gallo
1069.**O detetive Parker Pyne** – Agatha Christie
1070.**Memórias do esquecimento** – Flávio Tavares
1071.**Drogas** – Leslie Iversen
1072.**Manual de ecologia (vol.2)** – J. Lutzenberger
1073.**Como andar no labirinto** – Affonso Romano de Sant'Anna
1074.**A orquídea e o serial killer** – Juremir Machado da Silva
1075.**Amor nos tempos de fúria** – Lawrence Ferlinghetti
1076.**A aventura do pudim de Natal** – Agatha Christie
1078.**Amores que matam** – Patricia Faur
1079.**Histórias de pescador** – Mauricio de Sousa
1080.**Pedaços de um caderno manchado de vinho** – Bukowski
1081.**A ferro e fogo: tempo de solidão (vol.1)** – Josué Guimarães
1082.**A ferro e fogo: tempo de guerra (vol.2)** – Josué Guimarães
1084(17).**Desembarcando o Alzheimer** – Dr. Fernando Lucchese e Dra. Ana Hartmann
1085.**A maldição do espelho** – Agatha Christie
1086.**Uma breve história da filosofia** – Nigel Warburton
1088.**Heróis da História** – Will Durant
1089.**Concerto campestre** – L. A. de Assis Brasil
1090.**Morte nas nuvens** – Agatha Christie
1092.**Aventura em Bagdá** – Agatha Christie
1093.**O cavalo amarelo** – Agatha Christie
1094.**O método de interpretação dos sonhos** – Freud
1095.**Sonetos de amor e desamor** – Vários
1096.**120 tirinhas do Dilbert** – Scott Adams
1097.**200 fábulas de Esopo**
1098.**O curioso caso de Benjamin Button** – F. Scott Fitzgerald
1099.**Piadas para sempre: uma antologia para morrer de rir** – Visconde da Casa Verde
1100.**Hamlet (Mangá)** – Shakespeare
1101.**A arte da guerra (Mangá)** – Sun Tzu
1104.**As melhores histórias da Bíblia (vol.1)** – A. S. Franchini e Carmen Seganfredo
1105.**As melhores histórias da Bíblia (vol.2)** – A. S. Franchini e Carmen Seganfredo
1106.**Psicologia das massas e análise do eu** – Freud
1107.**Guerra Civil Espanhola** – Helen Graham
1108.**A autoestrada do sul e outras histórias** – Julio Cortázar
1109.**O mistério dos sete relógios** – Agatha Christie
1110.**Peanuts: Ninguém gosta de mim... (amor)** – Charles Schulz
1111.**Cadê o bolo?** – Mauricio de Sousa
1112.**O filósofo ignorante** – Voltaire
1113.**Totem e tabu** – Freud
1114.**Filosofia pré-socrática** – Catherine Osborne
1115.**Desejo de status** – Alain de Botton
1118.**Passageiro para Frankfurt** – Agatha Christie
1120.**Kill All Enemies** – Melvin Burgess
1121.**A morte da sra. McGinty** – Agatha Christie
1122.**Revolução Russa** – S. A. Smith
1123.**Até você, Capitu?** – Dalton Trevisan
1124.**O grande Gatsby (Mangá)** – F. S. Fitzgerald
1125.**Assim falou Zaratustra (Mangá)** – Nietzsche
1126. **Peanuts: É para isso que servem os amigos (amizade)** – Charles Schulz
1127(27).**Nietzsche** – Dorian Astor
1128.**Bidu: Hora do banho** – Mauricio de Sousa
1129.**O melhor do Macanudo Taurino** – Santiago
1130.**Radicci 30 anos** – Iotti
1131.**Show de sabores** – J.A. Pinheiro Machado
1132.**O prazer das palavras** – vol. 3 – Cláudio Moreno
1133.**Morte na praia** – Agatha Christie
1134.**O fardo** – Agatha Christie
1135.**Manifesto do Partido Comunista (Mangá)** – Marx & Engels
1136.**A metamorfose (Mangá)** – Franz Kafka

1137.**Por que você não se casou... ainda** – Tracy McMillan
1138.**Textos autobiográficos** – Bukowski
1139.**A importância de ser prudente** – Oscar Wilde
1140.**Sobre a vontade na natureza** – Arthur Schopenhauer
1141.**Dilbert (8)** – Scott Adams
1142.**Entre dois amores** – Agatha Christie
1143.**Cipreste triste** – Agatha Christie
1144.**Alguém viu uma assombração?** – Mauricio de Sousa
1145.**Mandela** – Elleke Boehmer
1146.**Retrato do artista quando jovem** – James Joyce
1147.**Zadig ou o destino** – Voltaire
1148.**O contrato social (Mangá)** – J.-J. Rousseau
1149.**Garfield fenomenal** – Jim Davis
1150.**A queda da América** – Allen Ginsberg
1151.**Música na noite & outros ensaios** – Aldous Huxley
1152.**Poesias inéditas & Poemas dramáticos** – Fernando Pessoa
1153.**Peanuts: Felicidade é...** – Charles M. Schulz
1154.**Mate-me por favor** – Legs McNeil e Gillian McCain
1155.**Assassinato no Expresso Oriente** – Agatha Christie
1156.**Um punhado de centeio** – Agatha Christie
1157.**A interpretação dos sonhos (Mangá)** – Freud
1158.**Peanuts: Você não entende o sentido da vida** – Charles M. Schulz
1159.**A dinastia Rothschild** – Herbert R. Lottman
1160.**A Mansão Hollow** – Agatha Christie
1161.**Nas montanhas da loucura** – H.P. Lovecraft
1162(28).**Napoleão Bonaparte** – Pascale Fautrier
1163.**Um corpo na biblioteca** – Agatha Christie
1164.**Inovação** – Mark Dodgson e David Gann
1165.**O que toda mulher deve saber sobre os homens: a afetividade masculina** – Walter Riso
1166.**O amor está no ar** – Mauricio de Sousa
1167.**Testemunha de acusação & outras histórias** – Agatha Christie
1168.**Etiqueta de bolso** – Celia Ribeiro
1169.**Poesia reunida (volume 3)** – Affonso Romano de Sant'Anna
1170.**Emma** – Jane Austen
1171.**Que seja em segredo** – Ana Miranda
1172.**Garfield sem apetite** – Jim Davis
1173.**Garfield: Foi mal...** – Jim Davis
1174.**Os irmãos Karamázov (Mangá)** – Dostoiévski
1175.**O Pequeno Príncipe** – Antoine de Saint-Exupéry
1176.**Peanuts: Ninguém mais tem o espírito aventureiro** – Charles M. Schulz
1177.**Assim falou Zaratustra** – Nietzsche
1178.**Morte no Nilo** – Agatha Christie
1179.**Ê, soneca boa** – Mauricio de Sousa
1180.**Garfield a todo o vapor** – Jim Davis
1181.**Em busca do tempo perdido (Mangá)** – Proust
1182.**Cai o pano: o último caso de Poirot** – Agatha Christie
1183.**Livro para colorir e relaxar** – Livro 1
1184.**Para colorir sem parar**
1185.**Os elefantes não esquecem** – Agatha Christie
1186.**Teoria da relatividade** – Albert Einstein
1187.**Compêndio da psicanálise** – Freud
1188.**Visões de Gerard** – Jack Kerouac
1189.**Fim de verão** – Mohiro Kitoh
1190.**Procurando diversão** – Mauricio de Sousa
1191.**E não sobrou nenhum e outras peças** – Agatha Christie
1192.**Ansiedade** – Daniel Freeman & Jason Freeman
1193.**Garfield: pausa para o almoço** – Jim Davis
1194.**Contos do dia e da noite** – Guy de Maupassant
1195.**O melhor de Hagar 7** – Dik Browne
1196(29).**Lou Andreas-Salomé** – Dorian Astor
1197(30).**Pasolini** – René de Ceccatty
1198.**O caso do Hotel Bertram** – Agatha Christie
1199.**Crônicas de motel** – Sam Shepard
1200.**Pequena filosofia da paz interior** – Catherine Rambert
1201.**Os sertões** – Euclides da Cunha
1202.**Treze à mesa** – Agatha Christie
1203.**Bíblia** – John Riches
1204.**Anjos** – David Albert Jones
1205.**As tirinhas do Guri de Uruguaiana 1** – Jair Kobe
1206.**Entre aspas (vol.1)** – Fernando Eichenberg
1207.**Escrita** – Andrew Robinson
1208.**O spleen de Paris: pequenos poemas em prosa** – Charles Baudelaire
1209.**Satíricon** – Petrônio
1210.**O avarento** – Molière
1211.**Queimando na água, afogando-se na chama** – Bukowski
1212.**Miscelânea septuagenária: contos e poemas** – Bukowski
1213.**Que filosofar é aprender a morrer e outros ensaios** – Montaigne
1214.**Da amizade e outros ensaios** – Montaigne
1215.**O medo à espreita e outras histórias** – H.P. Lovecraft
1216.**A obra de arte na era de sua reprodutibilidade técnica** – Walter Benjamin
1217.**Sobre a liberdade** – John Stuart Mill
1218.**O segredo de Chimneys** – Agatha Christie
1219.**Morte na rua Hickory** – Agatha Christie
1220.**Ulisses (Mangá)** – James Joyce
1221.**Ateísmo** – Julian Baggini
1222.**Os melhores contos de Katherine Mansfield** – Katherine Mansfield
1223(31).**Martin Luther King** – Alain Foix
1224.**Millôr Definitivo: uma antologia de *A Bíblia do Caos*** – Millôr Fernandes
1225.**O Clube das Terças-Feiras e outras histórias** – Agatha Christie

1226.**Por que sou tão sábio** – Nietzsche
1227.**Sobre a mentira** – Platão
1228.**Sobre a leitura *seguido do* Depoimento de Céleste Albaret** – Proust
1229.**O homem do terno marrom** – Agatha Christie
1230(32).**Jimi Hendrix** – Franck Médioni
1231.**Amor e amizade e outras histórias** – Jane Austen
1232.**Lady Susan, Os Watson e Sanditon** – Jane Austen
1233.**Uma breve história da ciência** – William Bynum
1234.**Macunaíma: o herói sem nenhum caráter** – Mário de Andrade
1235.**A máquina do tempo** – H.G. Wells
1236.**O homem invisível** – H.G. Wells
1237.**Os 36 estratagemas: manual secreto da arte da guerra** – Anônimo
1238.**A mina de ouro e outras histórias** – Agatha Christie
1239.**Pic** – Jack Kerouac
1240.**O habitante da escuridão e outros contos** – H.P. Lovecraft
1241.**O chamado de Cthulhu e outros contos** – H.P. Lovecraft
1242.**O melhor de Meu reino por um cavalo!** – Edição de Ivan Pinheiro Machado
1243.**A guerra dos mundos** – H.G. Wells
1244.**O caso da criada perfeita e outras histórias** – Agatha Christie
1245.**Morte por afogamento e outras histórias** – Agatha Christie
1246.**Assassinato no Comitê Central** – Manuel Vázquez Montalbán
1247.**O papai é pop** – Marcos Piangers
1248.**O papai é pop 2** – Marcos Piangers
1249.**A mamãe é rock** – Ana Cardoso
1250.**Paris boêmia** – Dan Franck
1251.**Paris libertária** – Dan Franck
1252.**Paris ocupada** – Dan Franck
1253.**Uma anedota infame** – Dostoiévski
1254.**O último dia de um condenado** – Victor Hugo
1255.**Nem só de caviar vive o homem** – J.M. Simmel
1256.**Amanhã é outro dia** – J.M. Simmel
1257.**Mulherzinhas** – Louisa May Alcott
1258.**Reforma Protestante** – Peter Marshall
1259.**História econômica global** – Robert C. Allen
1260(33).**Che Guevara** – Alain Foix
1261.**Câncer** – Nicholas James
1262.**Akhenaton** – Agatha Christie
1263.**Aforismos para a sabedoria de vida** – Arthur Schopenhauer
1264.**Uma história do mundo** – David Coimbra
1265.**Ame e não sofra** – Walter Riso
1266.**Desapegue-se!** – Walter Riso
1267.**Os Sousa: Uma família do barulho** – Mauricio de Sousa
1268.**Nico Demo: O rei da travessura** – Mauricio de Sousa
1269.**Testemunha de acusação e outras peças** – Agatha Christie
1270(34).**Dostoiévski** – Virgil Tanase
1271.**O melhor de Hagar 8** – Dik Browne
1272.**O melhor de Hagar 9** – Dik Browne
1273.**O melhor de Hagar 10** – Dik e Chris Browne
1274.**Considerações sobre o governo representativo** – John Stuart Mill
1275.**O homem Moisés e a religião monoteísta** – Freud
1276.**Inibição, sintoma e medo** – Freud
1277.**Além do princípio de prazer** – Freud
1278.**O direito de dizer não!** – Walter Riso
1279.**A arte de ser flexível** – Walter Riso
1280.**Casados e descasados** – August Strindberg
1281.**Da Terra à Lua** – Júlio Verne
1282.**Minhas galerias e meus pintores** – Kahnweiler
1283.**A arte do romance** – Virginia Woolf
1284.**Teatro completo v. 1: As aves da noite *seguido de* O visitante** – Hilda Hilst
1285.**Teatro completo v. 2: O verdugo *seguido de* A morte do patriarca** – Hilda Hilst
1286.**Teatro completo v. 3: O rato no muro *seguido de* Auto da barca de Camiri** – Hilda Hilst
1287.**Teatro completo v. 4: A empresa *seguido de* O novo sistema** – Hilda Hilst
1289.**Fora de mim** – Martha Medeiros
1290.**Divã** – Martha Medeiros
1291.**Sobre a genealogia da moral: um escrito polêmico** – Nietzsche
1292.**A consciência de Zeno** – Italo Svevo
1293.**Células-tronco** – Jonathan Slack
1294.**O fim do ciúme e outros contos** – Proust
1295.**A jangada** – Júlio Verne
1296.**A ilha do dr. Moreau** – H.G. Wells
1297.**Ninho de fidalgos** – Ivan Turguêniev
1298.**Jane Eyre** – Charlotte Brontë
1299.**Sobre gatos** – Bukowski
1300.**Sobre o amor** – Bukowski
1301.**Escrever para não enlouquecer** – Bukowski
1302.**222 receitas** – J. A. Pinheiro Machado
1303.**Reinações de Narizinho** – Monteiro Lobato
1304.**O Saci** – Monteiro Lobato
1305.**Memórias da Emília** – Monteiro Lobato
1306.**O Picapau Amarelo** – Monteiro Lobato
1307.**A reforma da Natureza** – Monteiro Lobato
1308.**Fábulas *seguido de* Histórias diversas** – Monteiro Lobato
1309.**Aventuras de Hans Staden** – Monteiro Lobato
1310.**Peter Pan** – Monteiro Lobato
1311.**Dom Quixote das crianças** – Monteiro Lobato
1312.**O Minotauro** – Monteiro Lobato
1313.**Um quarto só seu** – Virginia Woolf

1314.**Sonetos** – Shakespeare
1315(35).**Thoreau** – Marie Berthoumieu e Laura El Makki
1316.**Teoria da arte** – Cynthia Freeland
1317.**A arte da prudência** – Baltasar Gracián
1318.**O louco *seguido de* Areia e espuma** – Khalil Gibran
1319.**O profeta *seguido de* O jardim do profeta** – Khalil Gibran
1320.**Jesus, o Filho do Homem** – Khalil Gibran
1321.**A luta** – Norman Mailer
1322.**Sobre o sofrimento do mundo e outros ensaios** – Schopenhauer
1323.**Epidemiologia** – Rodolfo Sacacci
1324.**Japão moderno** – Christopher Goto-Jones
1325.**A arte da meditação** – Matthieu Ricard
1326.**O adversário secreto** – Agatha Christie
1327.**Pollyanna** – Eleanor H. Porter
1328.**Espelhos** – Eduardo Galeano
1329.**A Vênus das peles** – Sacher-Masoch
1330.**O 18 de brumário de Luís Bonaparte** – Karl Marx
1331.**Um jogo para os vivos** – Patricia Highsmith
1332.**A tristeza pode esperar** – J.J. Camargo
1333.**Vinte poemas de amor e uma canção desesperada** – Pablo Neruda
1334.**Judaísmo** – Norman Solomon
1335.**Esquizofrenia** – Christopher Frith & Eve Johnstone
1336.**Seis personagens em busca de um autor** – Luigi Pirandello
1337.**A Fazenda dos Animais** – George Orwell
1338.**1984** – George Orwell
1339.**Ubu Rei** – Alfred Jarry
1340.**Sobre bêbados e bebidas** – Bukowski
1341.**Tempestade para os vivos e para os mortos** – Bukowski
1342.**Complicado** – Natsume Ono
1343.**Sobre o livre-arbítrio** – Schopenhauer
1344.**Uma breve história da literatura** – John Sutherland
1345.**Você fica tão sozinho às vezes que até faz sentido** – Bukowski
1346.**Um apartamento em Paris** – Guillaume Musso
1347.**Receitas fáceis e saborosas** – José Antonio Pinheiro Machado
1348.**Por que engordamos** – Gary Taubes
1349.**A fabulosa história do hospital** – Jean-Noël Fabiani
1350.**Voo noturno *seguido de* Terra dos homens** – Antoine de Saint-Exupéry
1351.**Doutor Sax** – Jack Kerouac
1352.**O livro do Tao e da virtude** – Lao-Tsé
1353.**Pista negra** – Antonio Manzini
1354.**A chave de vidro** – Dashiell Hammett
1355.**Martin Eden** – Jack London
1356.**Já te disse adeus, e agora, como te esqueço?** – Walter Riso
1357.**A viagem do descobrimento** – Eduardo Bueno
1358.**Náufragos, traficantes e degredados** – Eduardo Bueno
1359.**Retrato do Brasil** – Paulo Prado
1360.**Maravilhosamente imperfeito, escandalosamente feliz** – Walter Riso
1361.**É...** – Millôr Fernandes
1362.**Duas tábuas e uma paixão** – Millôr Fernandes
1363.**Selma e Sinatra** – Martha Medeiros
1364.**Tudo que eu queria te dizer** – Martha Medeiros
1365.**Várias histórias** – Machado de Assis
1366.**A sabedoria do Padre Brown** – G. K. Chesterton
1367.**Capitães do Brasil** – Eduardo Bueno
1368.**O falcão maltês** – Dashiell Hammett
1369.**A arte de estar com a razão** – Arthur Schopenhauer
1370.**A visão dos vencidos** – Miguel León-Portilla
1371.**A coroa, a cruz e a espada** – Eduardo Bueno
1372.**Poética** – Aristóteles
1373.**O reprimido** – Agatha Christie
1374.**O espelho do homem morto** – Agatha Christie
1375.**Cartas sobre a felicidade e outros textos** – Epicuro
1376.**A corista e outras histórias** – Anton Tchékhov
1377.**Na estrada da beatitude** – Eduardo Bueno
1378.**Freud: a cura pelo espírito** – Stefan Zweig
1379.**O nascimento da tragédia** – Friedrich Nietzsche
1380.**Tempos difíceis** – Charles Dickens
1381.**A aventura da tumba egípcia e outras histórias** – Agatha Christie
1382.**O sonho e outros contos** – Agatha Christie
1383.**Uma paixão no deserto *seguido de* A paz conjugal** – Honoré de Balzac
1384.**Um episódio durante o terror *seguido de* A falsa amante** – Honoré de Balzac
1385.**Vamos colorir!!! Um livro para todas as idades** – L&PM Editores
1386.**Feliz por nada** – Martha Medeiros
1387.**Simples assim** – Martha Medeiros
1388.**A graça da coisa** – Martha Medeiros
1389.**A forma da água** – Andrea Camilleri
1390.**O cão de terracota** – Andrea Camilleri
1391.**Resumo da ópera** – A.S. Franchini
1392.**Doidas & santas** – Martha Medeiros
1393.**Quem diria que viver ia dar nisso** – Martha Medeiros
1394.**Assassinato no beco** – Agatha Christie
1395.**Vidas secas** – Graciliano Ramos
1396.**O roubo da joia no Grand Metropolitan e outras histórias** – Agatha Christie

IMPRESSÃO:

PALLOTTI
GRÁFICA

Santa Maria - RS | Fone: (55) 3220.4500
www.graficapallotti.com.br